Dr. Gero Karthaus

Ein starkes Stück Heimat

OBERBERGISCHE DÖRFER

Heider Verlag Bergisch Gladbach

Danksagung

Die Unterstützung und Mitarbeit einer ganzen Reihe netter Menschen hat die Herausgabe dieses Buches möglich gemacht. Ohne diese Hilfe im Großen und Kleinen hätte ich ein solches Projekt nicht realisieren können. Allen, die in irgendeiner Weise mitgewirkt haben, gilt mein herzlicher Dank.

Besonders danke ich:

Wolfgang Abbegg
Manfred Bösinghaus
Johannes Engbruch
Wilfried Hahn
Ulrich Heu
Hagen Jobi
Jutta Karthaus
Wolfgang Kirsch
Lars Kuhlmeier
Ursula Mahler
Reinhold Niewöhner
Marina Naomi Noack
Alexander Schnepper
Heidrun Schmeis-Noack
Katrin Prediger
Friedhelm Schmitt
Daniel Wörster

Philipp Ising
Christian Melzer
Karin Rechenberger

Den Bürgermeistern und ihren Mitarbeiterinnen und Mitarbeitern in den oberbergischen Städten und Gemeinden.

Und nicht zuletzt:
Den Verantwortlichen der Dorfgemeinschaften und Bürgervereine in den 86 beschriebenen Dörfern.

Dr. Gero Karthaus

„Ein Dorf ist nur ein Dorf dank seiner Menschen."

Die Herausgabe dieses Buches wurde großzügig unterstützt von:

Oberbergischer Kreis

BPW Bergische Achsen

Impressum:

Joh. Heider Verlag GmbH, Bergisch Gladbach 2008
Herausgeber: Dr. Gero Karthaus, Engelskirchen-Ründeroth
Nachdruck nur mit Genehmigung des Herausgebers und Quellenangabe
Layout: Katrin Prediger
Gesamtherstellung: Heider Druck GmbH, Bergisch Gladbach

ISBN 978-3-87314-436-1

Inhalt

Zu diesem Buch	7
Unsere bucklige Welt	8
Der Wettbewerb	9
Wettbewerbsstatistik	12
Das Verwöhnaroma oberbergischer Dörfer	14

Agathaberg – „Kennen Sie Zintagen?"	17
Alferzhagen – „Dauerbrenner Waldfest"	20
Angfurten – „Morgen ist Backtag!"	23

Baldenberg – „Zum Brunnenfest auf der Höhe"	26
Bellingroth – „Willkommen im Luna-Park"	29
Benroth – „Das ökologische Dorf der Zukunft"	32
Berghausen – „Golfen im Gimborner Land"	36
Bernberg, Hesselbach & Dümmlinghausen – „Integration wird großgeschrieben"	39
Bomig – „Oberbergs Arbeitszentrale"	43
Börnhausen & Wald – „Ein Dorf im Dorfe"	46
Bruch – „Das Bilderbuchdorf"	49
Bünghausen – „Ein Stammtisch ohne Kneipe"	52
Büschhof – „Mitzen im Bösch"	55
Büttinghausen – „Hier tagt das Dorfparlament"	58

Dahl – „Treffpunkt Dreschscheune"	61
Dannenberg – „Die Höchsten im Land"	64
Denklingen – „Klein-Venedig an der Klus"	67
Diezenkausen – „Heimat der Schmettereulen"	71
Drabenderhöhe – „Alte Heimat, neue Heimat"	74
Dreisbach – „Im Inken war der Anfang"	78
Drespe – „Die Kanalarbeiter"	81
Eiershagen – „Als wär's ein Stück vom Himmel"	84
Elsenroth – „Von alten Ziegeln und einem Ankerlift"	87
Erbland, Schneppsiefen & Schönenberg – „Am Silbersee geht's richtig rund"	90
Erlinghagen – „Treffpunkt Dorfwäldchen"	93

Forst – „Von Spülteichen, Hangmooren und einem Hindernis-Bolzplatz"	96
Freckhausen – „Schöne Scheunen und bunte Bauerngärten"	99
Großfischbach & Kleinfischbach – „Von Schubkarrenrennen und einer Vogtei"	102
Heddinghausen – „Mit Pauken und Trompeten"	105
Heischeid – „Vom Feuerwehrturm zum Feierturm"	108
Hengstenberg – „Hoppmeister gesucht"	111
Hespert – „Kunst und Geschichte"	114
Hillerscheid – „Der Heimatverein ist Dreh- und Angelpunkt"	117
Hohkeppel – „1050 Jahre jung"	120
Holpe – „Morsbachs zweite Hauptstadt"	123
Honsberg – „Jazz zum Frühstück"	126
Hülsenbusch – „Der Strauch mit den roten Beeren"	129
Hunstig – „Technik aus dem Aggertal"	132
Huppichteroth – „Eiersingen am Brölbach"	135
Jedinghagen – „Die alte Kegelbahn im Herzen des Dorfes"	138

Inhalt

Kalkofen – „Tief im Westen"	141
Kaufmannsommer – „Eine kleine Arche Noah"	144
Kreuzberg – „Ein Kalvarienberg im Dorf"	147
Lichtenberg – „Von Sauköppen, der Wilden 13 und dem Rinnchen"	150
Lieberhausen – „Die Energiepioniere"	153
Linde & Scheurenhof – „Rund um den Kirchturm"	156
Linden – „Aus dieser Quelle trinkt Oberberg"	159
Lindscheid – „Oberbergs Saftladen"	162
Löffelsterz – „Zwischen Dorfbackes und Arnikawiese"	165
Marienberghausen – „Einfach märchenhaft"	168
Marienhagen – „Geschichte verpflichtet"	172
Mennkausen – „Feiern unterm Apfelbaum"	175
Merkausen – „Die Umweltpiraten sind unterwegs"	179
Morkepütz – „Der Froschteich stand Pate"	182
Müllenbach – „Ein Horrido auf Möllenbiek"	185
Nosbach – „Feinkost vom Dorfrand"	188
Nümbrecht – „Zwischen Wellness und Schlosskirche"	191
Oberwiehl – „Die Macher vom Hans-Teich"	195
Ohl & Klaswipper – „Der Kaiser war hier zu Besuch"	199
Puhl – „Gemeinsam wird's möglich"	202
Rebbelroth – „Zwischen Springer und Aggerfurt"	205
Rölefeld, Dickhausen & Drinhausen – „Gemeinsam geht's besser"	209
Rommersberg – „Der Hof mit der Eibe"	212
Scheel – „Das Haus im Park"	215
Sinspert – „Kapelle und Kunsthaus"	218
Sotterbach – „Ein Burghaus als Ursprung"	221
Stülinghausen – „Mittelpunkt Dorfspielplatz"	224
Thier – „Schwarz, weiß, grün"	227
Verr – „Immer einen Ausflug wert"	230
Wallefeld – „Kühles Nass an heißen Tagen"	233
Wendershagen – „Tausche Ferkel gegen Trompete"	236
Wildberg – „Glück auf"	239
Wilkenroth – „Wohnen im Park"	242
Windfus – „Fast alles dreht sich um den Wald"	246
Wipperfeld – „Das geniale Dorf"	250
Wülfringhausen – „Sonnig und mehr"	253
Bildnachweis & Buchtipps	256

Zu diesem Buch

Was wäre das Oberbergische ohne seine Dörfer? Sie sind nicht nur das Markenzeichen einer charakteristischen Landschaft, sondern auch Heimat für Menschen, die einerseits vor Ort schon seit Generationen tief verwurzelt sind oder andererseits ihr Zuhause hier bewusst neu gewählt haben. Unsere Dörfer haben ihre Besonderheiten, die durch ihre Geschichte, ihre Lage, ihre aktuelle Entwicklung und vor allem durch die dort lebenden Menschen recht unterschiedlich sein können. Auf jeden Fall sind sie es wert, mit gerade diesen Besonderheiten einer breiteren Öffentlichkeit vorgestellt zu werden.

Der Gedanke, oberbergische Dörfer in einem Buch vorzustellen, nahm vor drei Jahren konkrete Gestalt an. Nach 20 Jahren „Dorferfahrung" als Mitglied und stellv. Vorsitzender der oberbergischen Bewertungskommission im Wettbewerb „Unser Dorf soll schöner werden – unser Dorf hat Zukunft" erschien mir dies als reizvolle Aufgabe. Sie war es auch, jedoch viel aufwendiger als vermutet. Es war eine echte Herausforderung, neben meiner Arbeit und meinen Verpflichtungen als Landtagsabgeordneter diese Aufgabe zu bewältigen. Ohne die Unterstützung einer Reihe lieber Menschen wäre es nicht möglich gewesen!

In diesem Buch wird deutlich, wie vielfältig und dennoch typisch die Orte in unserer Region sind. Vielleicht bietet sich dem einen oder anderen ein ganz neuer Blick auf das eigene Zuhause oder die Besonderheiten der Nachbardörfer.

Ich würde mich jedenfalls freuen, wenn die Leserinnen und Leser dieses Buches meine Begeisterung für unsere Dörfer teilen. Entdecken Sie ein faszinierendes Stück oberbergische Heimat!

Ründeroth, im Juli 2008

Dr. Gero Karthaus MdL

Rote Farbtupfer im Vorgarten: Türkenmohn

Unsere bucklige Welt

Zukunft Dorf: Chancen für unsere Kinder schaffen

Das Oberbergische besitzt eine wunderschöne Landschaft: Wälder, Wiesen, Wasser und Dörfer – alles in engem Wechsel miteinander verbunden und gestaltet von unzähligen Tälern und Höhen.

Diese „bucklige Welt" hat eine lange Geschichte: Fleißige Hände, welche Familien ernährten, Häuser bauten, Wege und Straßen anlegten, Waren und Werkzeuge herstellten, Wasser stauten und Boden nutzbar machten, haben dieser Landschaft ihr Gesicht gegeben.

Dies geschah nicht gezielt, aber mit großem Engagement und immer an einer besseren Zukunft orientiert. Entstanden ist so über Jahrhunderte eine sogenannte Kulturlandschaft, in der zwar jeder Stein schon zweimal umgedreht wurde, die Natur aber immer wieder zur Stelle ist, wenn man ihr Platz lässt. Kaum zu glauben, aber manches stille Waldstückchen hat früher eine intensive Bergbau- oder Steinbruchnutzung erlebt.

Beginnend mit der Industrialisierung im Übergang zum 20. Jahrhundert, haben sich vor allem ganze Talabschnitte an Agger, Wipper/Wupper und Wiehl in ihrer Gestalt gewandelt. Durch Industrie und Gewerbe, Verkehrswege und Wohnsiedlungen erhielten sie eine Prägung, die zwar nicht mehr als bäuerlich gelten kann, dennoch aber einen „bergischen" Charakter beinhaltet. Aber schon im nächsten Tälchen finden sich dann Dörfer, die bis heute von der Landschaft und ihrer bäuerlichen Nutzung gestaltet sind, auch wenn die Landwirtschaft nur noch wenigen Oberbergerinnen und Oberbergern ihr direktes Auskommen gibt.

Im Oberbergischen Kreis gibt es heute fast 800 Siedlungen! Das Spektrum reicht vom abgelegenen Einzelgehöft bis zur Kreisstadt. Für die Menschen, die dort leben, sind diese Orte Heimat. In ihnen erleben sie ihre Beziehungen zu ihren Mitmenschen, zur Landschaft, zur Kultur, zur Arbeit, zur Religion und zu vielen anderen Details, die ihr Leben ausmachen. Die Oberberger prägen ihre Dörfer und werden von ihnen geprägt!

Die Situation in unserer Region ist besser, als man denken mag. Arbeitsplätze, Bildungsmöglichkeiten, Infrastruktur, Freizeitangebote, Wohnqualität, Umweltstandards: Alle diese Faktoren können sich im Vergleich mit anderen sehen lassen.

Es lässt sich gut leben in Oberberg! Das soll auch so bleiben. Daher gilt es, die Herausforderungen der Zukunft gestaltend anzunehmen. Im Wandel stecken erhebliche Chancen. Werden diese erkannt und genutzt, dann bieten sich gute Perspektiven für junge und ältere Menschen, für die Familien als Fundament unserer Gesellschaft, damit letztlich für unsere bucklige Welt als Heimat.

Der Wettbewerb

„Unser Dorf hat Zukunft" – Eine Erfolgsgeschichte in Oberberg

Der Wettbewerb „Unser Dorf hat Zukunft", früher unter dem Namen „Unser Dorf soll schöner werden" bekannt, ist in den letzten 43 Jahren zu einem wichtigen Instrument in der dörflichen Entwicklung geworden und hat sich stetig fortentwickelt. Der Wettbewerb hat das Ziel, die Zukunftsperspektiven im ländlichen Raum zu verbessern und die Lebensqualität zu steigern. Nachhaltige Entwicklungen und das bürgerschaftliche Engagement sind dabei wichtige Elemente. Das Motto „Unser Dorf hat Zukunft" bedeutet, dass zukunftsfähige Ideen für die soziale, wirtschaftliche, kulturelle und ökologische Ausrichtung eines Dorfes im Blickpunkt stehen. Es gilt, den Menschen Perspektiven für ein Leben in unseren Dörfern aufzuzeigen.

Der Wettbewerb hat sich stets als Anreiz für die Menschen verstanden, die Zukunft ihrer Dörfer verantwortlich mitzugestalten und damit einen Beitrag für die Zukunftsfähigkeit ihrer heimatlichen Region zu leisten. Initiative und Eigenverantwortung sind zudem die Fundamente des Zusammenlebens der Menschen. Ein weiteres Ziel des Wettbewerbes ist es, die vielfältigen Funktionen der Dörfer darzustellen und vorbildliche Beispiele zu Leistungen der Dorfbewohner zu geben.

Manches oberbergische Dorf wurde und wird daher angeregt, bezogen auf seine individuellen Ausgangsbedingungen, die örtlichen Strukturen zu erhalten und diese für die Zukunft weiterzuentwickeln.

Es zeigt sich immer wieder: Kraft und Erfolg haben Dörfer, deren Bürgerinnen und Bürger sich engagieren. Der Dorfwettbewerb soll auch dazu beitragen, das Verständnis der Dorfbevölkerung für ihre eigenen Einflussmöglichkeiten zu stärken und dadurch die bürgerschaftliche Mitwirkung zu intensivieren. So kann der Wettbewerb hervorragende Beispiele dafür aufzeigen, wie es motivierten und engagierten Dorfbewohnern gelingt, sich ein lebenswertes Umfeld zu schaffen. Dabei wird gewürdigt, was die Dorfgemeinschaft ohne staatliche Förderung leistet.

Blütenpracht am Haus: Der Rotdorn ziert als geschnittener „Kopfbaum" manchen Gebäudeeingang

"Unser Dorf hat Zukunft"

Ganz schön abwechslungsreich: Unsere bucklige Welt aus der Vogelperspektive

Gemeinschaftliche Perspektiven entwickeln – Innovationspotenziale erschliessen.

Die Bürgerinnen und Bürger, Unternehmerinnen und Unternehmer und alle in der Gemeinde Verantwortlichen sollen durch den Wettbewerb motiviert werden, die individuellen Ausgangsbedingungen – Stärken und Schwächen, Chancen und Risiken – ihres Ortes zu erfassen. Daraus können dann Perspektiven für die Zukunft des Dorfes gemeinschaftlich entwickelt werden.

Die vorhandenen Kräfte und Instrumente bündeln.

Wichtiger Erfolgsfaktor für die dörfliche Entwicklung ist, dass alle an einem Strang ziehen. Die Initiierung und Umsetzung von isolierten Einzelprojekten reicht allein nicht aus. Entscheidend für den Erfolg ist es, Vorteile des gemeinsamen Handelns zu nutzen. Große Bedeutung kommt dabei der Qualität der Zusammenarbeit zwischen den verschiedenen kommunalen und staatlichen Institutionen, Vereinen und sonstigen Gruppierungen im Dorf und der überörtlichen Zusammenarbeit zu.

Zukunftsfähigkeit erhalten bedeutet, intensiv auf die verschiedenen Generationen im Dorf einzugehen. Auf die Interessen und Bedürfnisse der Menschen vor Ort zu setzen heißt auch, sich mit den Zukunftschancen der Kinder und jungen Menschen – insbesondere auch der jungen Frauen – auseinanderzusetzen. Denn jeder, der gezwungen ist, unsere Region zu verlassen, nimmt dabei auch ein Stück Zukunft mit.
In einer alternden Gesellschaft sind aber auch die Möglichkeiten auszuloten, ältere Bürgerinnen und Bürger in die Dorfentwicklung einzubeziehen.

Die dörfliche Identität stärken.

Pflege und Entwicklung des sozialen Miteinanders zwischen den Generationen, Volksgruppen, Alt- und Neubürgern lassen im Dorf Identität, soziale Geborgenheit und Vertrautheit – „Heimat"– entstehen. Sie sind wichtiger Teil der sogenannten weichen Standortfaktoren, die zunehmend an Bedeutung gewinnen. Es geht aber beispielsweise auch um Maßnahmen, die Kinder und Jugendliche in ihrer Entwicklung fördern, Familien entlasten, oder die die Kooperation zwischen den Generationen mit neuen Ansätzen und Projekten stärken.

Natur und Umwelt pflegen und erhalten.

Erholungsräume und Naturerlebnismöglichkeiten in unmittelbarer Nähe zu haben, sind zentrale Vorzüge unserer oberbergischen Heimat. Sie zu entwickeln und zu erhalten sowie bedrohte Pflanzen- und Tierarten und ihre Lebensräume zu schützen, erhöht die Lebensqualität im Dorf und kann Ausgangsbasis für wirtschaftliche Aktivitäten sein. Umweltfreundliche Verfahren der Landnutzung und Aktivitäten im Sinne der Agenda 21 können ebenfalls zur nachhaltigen Dorfentwicklung beitragen.

Bewertung der Dörfer

Auf der Grundlage eines Bewertungsrahmens nimmt die Bewertungskommission – zunächst auf Kreisebene – eine Gesamtbewertung vor. Dabei sind die jeweilige Ausgangslage und die individuellen Gestaltungsmöglichkeiten sowie die Aktivitäten und die erbrachten Leistungen der letzten Jahre von Bedeutung. Auch sind die Entwicklungen vorangegangener Wettbewerbsteilnahmen zu berücksichtigen. Sie werden zu einem geschlossenen Gesamtbild zusammengeführt und entsprechend bewertet. Es soll deutlich werden, welche Ziele sich die Dorfbevölkerung für die Gestaltung ihres Dorfes gesetzt hat und was in bürgerschaftlicher Eigenverantwortung getan wurde, diese Ziele zu erreichen.
Folgende Bewertungsbereiche werden herangezogen

- Entwicklung von Leitbildern und Zielvorstellungen und deren Umsetzung
- Wirtschaftliche Entwicklung und Initiativen
- Soziales und kulturelles Leben
- Baugestaltung und Entwicklung
- Grüngestaltung und Entwicklung
- Dorf und Landschaft

Diese sechs Fachbewertungsbereiche werden vor dem Hintergrund der individuellen Einflussmöglichkeiten des Dorfes auf seine künftige Entwicklung sowie der jeweiligen besonderen Ausgangslage beurteilt. In allen Bereichen sollen dabei die eigenständigen Leistungen der Dorfbewohner bei der Entwicklung ihres Dorfes im Vordergrund stehen. Jedes Kommissionsmitglied bewertet für sich unabhängig nach bestem Wissen und Gewissen. Aus den Einzelbewertungen wird das Gesamtergebnis ermittelt.

Von den auf Kreisebene mit Gold ausgezeichneten Dörfern qualifizieren sich je nach Anzahl der am Kreiswettbewerb teilnehmenden Orte bis zu sieben für den Landeswettbewerb. Die dortigen Sieger nehmen dann am Bundeswettbewerb teil.

Im Oberbergischen Kreis haben seit 1965 insgesamt bisher 226 Dörfer am Wettbewerb teilgenommen! Die beeindruckende Zahl zeigt, dass diese Idee nichts von ihrem ursprünglichen Reiz verloren hat. Mit 50 bzw. 46 Dörfern stellen die Stadt Wiehl bzw. die Gemeinde Reichshof die meisten Teilnehmer. Die oberbergischen Dörfer haben auch auf Landes- und Bundesebene große Erfolge errungen. 17 Gold- und unglaubliche 54 Silberplaketten stehen im Landeswettbewerb zu Buche. Im Bundeswettbewerb wurde sechsmal Gold und fünfmal Silber erreicht. Oberberg gehört damit zu den erfolgreichsten Regionen in Deutschland!

Neugierige Juroren im Dorfwettbewerb: Die Bewertungskommission ist da!

„Unser Dorf soll schöner werden – Unser Dorf hat Zukunft"

Erfolge des Oberbergischen Kreises im Bundeswettbewerb

Jahr	Goldplakette	Silberplakette	Bronzeplakette
1968	Nümbrecht		
1970	Marienberghausen		
1972	Marienhagen		
1976		Oberagger	
1980		Lieberhausen	
1985		Wilkenroth	
1987	Hülsenbusch		
1989		Lieberhausen	
1991	Marienberghausen		
1995			Freckhausen
1998		Eiershagen	
2001			Thier
2004	Heddinghausen		

Erfolge des Oberbergischen Kreises im Landeswettbewerb 1961 bis 1983

Jahr	Goldplakette	Silberplakette	Bronzeplakette
1961			Nümbrecht
1963			Nümbrecht
1965			Oberagger Marienhagen Nümbrecht
1967	Nümbrecht		Nosbach Marienhagen Oberagger
1969	Marienberghausen	Marienhagen Nosbach Oberagger	
1971	Marienhagen	Nosbach Oberagger	
1973	Nosbach	Müllenbach Oberagger Windfus	Scheel (noch GL)
1975	Oberagger	Scheel Lieberhausen Drabenderhöhe	
1977		Windfus Wildberg Drabenderhöhe Lieberhausen	Scheel
1979	Lieberhausen Windfus	Wildberg Scheel	Wilkenroth
1981		Scheel Sotterbach Wallefeld Wildberg Wilkenroth	
1983	Wildberg	Scheel Sotterbach Wallefeld Wilkenroth	

Erfolge des Oberbergischen Kreises im Landeswettbewerb 1985 bis 2006

Jahr	Goldplakette	Silberplakette	Bronzeplakette
1985	Wilkenroth	Hülsenbusch Sotterbach	Merkausen Wallefeld
1987	Hülsenbusch	Lieberhausen Sotterbach Wallefeld	Scheel
1989	Lieberhausen	Drabenderhöhe Denklingen Freckhausen Wallefeld	Lützingen Hohkeppel
1991	Marienberghausen	Benroth Denklingen Freckhausen Hohkeppel Wilkenroth	Wülfringhausen
1993	Wilkenroth	Benroth Eiershagen	Hohkeppel Mennkausen Merkausen Wipperfeld
1995	Freckhausen	Eiershagen Lieberhausen Hohkeppel Thier	Heddinghausen
1997	Eiershagen	Benroth Heddinghausen Thier	Lieberhausen
2000	Thier	Heddinghausen	Benroth Holpe
2003	Heddinghausen	Drespe Merkausen	Wilkenroth
2006		Drespe Wilkenroth	Eiershagen Merkausen

Das Verwöhnaroma oberbergischer Dörfer

Jahrhundertealte Kulturlandschaft mit besonderem Charakter: Das Oberbergische Land

HAGEN JOBI:
AUS DEM BEREISUNGSTAGEBUCH DES VORSITZENDEN DER KREISPRÜFUNGSKOMMISSION (LANDLÄUFIG: DORF-KOMMISSION)

Ein kleines Mädchen aus einem kleinen oberbergischen Dorf hat mir und meiner Truppe einst an einem schönen Sommertag ein Gefühl fast erhabener Würde vermittelt: „Seid ihr die Prozession?", wollte das Kind von mir wissen, als ich an der Spitze der Kreiskommission im Wettbewerb „Unser Dorf soll schöner werden – Unser Dorf hat Zukunft" vorbei an herausgeputzten Gärten und Häusern wanderte.

Und wenn ich heute in meinem alten Bereisungstagebuch blättere, erinnert mich der Spruch des Mädchens an Einsatz und Großzügigkeit, an Heiterkeit und besinnliche Momente in ungezählten Stunden während der großen Prüfungs-Rundfahrten durchs Oberbergische Land. Erinnert werde ich an viel Idealismus und die unglaubliche kulturelle Vielfalt, die ich in unseren Dörfern immer wieder erlebte und bewunderte. Ich erinnere mich an oft hintergründigen Humor und ein gesundes Selbstbewusstsein der Menschen, die unsere Kommission empfingen. Von diesen vielen Eindrücken soll nun die Rede sein, wobei ich darum bitte, nicht jedes Wort auf die Goldwaage zu legen.

VOM WERT DER KOMMISSION

Wohl keine Gruppe im Oberbergischen Land wird von einem solch intensiven Verwöhnaroma beglückt, wie die sachkundigen Damen und Herren, die alle drei Jahre über Sieg und Platz im schon historischen Wettbewerb „Unser Dorf soll schöner werden – Unser Dorf hat Zukunft" zu entscheiden haben. In etlichen Dörfern wurde eigens eine Fahne gehisst, wenn die Jury aus dem Bus kletterte, um einer Begrüßungsansprache und wichtigen Neuigkeiten zu lauschen. Da bekamen wir auch manch Kurioses zu hören:

- Ein Vorsitzender: „Ich habe mich in dieser Nacht schon um zwei Uhr ans Fenster gestellt und auf gutes Wetter für die Kommission gehofft!"
- Eine Idealistin: „Heute sollte ich eigentlich am Bein operiert werden, ich habe das aber verschoben, weil die Kommission kommt!"
- Eine stolze Oma: „Jedes Jahr, wenn die Kommission kommt, bringe ich ein neues Enkelkind mit!"
- Die Tochter: „Ihr könnt ruhig wiederkommen, aber beim nächsten Mal mach ich Pause!"
- Eine Nachbarin: „Leute bleibt ganz ruhig, Kinderkriegen ist aufregender als die Begehung durch die Kommission!"
- Ein verdutzter Bürger: „Die Kommission hat uns heute einen Weg gezeigt, den wir noch nie gegangen sind!"
- Ein kritischer Beobachter: „Die Kommission sollte lieber gehen und sehen als viel reden."
- Ein enttäuschtes Kind: „Eigentlich wollte ich heute Schwimmen gehen, durfte aber nicht wegen der Kommission!"
- Ein Eifriger: „Meine Tochter und ich sind schon um sechs Uhr aufgestanden, vor lauter Aufregung!"

VOM WERT DER SCHÖNHEIT

Was ist eigentlich schön an einem Dorf? Und wer bestimmt eigentlich im Dorf, was schön zu sein hat? Diese Fragen begleiten den Dorfwettbewerb seit dessen Bestehen. Und groß sind oft die Meinungsunterschiede darüber, was ein Dorf eigentlich lebenswert macht und was nicht. Vielfältig sind denn auch die Bemühungen, schön zu werden und schön zu bleiben:

- Ein Hausbesitzer: „Schaut nicht auf mich, schaut auf meine Trockenmauer!"
- Sein Nachbar: „Es sind nämlich die kleinen Ecken, die unser Dorf ausmachen!"
- Ein Gärtner: „Wir haben die Linde beschnitten, et Inge hat jetzt wieder viel mehr Licht!"
- Ein Ortsvorsteher: „Unser Dorfhaus steht im Internet!"
- Ein Enttäuschter: „Unsere Nachbarschaft hat 35 neue Obstbäume gepflanzt, ohne dass das jemand weiß!"
- Ein Fleißiger: „Wir arbeiten hier nicht mit dem Handy, sondern mit den Händen!"
- Ein Philosoph: „Wir sind hier Freidenker, aber auch Schwerdenker!"
- Ein Bauer: „Ich bin heute noch früher als sonst aufgestanden, um den alten Traktor rauszustellen!"
- Ein Naturfreund: „Überall, wo wir durften, haben wir angepflanzt und nachgepflanzt!"
- Ein Bänkebauer: „Ich habe von der Gemeinde vier Betonfüße bekommen!"
- Ein Kritiker: „Das ist hier mehr wuchtig als wichtig!"

VOM WERT DER GEMEINSCHAFT

Wohl und Wehe des Dorfwettbewerbs hängen seit jeher vom einigenden Willen einer Dorfgemeinschaft ab. Das ist leichter gesagt als getan, und so wurde uns bei den Besuchen immer wieder deutlich gemacht, wie schwer es die Initiatoren und Aktivis-

Heimat heißt auch ein Zuhause haben

ten oft mit der Motivation ihrer Mitbürger haben. Das geht dann so:

- Ein Dorfältester: „Wir haben hier folgende Arbeitsteilung: Frühschoppen und Pflegearbeiten gehören zusammen. Wer keine Zeit hat, kommt dann zum Dämmerschoppen!"
- Ein Überzeugter: „Ein Vereinsmensch ist kein Egoist!"
- Ein Ortsvorsteher: „Bei uns im Dorf hat der Bürgermeister nichts zu sagen!"
- Eine Dorfschöne: „Unser Frauenverein heißt auch Jungbrunnenverein!"
- Ein Feinschmecker: „Bei uns wird der Panhas noch von Tür zu Tür getragen!"
- Ein Überraschter: „Wir mussten noch etwas putzen, darüber ist es dann dunkel geworden!"
- Ein Nachdenklicher: „Nicht alles ist machbar, aber Hauptsache ist der Frieden im Dorf!"
- Ein Beobachter: „Bei uns hier passt jeder auf jeden auf!"
- Ein Optimist: „Fröhlich gehen wir zu Werke, Gemeinsamkeit ist unsere Stärke!"
- Noch ein Optimist: „Bei uns ist mehr Lust als Frust!"
- Ein Organisator: „Es sind immer dieselben, die mitmachen!"
- Ein Elternsprecher: „Wir sind ein fruchtbares Dorf und haben schon 17 Kinder!"
- Ein Zufriedener: „Wir haben alles, was der Mensch so braucht: Bäcker, Metzger, Schmied und Pastor!"
- Ein Planer: „Wir machen im Dorf nicht mehr die ganz großen Sachen. Wir erkennen unsere Herausforderung an den vielen kleinen Details!"
- Ein Wirt: „Wir brauchen hier kein Dorfgemeinschaftshaus. Wir haben zwei Zelte gekauft, die bauen wir auf, wo und wann wir wollen!"
- Ein Bewunderer: „In diesem Dorf gibt es extrem viele hübsche kleine Kinder!"

Sommer im Staudengarten: Prachtscharte und Mädchenauge

VOM WERT DER TIERE

Ein Dorf ohne Tiere ist kein richtiges Dorf. Und weil das so ist, wird stets dafür gesorgt, dass vor der Kommission viele Hunde und Katzen die Attraktivität steigern. Leider sind seit vielen Jahren die Bauernhöfe mit all ihren Tieren vor die Dörfer gezogen. Doch Ausnahmen bestätigen die Regel des dörflichen Tierlebens:

- Ein Bauer: „Ihr könnt gerne mit auf den nahen Hof kommen, bei mir warten auf die Kommission 70 Kühe zum Melken!"
- Ein Nachbar: „Auf meiner Wiese fühlen sich auch die Kühe sauwohl!"
- Ein Reiter: „Ich habe meine Pferde aus dem Stall geholt, damit es noch dörflicher aussieht!"
- Noch ein Pferdefreund: „Es ist ein Jammer, wir haben hier im Dorf nur einen Hengst!"
- Ein Amphibienfreund: „Ich beobachte bei uns immer die vielen Geburtshelferkröten. Im Moment haben die aber nichts zu tun!"
- Ein Hausbesitzer: „Kommt mal mit in den Ziegenstall. Leider sind keine Ziegen drin, eigentlich sollten zwei drin sein. Aber die sind weg!"

VOM WERT GUTER ERNÄHRUNG

In all den Dörfer, die ich mit meinen Kolleginnen und Kollegen besuchte, gab es eine feste Überzeugung: „Die Mitglieder der Kommission sind völlig abgemagert, dem Hungertod nahe und brauchen deshalb dringend etwas zu essen. Entsprechend reichhaltig war das Angebot an nahrhaften Leckereien – vor allen Dingen von den liebenswerten Frauen der Dörfer angeboten.

- Eine Köchin: „Eine richtige Amtsperson trinkt kein Wasser, sondern Bier. Also los."
- Ein Hungriger: „Wie lange bleiben die noch; mir knurrt nun wirklich mein Magen!"
- Eine Mutter zum Kind: „Warte, wenn die Kommission endlich weg ist, dürfen wir die Reste zu Mittag essen!"
- Ein Kollege: „Wir sind hier über den Obstlerweg gegangen!"

Mir bleibt zum Schluss noch die Erinnerung an meinen Stoßseufzer: „Leute, Leute, wir werden ja hier bei euch regelrecht gemästet!" Klare Antwort: „Sei froh, dass wir euch hinterher nicht schlachten!" Da haben wir wohl noch mal Glück gehabt. Geschlachtet haben sie uns nie. Im Gegenteil: Die Kommission wurde immer herzlich willkommen geheißen und war für einige Stunden Teil dieser intakten Dorfgemeinschaften. Gemeinschaften, die ganz nach dem Motto agierten: Freudig gehen wir zu Werke, Gemeinsamkeit ist unsere Stärke.

> Hagen Jobi ist Landrat des Oberbergischen Kreises. Er war von 1992 bis 2002 Vorsitzender der Prüfungskommission im Kreiswettbewerb „Unser Dorf soll schöner werden – Unser Dorf hat Zukunft" und hat auch die Kommissionen im Landes- und Bundeswettbewerb beim Besuch der oberbergischen Dörfer begleitet.

Agathaberg

Agathaberg

„Kennen Sie Zintagen?"

Wer in bildreichen Worten von „Zintagen" schwärmt, der muss aus Agathaberg sein. Nicht, weil seine Beschreibung übertrieben wäre, sondern weil nur die Agathaberger selbst ihr Dorf so nennen. Dies hat einen besonderen Hintergrund. Der Überlieferung nach war Mitte des 15. Jahrhunderts Wipperfürth wieder einmal durch einen großen Brand zerstört worden. Die Bürger gelobten daraufhin, jedes Jahr zu Ehren der heiligen Agatha, Schutzpatronin gegen das Feuer, eine Wallfahrt zu ihrer Begräbnisstätte nach Catania auf Sizilien durchzuführen. Aber schon bald bemerkte man, welche beschwerliche Reise man da versprochen hatte und eine Alternative musste her. Die wurde in der Errichtung einer hölzernen Kapelle zu Ehren der heiligen Agatha auf einem Berg in der Nähe von Wipperfürth gefunden. Das war die Geburtsstunde des Dorfes, das sich um die Kapelle herum entwickelte. Die erste Schreibweise lautete „Sent Agathen" und daraus leitete sich über Jahrhunderte das heute im Ort gebräuchliche „Zintagen" ab. Ende des 19. Jahrhunderts reicht die Kapelle nicht mehr für die stark gewachsene Einwohnerschaft aus und bereits 1903 konnte die neugotische Kirche „St. Agatha" eingeweiht werden. Mit dem auf der anderen Straßenseite gelegenen alten Pfarrhaus aus dem Jahr 1835, das ebenfalls unter Denkmalschutz steht, dem Küsterhaus und dem Pfarrheim bildet die Kirche ein Ensemble in der Dorfmitte. Ringförmig um die Dorfmitte führt der Kreuzweg, der 14 Stationen umfasst. Sie sind jeweils mit Kreuzen und Bildnissen des Leidensweges Jesu gestaltet. Zu Fronleichnam gehen die Gläubigen alle Stationen ab, wobei auf der Strecke viermal Segnungen erteilt werden.

Am südwestlichen Ende des Dorfes liegt der Sportplatz. Er ist Übungs- und Spielfläche für die Fußballer der SG Agathaberg, die sich vor allem durch eine intensive Jugendarbeit auszeichnet. Diese erstreckt sich auch auf andere Sparten wie Tischtennis, Turnen und Gymnastik. Da gibt es beispielsweise die „Power-Girls", eine Gruppe Mädchen im Alter von 10–13 Jahren, die neben Ausdauer- und Krafttraining auch Teamfähigkeit und Sinnesschulung aktiv erfahren. Ältere Semester finden in der Gruppe „Fit über 55" Anleitung für einen gesunden Umgang mit ihrem Körper. Für viele weitere Geschmäcker gibt es sportliche Angebote. Fast 500 Mitglieder der SG Agathaberg, die bereits ihr 75-jähriges Jubiläum

Klappt gut: Altes und Neues verbinden und weiterentwickeln

Agathaberg

Wird durch ein DFB-Minispielfeld weiter aufgewertet: Der attraktive Spielplatz am Ortsrand

gefeiert hat, wissen dies zu schätzen. Ohne die Turnhalle im Ort wären viele Sportarten nicht möglich. Nicht zuletzt freut sich darüber auch die katholische Grundschule, an der zurzeit gut 100 Schüler unterrichtet werden.

Neben dem Sportgelände am Dorfrand hat die St. Sebastianus-Schützenbruderschaft vor wenigen Jahren einen neuen, überdachten Schießstand errichtet. Zum Ausschießen der Königswürde wechselt man allerdings auf die andere Sportplatzseite, wo Festplatz und Festzelt einen geeigneten Rahmen bieten. Die Fläche wird auch schon einmal vom Bürgerverein genutzt. Er zeichnet für zahlreiche Aktivitäten im Dorfleben verantwortlich, sei es das Maibaumsetzen, das Osterfeuer, die Vatertagswanderung oder der monatliche Seniorennachmittag, der im Pfarrheim stattfindet. Zudem kümmert man sich um den großen und interessanten Spielplatz am Ortsrand,

Leben in „Zintagen"

der demnächst um ein DFB-Minispielfeld für die fußballbegeisterte Dorfjugend ergänzt wird. Dort wird auch den Erwachsenen etwas geboten, denn sie genießen einen herrlichen Fernblick in Richtung Wipperfürth, Radevormwald und Halver.

Seit Jahren prägt eine heilpädagogische Einrichtung das Leben im Ort. Die Rede ist von „Haus Agathaberg", einem Betreuungsangebot der Stiftung „Die gute Hand", welches sich an Menschen mit autistischer Behinderung und Kommunikationsstörungen richtet. Die Bewohner versuchen, sich mit der eigenen Behinderung auseinanderzusetzen und ein individuelles Lebenskonzept zu entwickeln. Möglich wird dies durch eine langfristig angelegte, wertschätzende Betreuung mithilfe eines vielfältig qualifizierten Mitarbeiterteams. Leben und Lernen, Arbeit und Freizeit sind eng miteinander verknüpft. Einblicke in das facettenreiche Leben von Haus Agathaberg bieten die Zeitschrift „Augenblicke" oder eine Internetseite, die beide von den Bewohnern selbst gestaltet werden!

Unbedingt noch erwähnen muss man die enge Verbindung von Agathaberg und Dohrgaul. Nicht nur die Feuerwehr und die Grundschule teilt man miteinander. Der Musikzug Dohrgaul übt in der Agathaberger Dorfgaststätte und setzt sich, wie auch die anderen Vereine, aus Bewohnern beider Dörfer zusammen.

Mit 105 Jahren noch eine junge Kirche: St. Agatha

Agathaberg

Stadt Wipperfürth
Urkundliche Ersterwähnung: 1477

Einwohner 1980: 1702
Einwohner 2007: 1858

3 Vereine
1 katholische Kirche
1 Grundschule
1 Kindergarten

Erfolge im Dorfwettbewerb:
Kreisebene:
2 Silber und 13 Bronze

Alferzhagen

„Dauerbrenner Waldfest"

Wohnen, wo andere gerne Urlaub machen würden

Der Verschönerungsverein lädt zum Waldfest ein und 3000 Menschen strömen herbei! Wie das geht, haben die Alferzhagener vorgemacht. Das ist zwar schon ein paar Jährchen her, aber bis heute wird in Alferzhagen im Sommer gefeiert. An dem zwei Jahre früher errichteten Aussichtsturm auf dem 390 m hohen „Wohlhardskopf" hatte das Waldfest 1909 Premiere. Der Turm und das mit einem großen Programm ausgestattete Fest waren eine Riesen-Attraktion und lockten daher viele Menschen aus der Umgebung an. Kurze Zeit später zog man auf den heutigen Festplatz um. Auch wenn das Waldfest heute nicht mehr unbedingt von halb Oberberg besucht wird, ist es doch eine schöne Tradition geblieben, die die Menschen im Ort in geselliger Runde zusammenführt und ihnen manche schöne Stunde bereitet.

Bereits 1906 wurde der Verschönerungsverein gegründet. Mit seiner Aufgabenstellung, nämlich der Verbesserung der Infrastruktur, der Förderung des Fremdenverkehrs, der Verschönerung der Häuser samt ihrer Umlagen und der Erschließung von schönen Aussichtspunkten, war er seiner Zeit damals voraus. Sogar bei den Zufahrtsstraßen wurde mitgemischt: Für die Straße nach Dieringhausen leistete man 1926 den Grunderwerb und 1933 wäre die Verbindung nach Merkausen ohne die Unterstützung des Verschönerungsvereins kaum möglich gewesen. Heute setzen sich die knapp 130 Mitglieder für die Aufwertung des Ortsbildes sowie der Dorfnatur, die Pflege der Grünflächen und das Miteinander im Dorf ein. Aus dem alten Löschteich wurde ein Lebensraum für Frosch und Co. und in aufwendiger Arbeit wurde der Kinderspielplatz modernisiert. Selbstverständlich kümmert man sich auch um die vielen Ruhebänke, die an den herrlichen Wanderwegen rund um Alferzhagen aufgestellt sind. Diese einmal abzugehen, wird übrigens mit wunderbaren Aussichten auf das Dorf und seine Umgebung belohnt.

Der zweite Alferzhagener Verein wurde 1924 ins Leben gerufen. Der Männergesangverein ist eine wichtige Klammer zum Nachbarort Merkausen, da seine Mitglieder aus beiden Dörfern kommen. Neben dem Frühlings- und Herbstfest gestalten die 35 Aktiven auch das Weihnachtsfest mit, zu dem alle über 65-Jährigen eingeladen werden. Übrigens hält man – genauso wie der Verschönerungsverein – der alten Dorfgaststätte „Sonnenhof" zum Üben, zum Feiern oder einfach zum gemütlichen Beisammensein bis heute die Treue.

Der dritte Verein im Dorf ist der Siedlerbund. Er geht auf die Entstehung der Krahwinkelsiedlung zurück, in der sich am westlichen Ortsrand 1939 zahlreiche Neu-Oberberger niederließen. Schlagartig wuchs die Einwohnerzahl dadurch an. Sollte er damals die speziellen Interessen der Neubürger wahrnehmen, so stellt der Siedlerbund heute sein Wirken unter die Gesamtziele des Dorfes und bringt sich in die gemeinsamen Aktivitäten ein.

Im alten Dorfkern Alferzhagens ist bis jetzt die Gestalt

Spielen im Grünen: Obstgarten vor der Haustür

des früheren Weilers im Wesentlichen erkennbar geblieben. In diesem Bereich befindet sich eine stattliche Zahl alter Fachwerkhäuser. Das älteste ist über 500 Jahre, andere stammen aus der Zeit vor dem 30-jährigen Krieg. Bis heute hat sich im Ort auch ein landwirtschaftlicher Betrieb erhalten, der das Grünland am Ortsrand insbesondere zur Mutterkuhhaltung nutzt. Vier Handwerksbetriebe, ein Friseursalon, ein Versicherungsbüro und ein Altenheim repräsentieren die wirtschaftliche Seite von Alferzhagen. Bis in die zweite Hälfte des letzten Jahrhunderts bot die Textilindustrie im Aggertal Lohn und Brot. Zu Fuß machte man sich über die vielen alten Wege jeden Morgen dorthin auf, beispielsweise zur Spinnerei nach Friedrichstal. Heute bieten die Wiehler Gewerbebereiche, aber auch weiterhin die Aggerschiene Arbeitsplätze für die Alferzhagener.

Das Sauerbachtälchen mit dem sogenannten „Tiergarten" am Ortsausgang Richtung Dieringhausen, die von Waldflächen umsäumte sanfte Quellmulde des

Den Erfolg dokumentiert: Erinnerung an hervorragende Platzierung im Dorfwettbewerb

Alferzhagen

Alferzhagen

Stadt Wiehl
Urkundliche Ersterwähnung: 1443

Einwohner 1980: 592
Einwohner 2007: 851

3 Vereine
1 landwirtschaftlicher Betrieb

Erfolge im Dorfwettbewerb:
Kreisebene:
1 Gold, 12 Silber und 3 Bronze

alten Ortskerns, der schöne Baumbestand im Dorf, Hecken und Obstgehölze im Übergang zur freien Landschaft: Die Alferzhagener erfreuen sich immer wieder an der herrlichen Lage ihres Heimatdorfes. Da ist es nur verständlich, dass der Dorfschullehrer und Heimatdichter Hugo Fischer schon 1910 im „Lied von Alferzhagen" festhielt:

„Um immergrünen Wiesengrund, die Höf und Häuser liegen, mein Bächlein in dem Blumenbunt, das rauscht mit Vergnügen. Und jeder Apfel auf dem Baum, erzählt mir einen Heimattraum, im Herbst beim Früchtetragen, vom schönen Alferzhagen."

Beim Waldfest ist Mitmachen angesagt

Angfurten

„Morgen ist Backtag!"

Mittendrin im Wiehler Bergland

Ein Hinweisschild kündigt es rechtzeitig an: Backtag in Angfurten! Jeder ist eingeladen, im vorgeheizten Dorfbackofen seinen Teig in ein knuspriges Brot oder in einen leckeren Kuchen zu verwandeln. Und in der Tat: Die Köstlichkeiten aus dem Dorfofen bleiben jedem in guter Erinnerung, der sie einmal probiert hat. Vor acht Jahren kamen zwei Familien aus dem Ort auf die Idee, an zentraler Stelle eine Backmöglichkeit einzurichten, hatte es doch zu Urgroßmutters Zeiten schon mal elf Backstellen in Angfurten gegeben. Heute ist der Dorfbackofen nicht mehr wegzudenken, bietet er doch auch die Möglichkeit, alle wichtigen und unwichtigen „Dorfneuigkeiten" zu besprechen, während der Appetit wächst.

Angfurten ist ein kleines, aber feines Dörfchen an der Stadtgrenze von Wiehl nach Reichshof. Der 150-Seelen-Ort liegt zwischen Wiesen und Wald in einer Senke am Angfurter Bach. Es gibt nur eine Straße hinein und die gleiche wieder hinaus, denn hier ist „Sackgasse". 46 Häuser, die die Baugeschichte von über 300 Jahren widerspiegeln, gliedern sich auf den „Unterhof", „Mittelhof" und „Oberhof".

Zwar lassen sich die Angfurtener immer wieder gerne attestieren, dass sie dort wohnen würden, wo andere gerne Urlaub machen, doch von „Dornröschenschlaf" kann keine Rede sein. Sage und schreibe über 50 Arbeitsplätze gibt es im Ort, woran vor allem ein Kunststoffspritzgussbetrieb Anteil hat. Aber es gibt auch einen Geflügelhof, verschiedene Dienstleister und drei Haushalte bieten Ferienwohnungen an.

Eine Dorfgemeinschaft hatte es bereits in den 60er-Jahren gegeben. Sie löste sich aber um 1971 herum wieder auf, nicht zuletzt, weil das kleine Dorfhaus nach Ablauf einer zeitlich befristeten Baugenehmigung abgerissen werden musste. 1995 schritt man wieder zur Tat und gründete die Dorfgemeinschaft Angfurten als Verein. Motiviert war man damals auf jeden Fall durch eine Auszeichnung für den schönsten Festwagen. Die Stadt Wiehl hatte zu einem Umzug anlässlich des 25-jährigen Zusammenschlusses von Wiehl und Bielstein eingeladen. Die Angfurtener erinnerten sich an die Bedeutung des alten Steinbruchs „De Sang" für ihren Ort, denn hier wurden jahrelang Pflastersteine hergestellt, die sogar mit einer Seilbahn zum Bahnhof Oberwiehl transportiert wurden. Unter dem Motto „Die Steenkühler us Angfurten" wurde diese Dorfgeschichte liebevoll und lebendig auf dem Festwagen dargestellt, was den ersten Preis einbrachte. Mit einem zweiten Platz bei dem Festumzug zur Wiehler 675-Jahr-Feier schnitt man 2006 ebenfalls hervorragend ab.

In den Jahren dazwischen war man aber auch nicht faul. Ein wunderschön am Dorfrand gelegener Spielplatz wurde nach den Vorstellungen und Ideen der Kinder in Eigenleistung errichtet, der Wiehler Weihnachtsmarkt erlebte einen eigenen Angfurtener Stand und gemeinsam wurde ein Obstbaumschnittlehrgang belegt. Selbstverständlich gibt es regelmäßig Aktionstage, Osterfeuer, Sommerfeste, Wandertage, Angebote für Senioren und weihnachtliche Veranstaltungen. Ein Höhepunkt zu den Adventssonntagen ist ein Treffen der Familien in einer alten Scheune mit Stroh, Schafsfellen und Kerzenlicht. Nicht nur Kinderaugen glänzen, wenn

Sommerspaß auf der Spielplatzwiese

Gaudi beim Dorffest

dann Weihnachtslieder gesungen, Gedichte vorgetragen und Geschichten erzählt werden.
1999 wurde im Rahmen des Dorffestes die „Chronik von Angfurten" vorgestellt. Neben jahrelanger Archivarbeit fanden auch Geschichten und Berichte, die nur noch in den Köpfen der Angfurtener exis-

Angfurten

Stadt Wiehl
Urkundliche Ersterwähnung:
1467

Einwohner 1980: 116
Einwohner 2007: 151

1 Verein
1 landwirtschaftlicher Betrieb

Erfolge im Dorfwettbewerb:
Kreisebene:
1 Gold, 4 Silber und 2 Bronze

tierten, Eingang in das Werk. Die Arbeit des Dorfchronisten führte auch dazu, dass ein eigenes Dorfwappen Gestalt annahm. Es beinhaltet vier markante Symbole: die Lore als Erinnerung an die Steinbruchseilbahn, den Angfurtener Bach, zwei Bäume für die letzten beiden Zeugen des früheren Dorfkamps und natürlich den Backes. Und wer nicht genug vom kleinen Dörfchen Angfurten kriegen kann: Es gibt Angfurten T-Shirts, Becher, Kugelschreiber ...

Kinderflohmarkt:
Das Spielzeug bleibt im Dorf!
(links)

Der Backtag wird angekündigt
(rechts)

Baldenberg

Baldenberg
„Zum Brunnenfest auf der Höhe"

Mit dem Bollerwagen durch die Wiese: Rast bei der Maiwanderung

Ganz schön hochgelegen, auf einer gut 360 m hohen Bergkuppe zwischen Dörspe-, Steinagger- und Othetal, präsentiert sich Baldenberg. Von dort aus kann man – so wird behauptet – den Bergneustädtern fast auf die Köpfe spucken. Früher soll eine der „Autobahnen des Mittelalters", die „Heerstraße", über Baldenberg verlaufen sein. Heute zeugen noch die Reste alter Hohlwege jedenfalls davon, dass sich über Jahrhunderte Fuhrwerke den Berg hinauf- und hinuntergequält haben müssen. Bis 1955 waren die Ortsbewohner offiziell verpflichtet, die Wege im Dorf im Rahmen von „Hand- und Spanndiensten" auszubauen und zu unterhalten. Sogar eine eigene Steinhalde für den Wegeschotter wurde dafür gebraucht. Mit dem Bau des Autobahnzubringers erhielten die Baldenberger 1978 dann eine neue, bequemere Straße in ihren Ort.

Gutes, köstliches Wasser gibt es auch auf dem Berg. Am frischen Nass aus den Baldenberger Brunnen sollen sich schon die Soldaten Napoleons auf ihren Heerzügen gelabt haben. Grund genug, den Brunnen am Dorfplatz vor 30 Jahren liebevoll zu restaurieren.

Seit dieser Zeit wird jährlich das Brunnenfest gefeiert. Der ganze Ort verbringt fröhliche Stunden miteinander und als einer der Höhepunkte wird die Brunnenkönigin gewählt. Der Bürgerverein Baldenberg organisiert neben diesem zentralen Ereignis aber auch das Osterfeuer, die Maiwanderung, die Fahrradrallye zu Pfingsten und den Martinsumzug. Daneben rückt man dem Müll zu Leibe und kümmert sich um das Erscheinungsbild des Dorfplatzes. Gefeiert wird in der Regel auf dem Dorfplatz, neben dem der Kinderspielplatz angelegt wurde und dem ebenfalls der Dorfteich benachbart ist. Dieser fungiert offiziell auch als Löschwasserreservoir und wurde Mitte der 90er-Jahre nach einem Flurbereinigungsverfahren im Rahmen einer Dorferneuerungsmaßnahme neu gestaltet.

Neben dem Bürgerverein gibt es in Baldenberg auch den Turnverein. 1992 konnte er bereits sein 100-jähriges Jubiläum feiern. Er bietet ein breites Spektrum an sportlicher Betätigung und unterhält eine Turnhalle mit Schankraum sowie einen kleinen Sportplatz.

Baldenberg ist durch das Schließen von Baulücken und baulichen Ergänzungen in den letzten 30 Jahren behutsam gewachsen. Heute zählt der Ort knapp 400 Einwohner. Sie können immerhin Lebensmittel in einem bäuerlichen Hofladen kaufen. Hier finden sich auch die frischen Eier der Baldenberger Freiland-Hühner. Die Kopfstärke des Hühnervolkes entspricht dabei in etwa der Anzahl der Dorfbewohner. Zumindest bei Eiern müsste der Ort also Selbstversorger sein.

Neben drei landwirtschaftlichen Betrieben gibt es im Dorf noch eine Holzhandlung. So kommt knapp ein Dutzend Arbeitsplätze zusammen.

Anscheinend lässt sich in Baldenberg gut vom stressigen Berufsalltag abschalten; denn gleich drei oberbergische politische Persönlichkeiten lebten bzw. leben hier. Zunächst sei der verstorbene Hans Wichelhaus erwähnt, der nach seiner Zeit als Lehrer an der Volksschule Baldenberg 1969 Landrat des Oberbergischen Kreises und 1975 Mitglied des Landtags wurde. Heribert Rohr, der als Oberkreisdirektor von 1995 bis 1999 die Geschicke des Oberbergischen führte, fühlt sich mit seiner Familie im „Höhenort" schon lange wohl, genauso wie der Bürgermeister der Stadt Bergneustadt, Gerhard Halbe. Vielleicht ist es ja die gute Baldenberger Höhenluft, die klare Gedanken für weitreichende Entscheidungen zu fassen hilft.

Hand angelegt: Fachkundig restauriertes Fachwerkhaus

Heiß und hell: Der Bürgerverein organisiert auch das Osterfeuer

Baldenberg

Beliebter Wohnort: Baldenberg ist in den letzten Jahren behutsam gewachsen (links)

Baldenberg liegt auf einem Höhenrücken vis à vis von Bergneustadt (rechts)

In die Pedale treten: Auf geht's zur Fahrradrallye

Baldenberg

Stadt Bergneustadt
Urkundliche Ersterwähnung: 1383

Einwohner 1980: 253
Einwohner 2007: 386

2 Vereine
3 landwirtschaftliche Betriebe

Erfolge im Dorfwettbewerb:
Kreisebene: 5 Bronze

Bellingroth

„Willkommen im Luna-Park"

Nicht, dass man sich etwas Falsches vorstellt, wenn vom Bellingrother „Luna-Park" die Rede ist: Keine aufwendigen Beete, keine Gehwege oder gar Einrichtungen kennzeichnen die Grünfläche im alten Ortskern. Vielmehr ist von einem kleinen Dorfwinkel die Rede, der mit zwei alten Birnbäumen und einer Bank auch nach Sonnenuntergang zum Verweilen einlädt. Die Bellingrother haben also Humor.

Nicht auf spektakuläre Aktionen setzen, sondern mit kleinen, durchdachten Maßnahmen das Dorf behutsam weiterentwickeln: Das ist das Motto der Bellingrother, die nicht nur mit ihrem „Luna-Park" Dorfcharakter bewahren. Auch wiedererstandene Trockenmauern, ein neu angelegter Obstgarten, heimische Strauchhecken als Zaunersatz und artenreiche Wegränder kennzeichnen vor allem den Dorfkern. Hier finden sich liebevoll restaurierte Fachwerkhäuser – insgesamt sind sieben davon als Baudenkmäler ausgewiesen –, die mit reizvollen Vorgärten und Grauwackepflaster eine heimelige Atmosphäre vermitteln. Hier lohnt sich auch ein Blick hinter die Häuser: Wunderbare Gärten mit alten Obstbäumen, bunten Staudenbeeten, alten Grauwackeplatten und manchen historischen Details werden im Sommer zum „grünen Wohnzimmer".

In der Hofstraße schützt eine imposante Winterlinde seit Napoleons Zeiten die angrenzenden Gebäude. Hier trifft man sich zum Lindenfest mit großem Reibekuchenessen. Im Ort gibt es sogar einen Literaturkreis, der Lesungen veranstaltet. Für die älteren Dorfbewohner werden Adventskaffeetrinken und Weihnachtstheaterspiele angeboten. Geselligkeit, Sport und Brauchtum werden im Schützen- und Bürgerverein „Die Schimmelhäuer" großgeschrieben. Zusammen mit den Kaltenbachern wird geturnt, geschossen und gefeiert.

Überhaupt sind die Kontakte zum Nachbardorf Kaltenbach sehr eng und freundschaftlich. Auf dem Schützenfest können die Mitglieder neben dem klassischen Vogelschießen ihre Treffsicherheit beim Büchsenwerfen beweisen. Seit 40 Jahren werden Dosenkönigin und Dosenkönig ermittelt, die im Unterschied zum Schützenkönigspaar allerdings nur

Bellingroth mit altem Ortsteil (rechts) und Neubaugebiet (links)

Bellingroth

Frühling in Bellingroth. Im Hintergrund das Ründerother Neubaugebiet „Rauscheid"

Bellingroth wurde bereits 1280 zum ersten Mal urkundlich erwähnt. Mitte des 16. Jahrhunderts waren immerhin etwa ein Dutzend Höfe vorhanden. Zwischen 1980 und 1990 wuchs das Örtchen am Hang des Aggertals durch ein umfangreiches Neubaugebiet enorm. Heute sind fast 350 Menschen Bellingrother. Immerhin gibt es knapp zwei Dutzend Arbeitsplätze im Ort. Davon entfallen ein Drittel auf die beiden landwirtschaftlichen Betriebe, deren

eine kleine Krone bzw. Ehrenkette erhalten.

Schützenfest der Schimmelhäuser: Die Dosenkönigin muss zielsicher sein

Alter Dorfbaum mit Aufgabe: Hier findet das Lindenfest statt

Grünlandflächen die Hänge zur Agger hin prägen. In fußläufiger Entfernung zum Ortsrand liegt „Haus Ley". Die alte Grenzfestung der Grafschaft Mark gegenüber dem Erzbistum Köln präsentiert sich heute als malerischer Bauernhof an der Agger mit einem beeindruckenden Herrenhaus aus dem Jahr 1696. Hier hat auch der Landrat des Kreises Gummersbach, Richard Haldy, gelebt, der 1899 bei einem Kutschenunfall ums Leben kam.
Zu seiner Ehre wurde übrigens am Ründerother Weinberg der Haldy-Turm errichtet.

Feinkost vor der Haustür: Gemüsegarten mitten im Dorf

Bellingroth

Gemeinde Engelskirchen
Urkundliche Ersterwähnung: 1280

Einwohner 1980: 196
Einwohner 2007: 337

4 Vereine
2 landwirtschaftliche Betriebe

Erfolge im Dorfwettbewerb:
Kreisebene:
2 Gold und 3 Silber

Benroth

"**Das ökologische Dorf der Zukunft**"

Herrlich gelegen: Spielplatz im Dorfkamp

In Benroth ist es die Summe von Einzelheiten, die große Veränderungen in der Dorfstruktur und im Ortsbild bewirkt haben. Im Jahr 1992 wurde Benroth vom Land Nordrhein-Westfalen zum Modellprojekt „Ökologisches Dorf der Zukunft" gekürt. Damit gab es Zugang zu öffentlichen Fördermitteln. Diese Mittel, gepaart mit großem Engagement und enormer Initiative der knapp 400 Einwohner, haben ein Dorf geschaffen, das im Oberbergischen Kreis seinesgleichen sucht.

Mehr als die Hälfte aller Grundstücksbesitzer haben an den Maßnahmen teilgenommen. Zäune zum Nachbarn wurden entfernt, Wildstrauch- und Schnitthecken angepflanzt und wärmespeichernde, terrassierte Naturstein-Trockenmauern errichtet. Hauseinfahrten und Plätze sind entsiegelt und für natürlichen Bewuchs und das Regenwasser durchlässig gemacht worden. Die Dorfbewohner haben Obstwiesen und sogar einen Walnusskamp angepflanzt. Die Obstbaumbesitzer wurden im Baumschnitt geschult. Gärten hat man im Stil von Bauerngärten erweitert oder erneuert und mit einheimischen Obst- und Gemüsepflanzen bestückt. So manche alte Haustierrasse grast, meckert und gackert im Ort. Asbestplatten, die an alten Fachwerkhäusern als Wetterschutz dienten, sind entfernt worden und die Gebäude stellen sich wieder in ihrer schwarzweißen Pracht dar. Eine Reihe an Fassaden ist heute mit Wildem Wein und Efeu begrünt.

Der Anfang allen ökologischen Wirkens begann an den „Bornen", drei Quellen, die früher die Wasserversorgung des Ortes gewährleisteten. Diese Quellen sind heute mit Bruchsteinen eingefasst und von Erlen umgeben. Dem Langenbach, der am Ortsrand verläuft, wurde in einer umfangreichen Renaturierungsmaßnahme sein altes Bett zurückgegeben. Das Thema Wasser findet sich auch in einigen Garten- und Fischteichen wieder. Schließlich wurden dorfuntypische Nadelhölzer durch dorftypische Bäume wie Linden und Kastanien ersetzt.

Am Quellteich im oberen Dorfteil

Benroth wird urkundlich erstmals 1447 erwähnt, ist aber vermutlich deutlich früher gegründet worden. Die älteste Haustür im Ort wurde im Jahr 1620 eingebaut. Sie und der gut erhaltene „Vorländerhof"

Eindrucksvoll: Der Vorländerhof

Das Dorfhaus mit ansprechend gestalteter Umlage

mit seinem Herrenhaus, dem Wirtschaftsgebäude, seinen zwei Scheunen und einer Zurichte legen Zeugnis über die Bauweise unserer Vorfahren ab.

Das alles klingt schon fast nach Leben wie im Museum, aber das wäre weit gefehlt! Die Menschen und ihr Dorfleben sind äußerst lebendig und

Wichtige Einrichtung für wohnungslose Menschen: Haus Segenborn

Benroth

Gemeinde Nümbrecht
Urkundliche Ersterwähnung: 1447

Einwohner 1980: 345
Einwohner 2007: 360

1 Verein
2 landwirtschaftliche Betriebe

Erfolge im Dorfwettbewerb:
Kreisebene:
8 Gold und 2 Silber
Landesebene:
3 Silber und 1 Bronze

modern. Der Gemeinnützige Verein Benroth hat neben den Arbeitsgruppen für Dorf und Natur, Senioren, dem Fest- und Freizeitausschuss auch Ausschüsse für eine Kinder- und Jugendtanzgruppe sowie für eine Theatergruppe gebildet. Und wie bei allem, was die Benrother anpacken, kann sich das Ergebnis auch hier sehen lassen.

Im dreijährigen Turnus begeht die Dorfgemeinschaft ein ganz besonderes Fest, den „Wiederkehrertag". Alle Menschen, die im Dorf gewohnt haben und deren Adressen irgendwie aufzutreiben sind, werden angeschrieben und eingeladen. Das Fest erfreut sich großer Beliebtheit und bis spät in die Nacht werden Fotos angesehen, es wird erzählt und so mancher Satz beginnt mit: „Ist das schön, dich wiederzusehen", oder mit „Weißt du noch,...?".

Fast alle Aktivitäten haben ihren Mittelpunkt am schönen und großzügigen Dorfgemeinschaftshaus und dem dazugehörigen Backes. Unglaubliche 8000 ehrenamtliche Arbeitsstunden wurden in den zurückliegenden Jahren geleistet, um das Dorfhaus und sein Umfeld in der heutigen Form entstehen zu lassen.

Unmittelbar am gut erhaltenen Dorfkamp befindet sich der Spielplatz. Nicht ohne Grund, denn so kann das Wäldchen mit zum Spielen genutzt werden. Hier wird geklettert und manche Bude gebaut. Der Spielplatz ist perfekt in die Umgebung eingebunden. Die Rutsche folgt dem Hangverlauf und der Weg zurück nach oben kann kletternd erobert werden. Auch hier ist das Element Wasser wiederzufinden. Diesmal bietet eine Pumpe den Kindern die Möglichkeit, an dass Nass zu gelangen und damit zu „matschen".

Ein Stück Geschichte zum Anfassen befindet sich am südlichsten Zipfel des Ortes. Dort wurde eine alte Mauerecke der ehemaligen Pulvermühle, in der über 100 Jahre Schießpulver hergestellt wurde, liebevoll restauriert und wieder aufgebaut. Hier, in der Nähe der alten Pulvermühle, befindet sich mit Haus Segenborn ein Wohnheim für Menschen ohne Wohnung und Arbeit. Der gesamte Komplex ist in den letzten Jahren aufwendig renoviert und modernisiert worden. 54 Menschen finden hier die Möglichkeit, sich schrittweise wieder in die Gesellschaft und in die Arbeitswelt zu integrieren. An die Wohnhäuser mit ihren Einzel- und Doppelzimmern ist ein biologisch wirtschaftender Bauernhof angegliedert. Im eigenen Hofladen werden die von den Bewohnerinnen und Bewohnern hergestellten Produkte verkauft. Eine Außenwohngruppe hat ihren Platz in Benroth gefunden.

Durch das enge Bröltal, das Waldbröl mit Hennef verbindet, fuhr 84 Jahre das Brölbähnchen. Hier befand sich der älteste Bahnhof im Oberbergischen. Somit war Benroth viele Jahre für große Teile der Gemeinde Nümbrecht das „Tor zur Welt".

Die Benrother, so geschichtsbewusst und doch weltoffen und modern, haben sich daran gewöhnt, besichtigt zu werden. Sie freuen sich über jeden, der Gefallen an ihrem „ökologischen Dorf der Zukunft" findet. Machen Sie sich am besten selbst ein Bild davon!

Berghausen

„Golfen im Gimborner Land"

Vor den Toren Berghausens: Golfen im Gimborner Land

Zwischen den Tälern von Leppe und Gelpe liegt auf einem Höhenrücken Berghausen. Es ist eines der westlichsten Dörfer im Gummersbacher Stadtgebiet. Einen Katzensprung weiter beginnt der Bereich der Gemeinde Lindlar. Dort liegen im Leppetal die Stahlwerke und Schmiedebetriebe, die als Arbeitgeber für die Berghausener schon immer eine große Bedeutung hatten. Es gibt nur wenige im Ort, deren Familien mit der Stahlindustrie des Leppetals keine Berührungspunkte haben. In Berghausen selbst findet man noch Einzelhandel und Dienstleister, die Arbeitsplätze bieten.

Die über 500-jährige Geschichte des Dorfes ist eng mit den „Schwarzenbergern" verbunden, jenem Adelsgeschlecht, das von 1550 bis zum Ende des 18. Jahrhunderts von Schloss Gimborn aus die Geschicke der Region lenkte. Zur Zeit Napoleons war Berghausen das einwohnerstärkste Dorf im Gimborner Land. Mit etwa 1400 Menschen zählt der Ort heute ebenfalls zu den größten Siedlungen im Umfeld des Leppetals. Dazu beigetragen haben die in den 60er-Jahren erschlossene „Thaler Siedlung" und das in den letzten Jahren am östlichen Ortsrand entstandene Neubaugebiet. Es lässt sich gut wohnen in Berghausen, nicht zuletzt sind die Autobahn oder die Bahnhöfe in Ründeroth oder Engelskirchen nicht weit.

Inzwischen hat Berghausen auch im gesamten Bergischen Land Bedeutung erlangt. Grund dafür ist die im Jahr 2000 eröffnete Golfanlage „Gimborner Land". Knapp 6000 m Bahnlänge mit neun Löchern warten auf die Freunde von Tiger Woods und Co. Der Platz folgt der natürlichen Geländegestalt und gilt dennoch golftechnisch als sehr anspruchsvoll. Ganz bewusst möchte man einem breiten Publikum Spaß am Golfsport vermitteln. Anscheinend erfolgreich, denn inzwischen sieht man manchen Berghausener mit dem Golfschläger über die Spielbahnen ziehen. Ein alter Bauernhof wurde im Zuge der Platzanlage in ein modernes Clubhaus mit Restaurant umgewandelt. Die Räumlichkeiten werden gerne für Familienfeiern von den Berghausenern genutzt. Wie eng der Ort den Golfern verbunden ist, wird darin deutlich, dass der Verschönerungsverein sein Sommerfest im Innenhof des Clubhauses feiert, der dafür extra freigeräumt wird.

2003 hat der Verschönerungsverein seinen 100. Geburtstag groß gefeiert. Sein Wirken galt und gilt dem Wohl des Dorfes und seiner Menschen. Vor allem die freundliche Gestaltung der Dorfmitte war den Aktiven in den letzten Jahren ein großes Anliegen. Mithilfe der Stadt gelang es, einen ansprechenden Dorfplatz zu schaffen, der zum Verweilen einlädt. Zahlreiche Pflanz- und Pflegemaßnahmen haben

Berghausener Blütenpracht: Goldregen

die Durchgrünung im Ort verbessert. Die Geselligkeit kommt nicht zu kurz: Es gibt Sommer- und Winterfeste, das Spielplatzfest, Seniorenfeiern und den St. Martins-Umzug. Engen Kontakt hält man auch zur Hülsenbuscher Schützengesellschaft „Hubertus". Reges Miteinander gibt es ebenfalls im großzügigen evangelischen Gemeindezentrum. Zum Gebäudeensemble gehört eine sogenannte Notkirche, die infolge des Zuzugs vieler Flüchtlinge 1951 erbaut wurde. In dieser Zeit wurden nach einem einheitlichen Bauplan solche Kirchen aus vorgefertigten Teilen in ganz Deutschland errichtet. Heute wirkt die Kirche alles andere als „notdürftig". Sie überzeugt vielmehr durch ihre freundliche und moderne Gestaltung.

Neu gestaltet wurde der Platz in der Dorfmitte

Berghausen

Auf der Höhe zwischen Leppe- und Gelpetal

Möglichkeiten zur sportlichen Betätigung gibt es reichlich. Der VFL Berghausen bietet ein umfangreiches Programm, das Badminton, Fußball, Gymnastik, Volleyball, Taekwondo und Schach umfasst. Vieles findet in der Mehrzweckhalle statt, die sich mit ihrer Bühne auch für Veranstaltungen eignet. Am Sportplatz in der „Linger Wiese" hat der VFL auch eigene Räumlichkeiten. Großer Wert wird auf den Erwerb des Sportabzeichens gelegt, was für die Fitness der Berghausener sicherlich kein Nachteil ist. Wer will, kann sich auch am Nordhellenlauf beteiligen, der rund um die benachbarte Bergkuppe schon seit fast 30 Jahren stattfindet.

Not macht erfinderisch. In den Hungerjahren nach dem 1. Weltkrieg wurde die Notgemeinschaft Begräbnishilfe Berghausen gegründet. Ziel war es, die Angehörigen von Verstorbenen bei den Bestattungskosten zu unterstützen. Die Idee hat bis jetzt überlebt und 740 Menschen dürfen heute sicher sein, dass ihr letzter Weg für die Hinterbliebenen nicht zum finanziellen Problemfall wird. Auch für eine würdige Ruhestätte ist im Ort gesorgt. Nachdem ein Waldgrundstück von einem vermögenden Berghausener zur Verfügung gestellt worden war, konnte die Friedhofsgemeinschaft seit 1954 daraus einen wunderschönen Waldfriedhof entwickeln. Besonderer Wert wird auf die Verwendung ortsüblicher Materialien gelegt. Die teilweise mit Waldstauden und Farnen bepflanzten Gräber zwischen alten Buchen und Eichen strahlen Naturnähe und Pietät gleichermaßen aus. Die Mitglieder der Friedhofsgemeinschaft, die auch aus den Nachbarorten Würden und Hagen kommen, haben nicht nur die Ruhestätte ihrer Angehörigen am Ort, sie profitieren zudem von sehr niedrigen Gebühren.

Berghausen

Stadt Gummersbach
Urkundliche Ersterwähnung: 1469

Einwohner 1980: 1312
Einwohner 2007: 1407

3 Vereine
evang. Kirche, freikirchliche Gemeinde
1 Kindergarten

Erfolge im Dorfwettbewerb:
Kreisebene:
14 Silber und 1 Bronze

Bernberg, Dümmlinghausen & Hesselbach

"Integration wird großgeschrieben"

Ganz und gar nicht im üblichen Rahmen ist die Entwicklung von vier Dörfern verlaufen, die bis vor 50 Jahren beschauliche, bäuerlich geprägte kleine Ortschaften östlich des Stadtzentrums von Gummersbach waren. Damals konnte man Dümmlinghausen aufgrund seiner Tallage unweit der Sperrmauer der Aggertalsperre und betrieblicher Ansiedlungen am ehesten eine gewerbliche und industrielle Nutzung anmerken. Hesselbach, Kleinenbernberg und Großenbernberg jedoch präsentieren sich als die weitgehend ursprünglichen Weiler, auch äußerlich ihren landwirtschaftlichen Grundlagen entsprechend.

Anfang der 60er-Jahre nahmen Planungen Gestalt an, hier einen großen, zentralen Wohnbereich für die Stadt Gummersbach zu entwickeln. Bis 1994 entstand ein riesiger Stadtteil, der ohne Dümmlinghausen etwa 6000 Einwohner zählt und den Namen „Bernberg" erhalten hat. Die historischen Ortschaften Kleinenbernberg, Großenbernberg und Hesselbach sind somit längst umbaut und man muss schon genau hinsehen, um sie zu erkennen. Dabei lohnt sich das, denn Torleys Haus am Krusenberg in Großenbernberg, mit seinem Ursprung aus dem Jahr 1592 eines der ältesten erhaltenen Wohnhäuser der Region, das Bauernhaus Budde in Kleinenbernberg oder die Dümmlinghauser Mühle sind beeindruckende Gebäude mit vielen historischen Details. Die alte Mühle in Dümmlinghausen ist vielen Oberbergern von den Jazzkonzerten und Frühschoppen bekannt, die dort veranstaltet werden. Daneben wird sie gerne für private Feiern in Anspruch genommen.

Aber zurück zum neuen Bernberg. In den 70er-Jahren kamen viele Aussiedler aus Siebenbürgen in Rumänien, später waren es insbesondere Russlanddeutsche. Heute stellen sie zusammen mit Aussiedlern aus Polen und „alten" Deutschen den Löwenanteil der Bevölkerung. Weitere 5 % der Bernberger stammen aus der Türkei, aus Südeuropa, aus dem Libanon, aus dem Irak sowie aus Afrika.

Wenn so viele Menschen unterschiedlicher Herkunft, Religion und Kultur auf engem Raum zusammenleben, ist das alles andere als einfach. Die Stadt, die Vereine, die Kirchen aber auch viele Bernberger selbst haben längst die Notwendigkeit erkannt, die Integration der Menschen in den Vordergrund zu stellen. Eine Stadtteilkonferenz, die 1997 als „Runder Tisch" begonnen hatte, bindet alle gesellschaftlichen Gruppen ein und berät über Projekte und Maßnahmen, die zur Verbesserung der Lebensqualität und

Bunter Mix an Bewohnern:
Das neue Bernberg

Oase am Stadtrand:
Hesselbacher Dorfkamp

des Miteinanders in Bernberg unternommen werden können. Ein Schwerpunkt ist dabei die Freizeitgestaltung für Kinder und Jugendliche. Im eigenen Jugendzentrum gibt es eine Vielzahl von Angeboten, die vom Tanzen und Werken über praktische Lebenshilfen, wie z. B. Bewerbungstraining, bis zur sportlichen Betätigung reichen.

Stets wird darauf geachtet, dass zu den Aussiedlern und Migranten keine sprachlichen und kulturellen Barrieren entstehen. Unter dem Motto „Was man gemeinsam erarbeitet hat, zerstört man nicht", wurden verschiedene Projekte verwirklicht. So haben jugendliche Aussiedler am Bolzplatz eine Schutzhütte gebaut und dabei von der Planung bis zur Fertigstellung alles allein gemeistert. Ein ausgedienter Bauwagen wurde entkernt und zu einem

Jazzkonzert an der alten Mühle

Bernberg, Dümmlinghausen & Hesselbach

Morgens am Mühlenteich

kleinen Café umgestaltet. Heute gehört zu dem „Zirkuscafé Bernbelli", wie es liebevoll genannt wird, auch ein kleiner Außenbereich mit Tischen und Stühlen. Die „Stadtteilkneipe" im Zugang zum Jugendzentrum entstand ebenfalls in Eigenleistung und wird gerne als Treffpunkt genutzt.
Großes Interesse wird am Bernberg auch den Seniorinnen und Senioren entgegengebracht. Man trifft sich an gleicher Stelle wie die Jugend im Alten- und Jugendzentrum. Dennoch wurde mit dem Titel „KOM(M)MIT" ein eigener Name für den Seniorentreff gewählt. Er soll das Motto „Gemeinsam – nicht einsam – älter werden" unterstützen. Die Vielfalt der Angebote ist enorm. Zu den Favoriten zählen Wandern, Nordic Walking, Schachspiel, Singen, Kegeln und Wassergymnastik. Fast genauso

Keine ruhige Kugel:
Boule-Spieler in Dümmlinghausen

hoch im Kurs stehen Ausflüge, Literaturveranstaltungen, das Tanzen am Nachmittag sowie Gehirnjogging.

Eine absolute kulturelle Bereicherung ist das Phoenixtheater. Hervorgegangen aus der ehemaligen Theatergruppe der Kreisvolkshochschule und des Actors-Studios, möchte man allen Zuschauern gute Unterhaltung und lebendiges „Theater zum Anfassen" bieten. Auch Neueinsteiger sind willkommen, wenn sich die Truppe jede Woche montags im Alten- und Jugendzentrum zur Probe trifft. Die Aufführungen kommen gut an. So wurden bereits mehrere Gastauftritte im Losemund-Theater in Bergneustadt absolviert.

Der Einsatz für ein attraktiveres, lebens- und liebenswertes Bernberg ist groß, gerade weil eine kulturell unterschiedliche Gesellschaft viele Probleme aber auch Chancen mit sich bringt. Das gilt für die Sportvereine TV Dümmlinghausen-Hesselbach und SV Dümmlinghausen-Bernberg, die Breitensport und Fußball anbieten, den Schießverein Bernberg, den CVJM oder den Angelsportverein. Eine wichtige Aufgabe für den Heimatverein Bernberg ist die Erhaltung der Mundart. Und das gerade im Schmelztiegel der Nationalitäten und Sprachen! Der Dorfgemeinschafts- und Gartenbauverein Dümmlinghausen, Hesselbach und Bernberg bemüht sich vor allem um die Gestaltung der Plätze und Anlagen. Zahlreiche Anpflanzungen von Obstbäumen und Sträuchern, vorwiegend im Tälchen zwischen Dümmlinghausen und Hesselbach, gehen auf sein Konto. Er zeichnet auch für die Gestaltung von „Köhlers Gärtchen" verantwortlich. Direkt im Anschluss an den Parkplatz des Schwarzenberger Hofs in Dümmlinghausen ist eine kleine Naturoase entstanden, in der Naturerleben und Naturverständnis insbesondere für Kinder im Vordergrund stehen. Inmitten einer städtischen Entwicklung gibt es also noch kleine, aber feine dörfliche Grünzonen, ob sie nun „Köhlers Gärtchen" und „Torleys Park" heißen oder sich auf das Areal oberhalb der Dümmlinghausener Mühle beziehen.

Dümmlinghausen

Stadt Gummersbach
Urkundliche Ersterwähnung: 1465

Einwohner 1980: 1130
Einwohner 2007: 1235

5 Vereine
evang. Kirche
freikirchliche Gemeinde
evang. Christen-Gemeinde
1 landwirtschaftlicher Betrieb

Erfolge im Dorfwettbewerb:
Kreisebene: 15 Bronze

Hesselbach

Stadt Gummersbach
Urkundliche Ersterwähnung: 1520

Einwohner 1980: 336
Einwohner 2007: 391

5 Vereine
4 landwirtschaftliche Betriebe

Erfolge im Dorfwettbewerb:
Kreisebene: 15 Bronze

Bernberg

Stadt Gummersbach
Urkundliche Ersterwähnung: 1542

Einwohner 1980: 5094
Einwohner 2007: 5319

5 Vereine
evang. Kirche, Baptistengemeinde
1 Gemeinschaftsgrundschule
4 Kindergärten
6 landwirtschaftliche Betriebe

Erfolge im Dorfwettbewerb:
Kreisebene: 2 Bronze

Bomig
„Oberbergs Arbeitszentrale"

Wenn der Name Bomig fällt, denkt fast jeder als Erstes an die großen Gewerbegebiete rund um den Ort. Mit über 80 Hektar Gesamtfläche erreichen sie in der Tat einen enormen Umfang. Viele Betriebe haben die Verkehrslage unmittelbar an der Autobahnabfahrt genutzt und sich hier niedergelassen. So ist über die Jahre eine der größten Konzentrationen an Arbeitsplätzen im Oberbergischen entstanden. Dabei darf aber auch nicht vergessen werden, dass die Bomiger dafür manches in Kauf nehmen mussten. Die Zunahme des Verkehrs und die Veränderung des Landschaftsbildes sind zum Beispiel Auswirkungen, die nicht unbedingt angenehm sind.

Umso überraschter sind diejenigen, die Alt-Bomig kennenlernen. Enge Gassen, alte Häuser, Gärten mit Buchenhecken und moosbewachsene Bruchsteinmauern vermitteln einen gemütlichen, dorftypischen Eindruck, den man nur wenige hundert Meter weiter nie erwartet hätte. Wer den Grubenweg, den Uferweg oder die Hohefahrtstraße entlanggeht, wird interessante Staudenvorgärten, artenreiche Böschungssäume und vor allem viele Obstbäume entdecken. Neben verschiedenen hochstämmigen Apfelsorten fallen alte, prächtige Kirschbäume ins Auge. Wer hier mehr von den süßen Früchten hat, Vögel oder Gartenbesitzer, entscheidet sich jedes Jahr neu. Erfreulich, dass die Bomiger für eine Verjüngung und Ergänzung des Obstbaumbestandes gesorgt haben. In den zurückliegenden Jahren wurden immer wieder junge Bäumchen nachgepflanzt. Manchen mag es überraschen, dass es in Bomig noch „muht und gackert".

Zwei landwirtschaftliche Betriebe, die im Nebenerwerb geführt werden, nutzen die am Ortsrand verbliebenen Grünlandflächen. Sie setzen auf sogenannte „Ammenkuh"-Haltung, bei der säugende Mutterkühe noch ein weiteres Kalb mit aufziehen.

„Feiern in Bomig": Das hat seit Jahrzehnten einen guten Klang! Fast 60 Jahre lang veranstaltet die Feuerwehr im Sommer das Bomiger Waldfest, das fast schon Kultstatus besitzt. Der Festplatz liegt wirklich mitten im Wald und wird beim Feiern mit Holzhütten und Zeltplanen aufgerüstet. Gute Live-Musik, nette Leute, kühle Getränke, rustikales Ambiente: Diese Mischung kommt gut an. Das Waldfest ist immer bestens besucht und die Stimmung stets her-

Viel grüner als man denkt: Bomig

Grünes Vordach:
Kopflinde als Hausbaum

vorragend. An dieser Stelle muss aber vor Folgewirkungen gewarnt werden. Kopfschmerzen und Unpässlichkeiten können am nächsten Tag nicht selten auftreten!
Die Freiwillige Feuerwehr, der Löschzug Bomig/Morkepütz, um es genau zu sagen, richtet für die älteren Dorfbewohner regelmäßig eine adventliche Feier aus. Im Schulungsraum des nagelneuen und großzügig gestalteten Feuerwehrhauses gibt es dann zu Kaffee und Kuchen ein kleines Unterhaltungsprogramm. Einige Feuerwehrkameraden sind neuerdings auch als Sänger aktiv. Aus einer Idee bei einem Ausflug geboren, hat sich eine Gesangsgruppe etabliert, die ihr Können beispielsweise bei Karnevalsveranstaltungen zum Besten gibt. Das der Spaß bei den Feuerwehrmännern im Vordergrund steht, verrät schon der Name, den sie sich gegeben haben, die Höhenspatzen. Die direkten Dorfbelange werden durch den „Förderverein Bomig" vertreten. Ein Arbeitsschwerpunkt ist die Unterhaltung des Spiel- und Bolzplatzgeländes am Ortsrand, zu dem auch eine Blockhütte zählt. Hier feiert man ein kleines Som-

Fast schon mit Kultstatus:
Das Bomiger Waldfest

Bomig

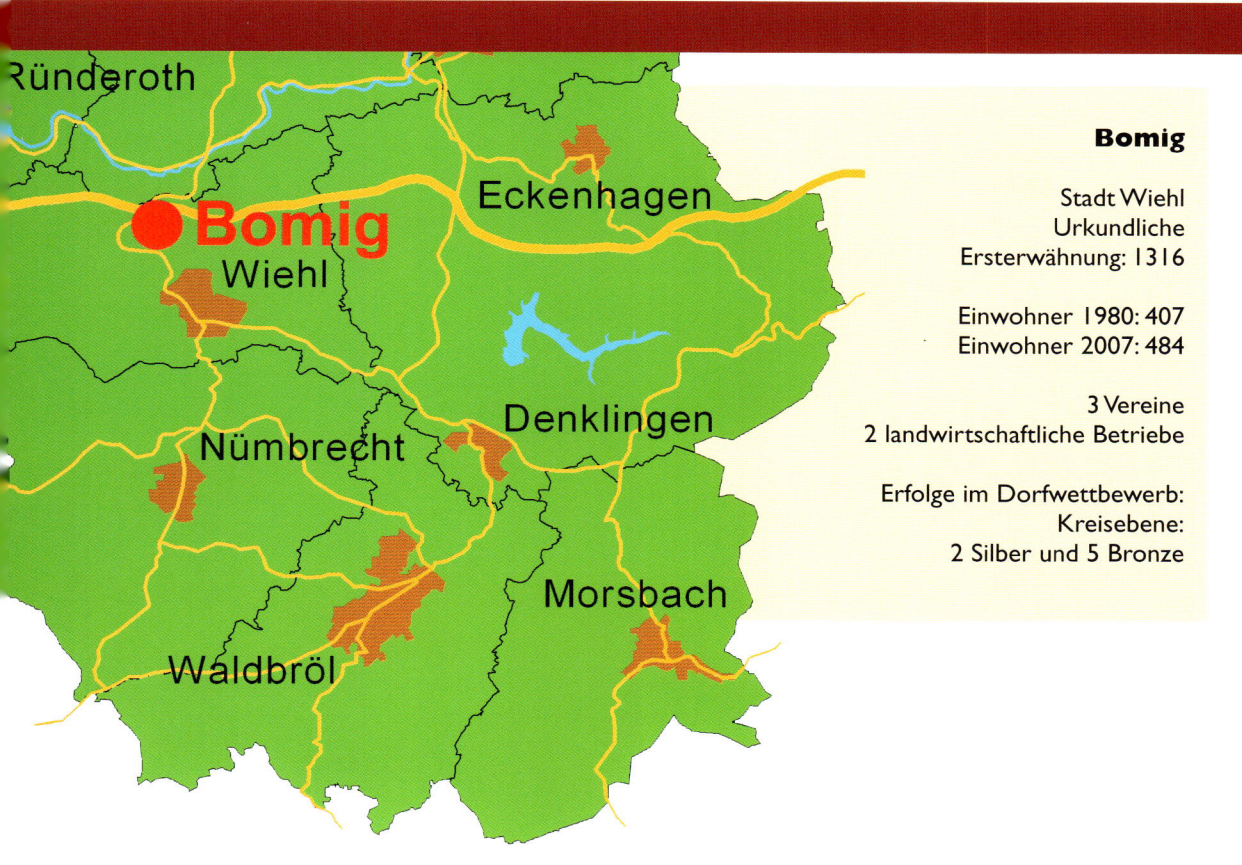

Stadt Wiehl
Urkundliche
Ersterwähnung: 1316

Einwohner 1980: 407
Einwohner 2007: 484

3 Vereine
2 landwirtschaftliche Betriebe

Erfolge im Dorfwettbewerb:
Kreisebene:
2 Silber und 5 Bronze

merfest oder trifft sich zu einem Arbeitseinsatz. Bei der Maifeier wird die Maikönigin mit dem Trecker abgeholt. Um die nächstjährige Würdenträgerin zu ermitteln, wird ein entsprechendes Los in einer Frikadelle oder einem Berliner Ballen versteckt. Ohne guten Appetit gibt's keine Krönung!

Der kleine weiße Zelluloid-Ball ist für die Bomiger nicht uninteressant. Gleich fünf Seniorenmannschaften kann der TTC Bomig aufbieten und die 1. Herrenmannschaft spielt sogar in der Bezirksklasse. Zum Training geht man in die Sporthalle am Wiehler Gymnasium.

Am Beispiel Bomigs wird deutlich, das manches Dorf erst auf den zweiten Blick eine reichhaltige Substanz offenbart. Daher lohnt es sich immer, genau hinzusehen, wenn Dörfer sich präsentieren.

Mitten in Alt-Bomig

Börnhausen & Wald
„Ein Dorf im Dorfe"

Mitten im Bechtal: Börnhausen und Wald

„De Bech eropp, an Hau v´rbie ..." heißt es in dem Gedicht „Der rasende Homburger", das eine Fahrt mit der Kleinbahn von Osberghausen an der Agger nach Waldbröl im Homburger Platt auf komödiantische Art beschreibt. Von der damaligen Bahnstation Börnhausen ist in diesem Gedicht nicht die Rede, aber die älteren Börnhausener erinnern sich noch mit Wehmut an das Ende des Eisenbahnverkehrs im Jahr 1966, als die Bahn durch Busse und ihre Bahnstation durch eine einfache Bushaltestelle ersetzt wurde. Doch die alte Brücke der „Haubahn" über die Bech gibt es noch heute und wird als Denkmal erhalten.

Börnhausen steht auch immer für die Ortschaft Wald, häufig sogar für das ganze Bechtal, von Bielstein bis hinauf nach Elsenroth. Als der 135 Mitglieder starke Gemeinnützige Verein Börnhausen/Wald 2004 eine 180 Seiten starke Chronik herausbrachte, wählte man konsequenterweise den Titel „Börnhausen und seine Nachbarorte" mit dem Untertitel „Geschichte des Bechtals". In der umfangreichen und interessanten Dorfgeschichte werden Burgen, Dörfer und Gehöfte an einer uralten Höhen- und Fernstraße beschrieben. Gemeint war damit die mittelalterliche „Brüderstraße", die Köln mit dem Siegerland verband und in einem Zweig auch durch das Bechtal am heutigen Börnhausen vorbeiführte. Zeugnisse der Vergangenheit gibt es noch mehr: Die „Burg Börnhausen", heute ein als Wohnhaus genutztes großes Steingebäude, war schon 1395 Sitz einer Adelsfamilie, die hier als Lehnsleute der Herren zu Homburg das Bechtal verwaltete. Die Börnhausener und Walder sind sich der Besonderheiten ihrer Geschichte bewusst. Die Dorfchronik hat viel dazu beigetragen.

Unter dem Stichwort „Börnhausen classic" bietet der CVJM Haan Aufenthalte in seinem Jugendheim im Ort an. Vor allem die Wochenenden im Börnhausener Heim sind so begehrt, dass man sich früh anmelden muss, um überhaupt noch für eine Gruppe Platz zu bekommen.

Als „Gemeinnütziger Verein Bechtal" wurde die Dorfgemeinschaft 1960 ins Leben gerufen. Nach wie vor ist man den Nachbarn eng verbunden, konzentriert sich inzwischen aber auf die Arbeit im Ort selbst. Dem wurde 1994 auch durch die Änderung des Namens in „Gemeinnütziger Verein

„Dooheem"

Börnhausen/ Wald" Rechnung getragen. Viel Mühe und Arbeit wurden in den Ausbau und die Unterhaltung des Bolzplatzgeländes samt Hütte gesteckt. Beide Bezeichnungen sind klare Untertreibungen, denn eigentlich ist ein kleiner Sportplatz mit gemütlichen, aber auch praktischen Räumlichkeiten entstanden. Damit haben die Alten- und Nikolausfeier, der Abschluss der Maiwanderung und der Ausklang der Arbeitseinsätze einen geeigneten Rahmen erhalten. Genauso das jährliche Bolzplatzfest, welches durch ein Fußballturnier für Mannschaften aus dem Bechtal begleitet wird.

Auffallend ist das gesellschaftlich-soziale Engagement, das in Börnhausen und Wald betrieben wird. Neben der Dorfgemeinschaft und dem CVJM sind es private Initiativen, die hier Maßstäbe setzen. Das „Ometepe"-Projekt versucht konkrete Unterstützung für Menschen in Nicaragua zu erreichen, die Organisation „Crianca de Rua-Straßenkinder in Recife" versteht sich als Hilfe zur Selbsthilfe für diese chancenlose Zielgruppe in Brasilien.

Haus Waldruhe:
Das Dorf im Dorfe

Börnhausen & Wald

Börnhausen & Wald

Stadt Wiehl
Urkundliche Ersterwähnung: 1395

Einwohner 1980: k. A.
Einwohner 2007: 316

2 Vereine
1 Kindergarten
1 landwirtschaftlicher Betrieb

Erfolge im Dorfwettbewerb:
Kreisebene:
4 Silber und 7 Bronze

Im Oberbergischen ohne Vergleich ist die vorbehaltlose Einbindung psychisch kranker Menschen. Eine inzwischen 100-jährige Geschichte verbindet „Haus Waldruhe" mit Börnhausen und Wald. Längst ist aus der früheren Pflege- und Erziehungsanstalt für Jugendliche mit Behinderungen eine moderne und beispielhafte Einrichtung zur Betreuung von psychisch kranken Menschen geworden, die einer umfangreichen Hilfestellung bedürfen. In der Trägerschaft der Theodor-Fliedner-Stiftung werden über 80 Menschen betreut. Ein kompetentes Team von Fachleuten sorgt dafür, dass in elf Häusern durch Wohngruppen ein selbstständiges Leben ermöglicht wird, wie es früher kaum vorstellbar war. Durch die Häuser, die Gärten, das therapeutische Arbeiten und die Gemeinschaft ist ein Dorf im Dorfe entstanden, das aus Börnhausen und Wald gar nicht wegzudenken ist.

Seit jeher ist das Verhältnis zur Nachbarschaft von Toleranz und Hilfsbereitschaft geprägt. Man geht sich nicht aus dem Weg, im Gegenteil, Gottesdienste werden gemeinsam gestaltet und das Sommerfest mit eigenem Jahrmarkt ist ein gerne wahrgenommenes Pflichtprogramm für viele Bechtaler. Man muss einfach mal in Waldruhe gewesen sein, um die große Herzlichkeit zu spüren, die hier selbstverständlich ist.
So gilt der Beginn des Gedichtes „Dooheem" von Elisabeth Kaufmann-Bauer für die Menschen in Börnhausen und Wald und die Menschen aus dem Dorf im Dorfe gleichermaßen:

„Dooheem, datt es ett schöenste Woort;
Ett schöenste ob dr Welt!
Mr sütt dn Bösch, de Baach, de Wies;
dn Charden on ett Feld ..."

Jeder ist hier herzlich willkommen (links)

Karneval mit viel Fantasie (rechts)

Bruch
„Das Bilderbuchdorf"

Die Grötzenberger, die am Sonnenhang oberhalb des kleinen Homburger Brölbaches wohnen, sind nur zu beneiden: Von dort aus hat man den besten Blick auf das Fachwerkdorf Nümbrecht-Bruch, jedenfalls auf den historischen Kern des Dorfes mit seinen zehn Fachwerkhäusern. Es ist die gleiche Ansicht, die auf zahlreichen Kalenderblättern, in Büchern, auf Ansichtskarten und auf Internetseiten zu finden ist. Die alten Fachwerkhäuser von Bruch bieten ein beliebtes Motiv für Zeichnungen und Gemälde, Fotos und sogar für Filme. So drehte zum Beispiel die Kölner Musikgruppe „Bläck Fööss" hier die Filmversion ihres Songs vom „Buuredanz in Berrkesdörrp".

Folgt man einer der Führungen durch das Dorf, die der Nümbrechter Heimatverein regelmäßig veranstaltet, erhält man nicht nur einen Eindruck von der gedrängten Bebauung des Dorfes, sondern erfährt auch, warum sich ausgerechnet hier im späten 16. Jahrhundert die ersten Siedler niederließen: Bruch – der Name – mit einem langen „u" gesprochen – deutet auf eine sächsische Siedlung hin, die auf einem festen Grund am Rand einer sumpfigen Talsohle errichtet wurde. 1575 wurde das Dorf erstmals als „Tzum Broich" auf der Mercator-Karte erwähnt.

In Bruch wurden nicht nur einzelne Häuser unter Denkmalschutz gestellt, sondern mit einer Denkmalbereichssatzung gleich das gesamte Dorf. Eine Landschaftsschutzzone auf den Dorfwiesen davor sorgt außerdem dafür, dass kein Gebäude den Postkartenblick auf das Dorf verstellen kann. Seitdem dürfen an den Häusern keine Veränderungen vorgenommen werden, die das Erscheinungsbild beeinträchtigen. An das Leben unter Denkmalschutz mussten sich die Brucher erst gewöhnen, denn wer so viel fotografiert wird, muss damit rechnen, dass die Denkmalschutzbehörde schnell zur Stelle ist, wenn eine Baumaßnahme ohne ihr Wissen ausgeführt wird.

Am Finkenhähnchenweg in Bruch steht das älteste Fachwerkhaus Nümbrechts. Ein unscheinbares kleines Fachwerkhaus in der Schlichtheit des 17. Jahr-

Von jeder Seite sehenswert

Bruch im Frühling

scher ihre Fachwerkhäuser wissenschaftlich untersuchten. 1623 war das Entstehungsjahr eines Balkens, wie man feststellte. Ihre Geschichte und ihr Dorf haben die Brucher in einer kleinen Broschüre zusammengefasst, die ein ortsansässiger Verlag herausgegeben hat

Zu den weniger beachteten Sehenswürdigkeiten gehört die Eisenstraße, ein alter Hohlweg etwas abseits vom historischen Kern, auf dem früher einmal Eisenerz von Distelkamp zur Hammermühle ins Tal gebracht wurde.

Heute wohnen hier gut 180 Einwohner, die meisten von ihnen in den Neubau-Gebieten, die bis an die Dorfgrenze von Grötzenberg heranreichen. Hier, knapp 100 Meter von der Ortsgrenze Bruchs entfernt, befinden sich fußläufig der Kindergarten und die Grundschule.

Die Brucher waren nie in sich gekehrte Leute vom Lande, sondern brachten Persönlichkeiten hervor, die weit über die Dorfgrenze und Nümbrecht bekannt wurden. Professor Dr. Heinz-Otto Peitgen beispielsweise, ein international anerkannter Wissenschaftler für Mathematik, besucht auch heute noch regelmäßig das Haus seiner Eltern in der Brucher Straße.

Am Wettbewerb „Unser Dorf soll schöner werden" hat sich Bruch mehrfach beteiligt und wurde preisgekrönt, 1990 sogar zum Golddorf. Ein eigener Dorfverein möchte die enge Gemeinschaft, die sich hieraus gebildet hat, pflegen und fortentwickeln, obwohl dies bei der inzwischen großen räumlichen Ausdehnung des Dorfes immer schwieriger wird. Eine Internetseite der Dorfgemeinschaft informiert über das Leben im Dorf und die gemeinsamen Vorhaben der Brucher. Zu den wenigen Betrieben in Bruch gehören gleich zwei Installationsbetriebe, ein Handwerksgeschäft für Elektrogeräte, eine Versicherungsagentur und ein Ver-

hunderts. Es wurde nachweislich im Jahr 1695 erbaut. Das zweitälteste Haus in Bruch stammt aus dem Jahr 1699 und das drittälteste aus dem Jahr 1729, was durch eine Hausinschrift belegt ist. Den Bruchern ist es durch ihre guten Beziehungen zur Universität zu Köln gelungen, dass die Kölner For-

Leben auf der Postkarte – Oberbergs bekanntestes Fachwerkdorf

Bruch

Gemeinde Nümbrecht
Urkundliche Ersterwähnung: 1492

Einwohner 1980: 145
Einwohner 2007: 185

1 landwirtschaftlicher Betrieb
1 Verein

Erfolge im Dorfwettbewerb:
Kreisebene:
2 Gold, 4 Silber und 4 Bronze

lag, der unter anderem Publikationen zu lokalen Themen herausgibt.

Die Brucher warten nicht auf schönes Wetter, um sich zu treffen. Schnee tut es im Winter auch. Dann kommen Groß und Klein zur Après-Schlitten-Party am Schlade-Wald und erinnern sich an die schönen Wanderungen im vergangenen Sommer und an die Dorffeste, die seit 1980 immer wieder veranstaltet werden.

Der Bekanntheitsgrad von Bruch und ein geschicktes Management sorgen dafür, dass die einzige Ferienwohnung im Dorf auf lange Zeit ausgebucht ist. Die Gäste kommen aus Norddeutschland und Holland und sogar aus den nahen Städten am Rhein. Der Dorfbauernhof ist nicht nur für die Kinder der Feriengäste eine Attraktion, sondern auch für die Einheimischen, da man frische Milch und Eier und im Herbst Kartoffeln direkt vom Erzeuger bekommt.

Das ganze Dorf wandert

Bünghausen

„Ein Stammtisch ohne Kneipe"

In Bünghausen zu Hause: Rotes Höhenvieh, eine uralte Nutztierrasse

Unmittelbar im Übergang zu Dieringhausen und Hunstig liegt links der Agger das Örtchen Bünghausen. Die gut 400 Einwohner blicken auf eine Geschichte zurück, die mehr als 560 Jahre umfasst. Diese ist eng mit den Nachbarorten Hunstig, Hömel und Ohmig verbunden und noch heute gibt es zahlreiche Gemeinsamkeiten. Bis 1969 gehörte Bünghausen wie die drei anderen Orte zur damaligen Gemeinde Bielstein und wurde dann im Zuge der Gemeindereform ein Teil der Stadt Gummersbach. Immer noch ist Bünghausen die bäuerliche Vergangenheit anzumerken. Alte Fachwerkhäuser, ehemals sogenannte Wohn-Stall-Häuser, in denen Mensch und Vieh unter einem Dach zusammenlebten, Gärten, Weiden und Obstwiesen bilden im Kern und im Übergang zur Umgebung die Dorfstruktur.

Durch die Arbeitsmöglichkeiten in den Steinbrüchen und in der Industrie im Aggertal hatten die Bünghausener aber schon früh die Chance auf ein zweites berufliches Standbein. Vor allem die nach der Mitte des 19. Jahrhunderts entstandenen Wollspinnereien in Friedrichstal, Vollmerhausen, Dieringhausen und Osberghausen boten neue Beschäftigungsmöglichkeiten. Der landwirtschaftliche Haupterwerb trat immer mehr in den Hintergrund und bis heute sind gerade in der Aggerschiene nur wenige Höfe übrig geblieben.

In Bünghausen ist es der Klosterhof, der im Nebenerwerb bewirtschaftet wird. Hier widmet man sich der Fleischerzeugung mit alten, gefährdeten Nutztierrassen. So werden „Braune und Weiße Bergschafe" oder „Rotes Höhenvieh", eine alte Rinderrasse, gehalten. Auf 15 Hektar landwirtschaftlicher Nutzfläche wachsen die Tiere unter ökologischen Bedingungen auf. Das Ergebnis ist besonders lecker: vom zarten Lammkotelett bis zum deftigen Ochsenbraten. Die Köstlichkeiten werden über die „Bergisch-Pur"-Metzgereien oder direkt vom Hof verkauft. Ohne den Appetit der Weidetiere sähe es auch um die Zukunft der Bünghausener Obstwiesen nicht gut aus. Nur durch regelmäßige Beweidung bleibt die Grasdecke unter den Obstbäumen kurz, was für dauerhaften Erhalt dieses Lebensraumes wichtig ist. Aufgrund des regelmäßigen Schnittes der Bäume und der Nachpflanzungen junger Obstgehölze fallen die Perspektiven für die leckeren Hauszwetschgen, die köstlichen Birnen „Clapps Liebling" und die saftigen Äpfel „Zuccalmaglio" ganz gut aus.

Vor 200 Jahren bauten die ersten Eigentümer des Hauses Kloster den Backes. Das Backhaus besteht heute noch weitgehend unverändert als Arbeitsraum aus Fachwerk und dem gemauerten Ofentrakt. Über Jahrhunderte wurde einmal im Monat gebacken. Heute trifft sich die Nachbarschaft etwa viermal im Jahr zum großen Backtag und der Duft von frisch gebackenem Brot und Kuchen liegt dann verlockend in der Luft.

Lange hat es in Bünghausen eine Wasserleitungsgenossenschaft gegeben. Aus einer gut 600 m entfernten Quelle wurde das Trinkwasser etwa 100 Jahre lang zu den Häusern geleitet. Um den Druck zu erhöhen und alle Haushalte versorgen zu können, wurde ein Pumpenhäuschen gebaut. Die stete Notwendigkeit der Reparatur der Zuleitungen, der erhöhte Wasserbedarf aufgrund der Bautätigkeit im Ort und letztlich vor allem die aufwendigen Qualitätskontrollen beendeten 1985 die Geschichte der eigenen Wasserversorgung. Zu diesem Zeitpunkt gab es schon ein kleines Dorffest, das am alten Pumpenhaus gefeiert wurde. Jedenfalls entstand – quasi als Nachfolge der Wasserleitungsgenossenschaft – ein sogenannter Stammtisch, der sich aber in Ermangelung einer Gastwirtschaft am Ort mal in diesem Haus, mal in jenem Haus trifft. Etwa ein Dutzend Bünghausener machen in der zwanglosen Gemeinschaft mit. Kleinere Veranstaltungen, wie das Oster-

Im Garten trocknet es am besten

Beim selbst gebackenen Brot greift jeder gerne zu

Bünghausen

An den Hängen des Aggertals

Der Backes wird angeheizt

feuer und der Martins-Umzug, werden aus diesem Kreis heraus organisiert. Bei gutem Wetter trifft man sich im Sommer am Pumpenhäuschen, holt Bänke und Tische heraus und bedient sich am Kühlschrank, der die alte Pumpe ersetzt hat. Hier feiert man auch ohne großen Aufwand weiter die kleinen Dorffeste, zu denen jeder etwas beisteuert.

Viele Bünghausener engagieren sich in den Vereinen der Nachbarorte, insbesondere beim Gemeinnützigen Verein Hunstig und Umgebung. Das ist sinnvoll, denn die Gemeinsamkeiten sind groß und man kennt sich untereinander. Aber wer weiß, vielleicht wird aus dem Stammtisch ohne Kneipe ja doch noch eine richtige Dorfgemeinschaft.

Bünghausen

Stadt Gummersbach
Urkundliche Ersterwähnung: 1465

Einwohner 1980: 399
Einwohner 2007: 414

3 Vereine
1 landwirtschaftlicher Betrieb

Erfolge im Dorfwettbewerb:
Kreisebene: 11 Bronze

Büschhof

"*Mitzen im Bösch*"

Wissen Sie, wo Büschhof liegt? Nein? Dann befinden Sie sich in bester Gesellschaft. Die Büschhofener beschreiben ihre Dorflage in dem eigenen Dorflied „Dat Leed vam Hoff em Bösch" und da heißt es:
„Et chitt en kleen Dörpchen im Nümmerder Land, do es de Luft noch choot un frisch. Et es noch nit vielen Lügden bekannt; et litt jo och mitzen im Bösch."
Was für Nicht-Homburger übersetzt bedeutet:
„Es gibt ein kleines Dörfchen im Nümbrechter Land, da ist die Luft noch gut und frisch. Es ist noch nicht vielen Leuten bekannt; es liegt ja auch mitten im Busch."

Büschhof mit seinen derzeit 43 Einwohnern befindet sich genau in der Mitte zwischen Nümbrecht und Waldbröl, auf dem Gebiet der Gemeinde Nümbrecht. Die Lage am Hang und Waldesrand ist traumhaft schön und es sieht ein bisschen so aus, als sei die Zeit stehen geblieben. Fachwerkhäuser, eine 100-jährige Trauerulme mit einem riesigen überhängenden Blätterdach, Bauerngärten, eine alte Wasserpumpe und mittendrin ein kleines Waldstück prägen das Bild. Dieser Dorfkamp wurde nicht etwa zu etwas Parkähnlichem gestaltet, sondern darf sich mit Unterholz, Büschen und Kräutern als natürlicher Abenteuerspielplatz präsentieren.

Trockenmauern bieten einem ganz besonderen Dorfbewohner Zuflucht und Lebensraum. Es ist die seltene und vom Aussterben bedrohte Geburtshelferkröte, die an schönen Sommerabenden ihre markanten Rufe erklingen lässt. Es hat der Amphibienart im Volksmund den Namen „Glockenfrosch" eingebracht. Singvögel gibt es in einer großen Vielfalt im Ort, was aber nicht weiter verwundert, wenn man erfährt, dass es in Büschhof mehr Nistkästen als Einwohner gibt. Damit sich all diese „tierischen" und auch seltenen Gäste hier weiterhin wohlfühlen, wurden viele Obstbäume angepflanzt, die genau wie die vier naturnahen Teiche am Dorfrand gehegt und gepflegt werden.

Erstmals urkundlich erwähnt wird das Dorf im „Büsche" 1698 im Zusammenhang mit der Homburgischen Schulordnung des Grafen Karl Friedrich, wo die Zugehörigkeit zum Drinsahler Schulbezirk bestimmt wird. Es ist aber davon auszugehen, dass die Besiedelung schon weit vor der Ersterwähnung stattgefunden hat.

Auch eine kleine Dorfgemeinschaft kann kulturell etwas auf die Beine stellen, was die Büschhofer mit ihrem jährlich stattfindenden klassischen Dorf-

Ein Dörfchen mit viel Natur

Büschhof

Prächtiger Rahmen für das Kartoffel- und Kürbisfest

Open-Air beweisen. Außerdem gibt es ein Oster- und ein Martinsfeuer, man setzt einen Maibaum, ein Sommer- und ein Kartoffelfest werden gefeiert und es gibt einen Wandertag. Bei diesen Gelegen-

Herbststimmung in Büschhof

Büschhof

Gemeinde Nümbrecht
Urkundliche
Ersterwähnung: 1698

Einwohner 1980: k. A.
Einwohner 2007: 43

1 Verein

Erfolge im Dorfwettbewerb:
Kreisebene:
1 Gold und 5 Silber

heiten wird häufig ein Backes genutzt, das einem alten Modell nachgebaut wurde und dessen Besitzer es der Dorfgemeinschaft gerne zur Verfügung stellt.

Büschhof nimmt, wie viele andere Nümbrechter Dörfer auch, an der alljährlichen Müllaktion teil und die Dorfbewohner verteilen sich auf die umliegenden Wege und Straßenränder und sammeln den dort liegenden Unrat auf.

Die Abgeschiedenheit des Ortes hat zur Folge, dass hier kein Durchgangsverkehr stattfindet, und somit stellt sich das ganze Dorf als ein großer Spielplatz für die Kinder dar.

Westlich des Ortes wird in einem Steinbruch auch heute noch die heimische Grauwacke abgebaut. In einem Mineralienatlas wird der Steinbruch als Eldorado für einige exzellente Mineralien bezeichnet. Als Besonderheit wird hier unter anderem das Vorkommen von Pyriten angeführt, die auch unter dem Begriff Katzengold bekannt sind. Auch Naturkristalle finden sich hier.

„Das Lied vom Hof im Busch" endet mit der Strophe: „Die Böschhöewer, dat woren fließije Lügd; dat sing se och hüüt noch un früngdlich dozoo. Un kütt es en Wanderer, denn dr Schoh drückt: hie darf hä rasten in Roh." Also: „Die Büschhöfer, das waren fleißige Leute, das sind sie auch heute noch und freundlich dazu. Und kommt mal ein Wanderer, den der Schuh drückt, hier darf er in Ruhe rasten."

Glauben Sie dem Lied ruhig und machen Sie bei einer Wanderung im schönen Homburger Ländchen einmal Rast in Büschhof. Es lohnt sich!

Mitten im Busch

Beim Dorffest gibt es ein Wiedersehen mit früheren Nachbarn

Refugium für die seltene Geburtshelferkröte:
Teich am Dorfrand

Büttinghausen

„Hier tagt das Dorfparlament"

Enorm gewachsen in den letzten Jahren: Büttinghausen

Auf einem Höhenrücken am Wiehltal liegt Büttinghausen, eine von 51 Ortschaften der Stadt Wiehl. Bereits im Mittelalter muss es hier eine Siedlung gegeben haben, denn 1443 wird „Buttenhusen" zum ersten Mal urkundlich erwähnt. Schon damals ging es um Rechte und Einkünfte der Obrigkeit. Spuren aus der Vergangenheit lassen sich noch heute am Ortsrand entdecken: Im schiefrigen Gestein haben über Jahrhunderte an dieser Stelle entlangrumpelnde Ochsen- und Pferdekarren tiefe Rillen hinterlassen. Das wegen den dort wachsenden Schlehen-, Weißdorn- und Rosenbüschen „Dornhecke" genannte Gelände hat aber noch mehr Qualitäten. Aufgrund der mageren Böden wachsen hier seltene und gefährdete Pflanzen wie Orchideenarten oder früher gebräuchliche Heilkräuter. Folgerichtig steht das Gelände heute unter Naturschutz.

Büttinghausen ist „vereinsfreie Zone". Bis 1971 gab es mal einen Wasserleitungsverein, der die Trinkwasserversorgung aus einer nahe gelegenen Quelle organisierte und erst vor 14 Jahren stellte die Elektrizitätsgenossenschaft ihre Arbeit ein. Die Versorgung wäre in der alten Art und Weise inzwischen längst nicht mehr zu leisten gewesen, denn Büttinghausen ist seit 1990 rasant gewachsen. Wohnten zu diesem Zeitpunkt erst 338 Menschen im Ort, ist die Zahl bis heute auf sage und schreibe 1033 gewachsen. Damit dürfte Büttinghausen zu den am stärksten gewachsenen oberbergischen Dörfern in diesem Zeitraum zählen. Möglich gemacht hat das die Ausweisung von günstigem Bauland. Vor allem junge Familien, die als Deutsche aus der ehemaligen Sowjetunion stammen, haben sich hier ein neues Zuhause geschaffen. Kein Wunder, dass die kinderreichen Familien für eine im Durchschnitt sehr junge Dorfbevölkerung sorgen. Davon profitiert auch die nahe gelegene Grundschule Oberwiehl, denn die alte Büttinghausener Dorfschule schloss schon 1958 ihre Pforten. Dafür gibt es

Nicht spektakulär, aber bodenständig: typischer Aspekt von Büttinghausen

aber bis heute das Vereinsheim des CVJM Oberwiehl auf dem „Pützberg". Ein Handball-Kleinspielfeld, ein Tennisplatz sowie drei Spielplätze bieten Raum für Aktivitäten für Groß und Klein.

Der massive Zuzug an Neubürgern ist eine Herausforderung, was das gemeinsame Dorfleben angeht. Integration kann nur gelingen, wenn Bereitschaft und Engagement – bei alten und bei neuen Dorfbewohnern – aktiv eingebracht werden. Vielleicht hilft dabei eine Idee, die einen üblichen Dorfverein bisher überflüssig gemacht hat. Büttinghausen besitzt nämlich ein „Dorfparlament"! Es setzt sich aus gewählten Vertretern der Ortsteile bzw. Straßenzüge zusammen. Zu seinen Aufgaben gehören die Vorbereitung der Dorfaktivitäten, wie z. B. Feste, Wanderungen, wohltätige Weihnachtsaktionen oder die Teilnahme am Dorfwettbewerb.

Um mit den Erlösen die Mukoviszidose-Selbsthilfe Oberberg zu unterstützen, haben sich die Btting-

Fleißige Hände sorgen sich nicht nur um Ruhebänke

Büttinghausen

Stadt Wiehl
Urkundliche
Ersterwähnung: 1443

Einwohner 1980: 277
Einwohner 2007: 1033

Erfolge im Dorfwettbewerb:
Kreisebene:
3 Silber und 14 Bronze

hausener bereits über ein Dutzend Mal am Wiehler Weihnachtsmarkt beteiligt. Die dort angebotenen selbst gebackenen Köstlichkeiten und Bastelstücke stoßen immer wieder auf große Nachfrage und ermöglichen manche dicke Spende.

Seit 1990 gibt es das Dorfparlament und das funktioniert anscheinend gut. So konnte 1993 bereits das 550-jährige Dorfjubiläum groß gefeiert werden. Viele weitere Aufgaben warten noch auf die Dorfparlamentarier!

Eine Spritztour mit dem Traktor: immer noch beliebt bei der Dorfjugend

Dahl

„Treffpunkt Dreschscheune"

Ganz in der Nähe von Drabenderhöhe, am Südhang des „Immerkopfs", haben gut 175 Menschen in der Ortschaft Dahl ihr Zuhause. An der Straße in das Uelpebachtal gelegen, weist das kleine Dorf vor allem in seinem alten Kern darauf hin, dass es eine bäuerliche Vergangenheit besitzt. Unschwer lassen sich ehemalige Bauernhäuser mit Ställen, Scheunen und Remisen entdecken. Zwar gibt es keinen praktizierenden Landwirt mehr, doch parkt noch der ein oder andere Trecker zwischen den Gebäuden. In den 90er-Jahren hat sich die Einwohnerzahl fast verdoppelt. In das Neubaugebiet sind vor allem Kinder der Siebenbürger Sachsen aus Drabenderhöhe gezogen. Die „Neuen" haben sich längst problemlos in die Dorfgemeinschaft integriert.

Am oberen Abzweig von der L 321 markiert das schmucke, reizvoll gelegene Dorfgemeinschaftshaus den Ortseingang. Seine Vergangenheit wurzelt ebenfalls in der bäuerlichen Nutzung alter Tage. Ursprünglich war es nämlich eine Dreschscheune, zu der die Bauern aus Dahl und der Umgebung ihr Getreide brachten, um das Korn von den Ähren zu trennen.

Eine Dreschgemeinschaft hatte sich gegründet, um das Gebäude und die Maschinen anzuschaffen und zu betreiben. Längst sind diese Zeiten vorbei und nach der Dreschgemeinschaft ist der Verschönerungsverein Dahl entstanden, der gerade sein 50-jähriges Jubiläum feiern konnte. Er hat dafür gesorgt, dass aus der alten Dreschscheune ein kleines Gemeinschaftshaus entstanden ist. Immer wieder wurde umgebaut, angebaut und verbessert. Heute dienen die Räumlichkeiten zum Beispiel den monatlichen Treffen der Frauen aus dem Dorf, dem Kranzbinden für Hochzeiten und Jubiläen im Ort, dem Bau des Festwagens für den Drabenderhöher Erntezug, den Besprechungen und „Nachbesprechungen" und natürlich den Feiern zu unterschiedlichen Anlässen. Quasi als Vorgarten des Gemeinschaftshauses fungiert der Spielplatz. Drehkarussell, Wippe, Kletterturm und Rutsche laden die Kleinen hier zu fröhlichen Stunden ein. Die Spielgeräte und das Gelände werden vom Verschönerungsverein in bester Ordnung gehalten. Mit einer dorftypischen Bepflanzung wurde das gesamte Gelände eingerahmt und passt damit gut zu der

Schöne Lage am Hang des „Immerkopfs"

Dahl

Steigende Energiepreise lassen manchen Dahler kalt

naturnahen Umgebung mit Wiesen, Weiden, Hecken und einem Obsthof.

Wer zu Fuß durch das Dorf eine Runde dreht, dem fallen zunächst die Überbleibsel der alten Hohlwege auf. Die Sträßchen sind an einigen Stellen gegenüber den benachbarten Flächen tief eingesenkt. Damit zeigen sie die Lage der alten Fuhrwege an, die über Jahrhunderte ausgefahren und vom Regen ausgespült wurden.

Im sogenannten Oberhof stößt der Spaziergänger auf den alten Dorfbrunnen. Das denkmalgeschützte Wasserbauwerk wurde Anfang der 80er-Jahre geöffnet und später wieder mit einer Platte fest verschlossen. Die Straßenbezeichnung „Im Dahler Garten" verspricht nicht nur eine dörfliche Grüngestaltung, sie hält es

Was wäre der Drabenderhöher Erntezug ohne die Dahler?

Dahl

Stadt Wiehl
Urkundliche Ersterwähnung:
1555

Einwohner 1980: 75
Einwohner 2007: 175

1 Verein

Erfolge im Dorfwettbewerb:
Kreisebene: 13 Bronze

auch! Wie in anderen Teilen des Ortes finden sich hier bunte Vorgärten, kleine Nutzgärten, gepflegte Obsthöfe und Buchenschnitthecken als Einfriedungen. Die Dahler verstehen es, ihre Grundstücke freundlich und einladend zu gestalten. Noch etwas fällt auf, wenn man durch das Dorf geht. Überall trifft man auf große Brennholzstapel, in denen die Holzscheite luftgetrocknet werden. Es bedarf schon umfangreicher Muskelkraft, um solche Vorräte anzulegen. Dafür können eine Reihe Dahler den steigenden Preisen für Heizöl und Gas eher gelassen zusehen.

Beim Dorffest mischt der Nachwuchs kräftig mit

Nicht nur am Ortsrand gibt es prächtige Obstbäume

Dannenberg

„Die Höchsten im Land"

Hoch zu Ross durch das Dorf: in Dannenberg Alltag

Wenn man mit dem Auto in das sechs Kilometer vom Marienheider Zentrum entfernte Dannenberg gelangt, sollte man nicht nur auf spielende Kinder achten. Es könnte auch passieren, dass man plötzlich einem Pferd ausweichen muss. Das hat seine Ursache in der Reithalle, von der aus regelmäßig Ausflüge hoch zu Ross durch das Dorf und die Umgebung unternommen werden.

Aber der Reitsport ist nicht die einzige Aktivität, der sich die Dannenberger verpflichtet fühlen: Es gibt auch einen Sportplatz, der vor allem vom örtlichen Fußballverein genutzt wird. Allerdings findet auf dem Gelände nicht nur sportlicher Wettkampf statt: Jedes Jahr wird hier das Osterfeuer entfacht, welches seit Jahrzehnten ein fester Bestandteil der Dorftradition ist. Für solche Veranstaltungen befindet sich auf dem Sportplatz noch ein kleines Häuschen, welches zum gemütlichen Beisammensein einlädt.

Während es bei den Fußballern auch mal etwas rauer zugeht, gibt es noch einen Verein, bei dem sich der Körperkontakt auf eine ganz andere Art und Weise definiert: Im örtlichen Tanzclub geht es bei Tango, Rumba oder Quickstepp um gute Haltung, den richtigen Hüftschwung und die korrekte Schrittfolge. Vor allem aber steht der Spaß am Tanzen im Vordergrund. Da Dannenberg im Jahr 1450 das erste Mal urkundlich erwähnt wurde, konnten in den letzten Jahren zwei ganz besondere Feste gefeiert werden: Nach der 550-Jahr-Feier im Jahr 2000 gab es fünf Jahre später eine „Schnapszahl": Dannenberg wurde 555 Jahre alt! Bei der 550-Jahr-Feier wurde daran gedacht, dass ein leckeres Essen die beste Grundlage für eine gelungene Dorffete ist. Es wurde ein Backes eingeweiht, der seitdem für gemeinsames Brot- und Pizzabacken gerne in Anspruch genommen wird.

Bei den gemeinschaftlichen Aktivitäten darf natürlich eine Gruppe nicht fehlen, die eingreift, wenn es mal brenzlig wird: In der Freiwilligen Feuerwehr Marienheide gibt es einen eigenen „Löschzug Dannenberg", der 14 Mitglieder zählt.

Es lässt sich nicht leugnen, dass das Herz von Dannenberg eindeutig im und am Dorfgemeinschaftshaus schlägt: Hier findet jedes Jahr das Dorffest statt.

Für die Kleinen befindet sich nebenan der örtliche

Ganz hoch hinaus: Oberbergs höchst gelegener Aussichtsturm auf dem Unnenberg

Spielplatz, der von der Dorfgemeinschaft gepflegt und gewartet wird. Mit dem Bau einer Seilbahn wurde ein echtes spielerisches Highlight hinzugefügt. Während des Dorffestes wird hier parallel ein Kinderfest veranstaltet, damit auch wirklich alle im Dorf gemeinsam einen schönen Tag erleben. Wenn das Jahr sich dem Ende zuneigt, ist das Dorfgemeinschaftshaus der Zielort des St. Martins-Zuges. Zum Abschluss werden die gesammelten Süßigkeiten gerecht unter allen Teilnehmern aufgeteilt – was nicht immer ganz einfach ist, aber trotzdem gelingt. Es zeigt sich also, dass das Haus generationsübergreifend genutzt wird und das Miteinander im Mittelpunkt steht. Gemütliches Beisammensein steht an den Wochenenden noch einmal explizit auf dem Programm. Dann wird das Dorfgemeinschaftshaus als Gaststätte genutzt, wo man am Tresen gemütlich die Woche ausklingen lassen kann. Neben den zahlreichen gemeinschaftlichen Veranstaltungen, die hier stattfinden, lässt sich die Einrichtung ebenfalls für private Veranstaltungen mieten.

Die Aktivitäten der Dorfgemeinschaft beschränken sich nicht nur auf Dannenberg selber. Auch die Nachbardörfer werden mit einbezogen: So ziehen

Anlegen am Baum: Schießwettbewerb beim Dorffest

Dannenberg

Begehrt: Die Seilbahn am Dorfgemeinschaftshaus

die Dorfbewohner jedes Jahr am ersten Weihnachtstag gemeinsam mit Fackeln zum Frühgottesdienst in die Kirche nach Müllenbach. Das Bild der gemeinsamen Wanderung durch den Schnee im Lichte der Fackeln beschreibt wie kein Zweites den Zusammenhalt des Dorfes.

Ein Ort der Besinnung ist das örtliche Ehrenmal: Auf einer Tafel wird hier an die gefallenen Dannenberger aus den Weltkriegen erinnert. Die Tafel sowie die umliegenden Grünflächen werden auf freiwilliger Basis von den Dorfbewohnern gepflegt. So wird den Toten ein würdiges Andenken bewahrt.

Ein weiterer Schwerpunkt der Dorfgemeinschaft besteht in der Pflege der Natur: Die Dorfgemeinschaft hat mehrere Spazierwege in die Umgebung von Dannenberg hergerichtet und mit Bäumen bepflanzt. Diese Wege laden zu einer gemütlichen Wanderung durch die Landschaft und zu den über 200 Obstbäumen im und am Dorf ein. Das Bewusstsein der Dannenberger für Mutter Natur wird schon früh geschult: Die Dorfgemeinschaft organisiert regelmäßige Müllsammelaktionen, bei der die Kinder des Dorfes in Begleitung einiger Erwachsener für ein sauberes Erscheinungsbild sorgen.

Es ist nicht zu übersehen, dass die Dannenberger in den letzten Jahren viel für ihr Dorf getan haben. Der höchstgelegene Ort im Oberbergischen zu sein ist halt Markenzeichen und Verpflichtung zugleich!

Dannenberg

Gemeinde Marienheide
Urkundliche Ersterwähnung: 1450

Einwohner 1980: 304
Einwohner 2007: 346

2 Vereine
1 landwirtschaftlicher Betrieb

Erfolge im Dorfwettbewerb:
Kreisebene: 5 Bronze

Denklingen

„Klein-Venedig an der Klus"

Wer mitten in Denklingen bei schönem Wetter gemütlich an der Klus sitzt, dessen Gedanken streifen angesichts des malerischen Anblicks von Wasser und „daraus aufsteigender" Gebäude vielleicht schon mal bis zur Lagunenstadt südlich der Alpen. Die Klus, das ist der von Asbach und Sterzenbach gespeiste Stauteich in der Dorfmitte. Die Häuser sind auf einer Seite zusammenhängend bis unmittelbar an die Wasserfläche gebaut und auf der anderen Seite beeindruckt die alte Burganlage mit der vorgelagerten Kapelle. In der Tat dürfte dieser Teil Denklingens einer der reizvollsten und schönsten zentralen Dorfbereiche in Oberberg sein.

Als fränkische Siedlung trug Denklingen früher einmal den Namen „Thankilo". Später scheint der Ort saynscher Gerichtssitz gewesen zu sein. Im 15. Jahrhundert wird mehrfach ein Vorläufer der Burg erwähnt. Die heutige Burganlage ist vom 16. bis zum 18. Jahrhundert entstanden. Wassergräben haben den zweistöckigen, massiven Bruchsteinbau einmal umgeben. Lange Zeit war in ihm die Amtsverwaltung untergebracht, zudem residierte dort auch der Rentmeister. Nachdem in den Gebäuden gut 100 Jahre lang Landwirtschaft betrieben worden war, erwarb die Gemeinde Reichshof Mitte der 80er-Jahre das Anwesen. Das Torhaus wurde wieder geöffnet, die Gefängniszellen restauriert, eine neue Remise gebaut, der Burghof neu gestaltet und der Burggraben wieder geflutet. 2002 erfolgten die Übernahme und die Nutzung durch den Heimat- und Verschönerungsverein, der für die weitere Entwicklung bis heute verantwortlich zeichnet. So

Klein-Venedig an der Klus

Denklingen

Antonius-Kapelle: Besonderheit für die Konfessionen

dient die Burg als Treffpunkt bei Besprechungen und für kulturelle Veranstaltungen. Man kann hier aber auch besonders stilvoll den Bund fürs Leben schließen. Ein Teil der Räumlichkeiten wird übrigens von der Denklinger Karnevalsgesellschaft genutzt. Der Burghof ist regelmäßig Schauplatz für Konzerte sowie für den großen Töpfermarkt, der zu Pfingsten viele Menschen nach Denklingen lockt.

Denklinger Karneval: Tanzgruppe der KG Rot-Weiß

Denklingen

Kultur an der Burg

Die Antonius-Kapelle begrenzt den Burghof zur Klus hin. Nachdem ein älteres Gotteshaus zu klein geworden war, bauten Lutheraner und Katholiken 1694 zusammen die heutige Kapelle. 200 Jahre lang wurde sie von beiden Konfessionen als „Simultaneum" gemeinsam genutzt, was für die Region als große Besonderheit gelten muss, legte man in jenen Zeiten auf einen möglichst weiten Abstand zwischen

Lebensader mitten im Dorf

Denklingen

Denklingen

Gemeinde Reichshof
Urkundliche
Ersterwähnung: 1404

Einwohner 1980: 1762
Einwohner 2007: 2178

10 Vereine
evang. Kirche, kath. Kirche
Baptistengemeinde
1 Grundschule
2 Kindergärten
3 landwirtschaftliche Betriebe

Erfolge im Dorfwettbewerb:
Kreisebene:
2 Gold, 8 Silber und 4 Bronze
Landesebene:
2 Silber

evangelisch und katholisch doch meist großen Wert. Wer heute dort heiratet – ein Geheimtipp! – tut dies in einer schlichten, evangelischen Kapelle mit „katholischem" Altar!

Eine Blitzkarriere hat der Karneval in Denklingen hingelegt. 1986 trat das Virus zum ersten Mal auf, denn am 11.11. wurde die KG Rot-Weiß gegründet. Der Frohsinn erwies sich als äußerst ansteckend. Schon kurze Zeit später wurde die erste Prunksitzung in der Turnhalle gefeiert. 1997 musste ein großes Festzelt her, um der Nachfrage gerecht werden zu können. Bis heute legte es immer mehr an Umfang zu und weitere Veranstaltungen wie „Rock im Zelt" sind hinzugekommen. Neben der über die Dorfgrenzen hinaus bekannt gewordenen Tanzgruppe „Burggarde" erfreuen inzwischen als Nachwuchs auch die „Burgmäuse" und die „Pänz von d'r Burg" die Jecken mit gekonnten Darbietungen. Der erste Karnevalsumzug schlängelte sich 2000 durch den Ort und ist schon heute nicht mehr wegzudenken. Längst ist der ganze Ort vom Karnevalsvirus befallen und scheint sich dabei wohlzufühlen!

Das weitere Vereinsleben in Denklingen ist ebenfalls bemerkenswert. Der Turn- und Sportverein bietet unter anderem Wandern, Nordic Walking, Rad- und Kanutouren oder Streetball an. Für den Fußball ist der SSV Denklingen zuständig. Gesungen wird im Denklinger Männerchor, im ev. Jugendchor, im kath. Kinderchor oder im kath. Kirchenchor „Cäcilia", musiziert in der Asbacher Blaskapelle. Im Ortsverein des Deutschen Roten Kreuzes und in der Freiwilligen Feuerwehr wird der bewährte „Dienst am Nächsten" geleistet. Die katholische Frauengemeinschaft unterstützt die Aufgaben ihrer Kirchengemeinde und im CVJM gibt es umfangreiche Freizeitangebote für Kinder und Jugendliche. Die damit verbundene evangelische Kirchengemeinde engagiert sich auch in anderen Bereichen: Der Seniorenclub unternimmt Ausflüge und gestaltet gemeinsame Nachmittage. Alle zwei Jahre findet im und am ev. Gemeindehaus ein großer Basar statt, der immer ein tolles Angebot und deshalb großen Zulauf hat.

In Denklingen gibt es noch landwirtschaftliche Betriebe, gleich vier Gaststätten und vor allem über 100 Arbeitsplätze. Kindergarten, Grundschule, Einkaufsmöglichkeiten, Ärzte, Handwerker: Alles ist im Ort, auch das Rathaus der Gemeinde Reichshof. Somit sind kurze Wege bei vielen Behördengängen garantiert.

Ob zu Fuß oder mit dem Rad: An Denklingen geht kein Weg vorbei. Hier beginnt die „Tour de Denklingen", eine der vier themengebundenen Fahrradstrecken durch die Gemeinde. Immerhin sind 450 Höhenmeter mit bis zu 10 % Steigung zu bewältigen. Neuerdings ist der Ort „wieder" Pilgerstation. Der historische Jakobsweg, der quer durch Europa in das nordspanische Santiago de Compostela führt, bezieht Denklingen in einem Abschnitt mit ein. Stelen und Hinweistafeln kennzeichnen die Strecke und die wichtigsten Orientierungspunkte. In die entgegengesetzte Richtung gibt es den Elisabethpfad, der über Marburg nach Thüringen führt. Ganz egal, wer wohin unterwegs ist, eine Rast in „Klein-Venedig an der Klus" sollte unbedingt dazugehören.

Diezenkausen
„Heimat der Schmettereulen"

Man nehme lustige, hintergründige oder besinnliche Texte auf „platt", bekannte Melodien und eine Gruppe gesanglich talentierter Frauen sowie einen guten Dirigenten, der zudem Gitarre spielen kann. Heraus kommen kurzweilige Liederabende, gelungene Auftritte bei Festen und vor allem immer wieder Zuhörer, die nach kurzer Zeit mitklatschen und dann Zugabe fordern. Die Rede ist von den „Schmettereulen", ein Mundart-Frauenchor, der in kurzer Zeit über die Grenzen Diezenkausens hinaus bekannt geworden ist. Der Name des Chors ist eine Ableitung von „Scherlenöel", was so viel wie Nachtfalter oder Motte bedeutet. Da in einigen Familien noch „platt geschwaat" wird, war man sich schnell einig, auch so zu singen. Mit großem Erfolg, wofür drei CDs der Beweis sind. „Mit däm Heerz dobie", „Chrisdääszitt in Deezekusen" und „Im Hoff is Musik" lauten die Titel der Werke, die manchen Schlager und manches Volkslied ganz neu erlebbar machen. In den Genuss der Schmettereulen kamen auch die Besucher des ersten Mundartgottesdienstes, der 2005 in der evangelischen Kirche in Waldbröl gefeiert wurde. Ihnen ist in Erinnerung geblieben, wie einprägsam die Sprache unserer Vorfahren in der Akustik eines großen Gotteshauses klingt.

Die Schmettereulen üben regelmäßig im Dorfhaus. So wird von den Diezenkausenern liebevoll ein von privater Seite dauerhaft zur Verfügung gestellter Raum in einer alten Scheune genannt. Alle haben mitgeholfen, den Raum auszubauen und in ein schönes Dorfwohnzimmer zu verwandeln. Die dazu notwendigen Materialien hat der Gemeinnützige Verein beigesteuert. Er freut sich jetzt über einen gemütlichen Dorftreffpunkt. Hier lässt sich feiern, diskutieren, schwatzen und eben singen. Hier trifft man sich nach dem Eiersingen, dem Osterfeuer, dem Laternensingen, zum Basteln und zum Kartoffelfest. Ihr Dorffest haben die Diezenkausener zuletzt mal ganz anders gestaltet. Die umliegenden Ortschaften wurden zur lustigen Olympiade eingeladen. Neben eher zweifelhaften sportlichen Leistungen stand der Spaß eindeutig im Vordergrund.

Mitten im Dorf steht das „Schwarze Brett". Auf ihm gibt es schwarz auf weiß noch einmal alles nachzulesen, was man wissen muss. So werden Aktionen und Veranstaltungen angekündigt, der Treffpunkt für die

Willkommen im ältesten Dorf Waldbröls

Diezenkausen

Hier kommt man gerne nach Hause

nächste Bibelstunde bekannt gegeben oder ein Käufer für den Kindersitz gesucht. Erhalten hat sich im Ort eine ländliche Besonderheit der 50er-Jahre. Unter dem Motto „Erleichterung für die Landfrau" wurde mit Unterstützung des Landes ein Waschhaus eingerichtet, im dem automatische Waschmaschinen aufgestellt wurden. Da diese damals noch längst nicht für jede Familie erschwinglich waren, wurden sie von den Frauen gerne genutzt. Später wurde das Ganze um eine Gefrieranlage erweitert. Die Waschgemeinschaft hat sich inzwischen längst aufgelöst, aber das Gefrierhaus mit 20 Truhen und einem zusätzlichen Kühlhaus gibt es immer noch. Als Eigentümer verwaltet der Gemeinnützige Verein die Gefriertruhen oder auch den Kühlraum, beispielsweise für abzuhängendes Wildbret. Diezenkausen ist das älteste Dorf Waldbröls. Im Jahr 1300 wird es als Gut eines ansässigen Ritters erwähnt. Die ehemalige, zum Besitz zählende Mühle liegt am Talgrund und war bis 1960 in Betrieb. Der alte Mühlenteich ist als „Klus" bekannt. Heute beherbergt das Gebäude eine Gastwirtschaft, die sich mit unorthodoxen Speisen und als Ausflugslokal einen Namen gemacht hat. Die alten Mühlsteine sind übrigens im Gebäude vermauert. Wegen der insgesamt 20

Lieder in Mundart sind ihr Markenzeichen: die Diezenkausener Schmettereulen

Diezenkausen

Diezenkausen

Stadt Waldbröl
Urkundliche Ersterwähnung:
1300

Einwohner 1980: 38
Einwohner 2007: 161

2 Vereine
1 landwirtschaftlicher Betrieb

Erfolge im Dorfwettbewerb:
Kreisebene: 2 Bronze

Fachwerkgebäude, die zwischen 150 und 200 Jahre alt sind, gibt es im Ort eine Denkmalbereichssatzung. Damit soll sichergestellt werden, dass das historische Bild erhalten bleibt.

Mit seinen verwinkelten, von der früheren landwirtschaftlichen Nutzung geprägten Dorfsträßchen, den vielfältigen Gärten und den schönen Fachwerkhäusern präsentiert sich Diezenkausen als sympathisches Dörfchen mit vielen malerischen Details. Der vielfältige Baumbestand mit einer 300-jährigen Linde und zahlreichen Obstbäumen unterstreicht diesen Charakter. Hier kann man noch frische Brötchen kaufen und „tierische" Unterhaltung erleben, denn auf der Hofwiese mitten im Dorf werden Hühner, Gänse und Schafe gehalten. Dort herrscht schon fast Streichelzoo-Charakter. Und wer für „tierisch gute" Unterhaltung zuständig ist, steht ja am Anfang beschrieben.

Auf der Hofwiese ist tierisch was los

Drabenderhöhe
„Alte Heimat, neue Heimat"

Abendstimmung in Drabenderhöhe

Einer der drei Hauptorte der Stadt Wiehl ist Drabenderhöhe. Bis 1961 sogar eigenständige Gemeinde, dann vorübergehend zur Gemeinde Bielstein gehörig, erlebte der Ort ab Mitte der 60er-Jahre durch den Zuzug der Siebenbürger Sachsen eine rasante Entwicklung. Heute wohnen hier fast 3500 Menschen.

Bereits vor über 900 Jahren hat „auf der Höhe" eine Siedlung existiert, denn damals gab es bereits eine Taufkapelle. Jahrhundertelang führten die „Zeithstraße" und die „Brüderstraße" hier entlang. Als „Autobahnen des Mittelalters" waren sie wichtige Handelswege, die von Siegburg bis Lüdenscheid bzw. von Köln nach Siegen führten, um dann in weitere innereuropäische Routen einzumünden. Als Ergebnis des Siegburger Vergleichs wurde Drabenderhöhe 1604 Grenzort, der das Homburgische markierte und die letzte Station vor dem Herzogtum Berg als „Ausland" darstellte. Noch heute zeugt ein Grenzstein in der Kirchenmauer von diesem historischen Ereignis.

Das Drabenderhöhe des 21. Jahrhunderts hat bis auf die weiterführenden Schulen fast alle Einrichtungen und Angebote im Ort. Ansehnliche Einkaufsmöglichkeiten, zahlreiche Dienstleister und Handwerker, ein Altenheim, eine Grundschule und gleich zwei Kindergärten bieten Leben, Lernen und Arbeiten vor Ort. Im benachbarten Gewerbegebiet gibt es zahlreiche weitere Arbeitsplätze, die auch von Einpendlern genutzt werden. Neue

Das Erntepaar im großen Festumzug

Erinnerung an die alte Heimat: Siebenbürger Wehrturm

Wohnbereiche wurden in den letzten Jahren im Übergang nach Brächen und am Ortsteil Pfaffenscheid geschaffen.

19 Vereine bieten in Drabenderhöhe ihren Mitgliedern Freizeitgestaltung, Mitarbeit und Mitwirken an! Mit über 1000 Mitgliedern ist der BV 09 Drabenderhöhe der größte unter ihnen. Hier wird nicht nur guter Fußball gespielt, es gibt auch zahlreiche Möglichkeiten des Breitensports. Auf einer gepflegten Tennisanlage jagen gut 200 Mitglieder des TC 66 Drabenderhöhe der gelben Filzkugel nach. Rekordverdächtige acht Vereine haben sich dem Gesang und der Musik verschrieben. Den Männergesangverein gibt es schon über 100 Jahre und gerade in seiner jüngeren Geschichte stehen fünf Auszeichnungen als Meisterchor zu Buche. Der Honterus-Chor, das Akkordeon-Orchester und die Siebenbürger Blaskapelle haben ebenfalls einen „guten Klang" weit über die Dorfgrenzen hinaus. Das soll auf keinen Fall die Leistungen des Frauenchors, des Kirchenchors, des Jugendchors und des Kinderchors schmälern. Neben dem Adele-Zay-Verein und dem Frauenverein, der erstaunliche 600 Mitglieder aufweist, soll auch der Ernteverein nicht vergessen werden. Er ist offizieller Veranstalter des stets am zweiten Wochenende im September stattfindenden Erntezuges. Schon länger als die 50 Jahre, die der Ernteverein besteht, werden Erntefeste auf der „Höh" gefeiert. Inzwischen gibt es sogar

Drabenderhöhe

Über den Dächern

eine Chronik, welche die Besonderheiten, die Erntepaare und die Abläufe der Feste beschreibt. Die Erntezüge mit ihren fantasiereichen, aufwendig gestalteten Wagen locken viele Zuschauer an, die sich das Spektakel nicht entgehen lassen wollen.

Vor gut 44 Jahren fiel eine Entscheidung, die wie keine andere Drabenderhöhe gestaltet und geprägt hat. Aus über 190 Orten in Rumänien zogen Siebenbürger Sachsen nach Drabenderhöhe. Am damaligen Ortsrand entstand die größte Siebenbürgen-Siedlung außerhalb der alten Heimat. Das Projekt und das damit verbundene Engagement in Gesellschaft, Politik und Region ist bis heute einzigartig und bundesweit von Bedeutung. Die Besuche der Bundespräsidenten Richard von Weizsäcker 1986 und Johannes Rau 1998 in Drabenderhöhe unterstreichen die Leistungen, die mit der Integration der Siebenbürger Sachsen verbunden waren und sind. Die Neu-Oberberger haben Drabenderhöhe, Wiehl und den Kreis mit ihren Traditionen, ihrer Kultur und ihrer Lebensweise nachhaltig beeinflusst und geprägt. Nicht nur zahlreiche Straßennamen in Drabenderhöhe und die Arbeit der Ortsvereine sind Verknüpfungspunkte mit Siebenbürgen. Als „Turm der Erinnerung" ist ein Wehrturm auf dem Gelände des Altenheims ein bleibendes Denkmal für alle in Rumänien zurückgelassenen alten Kirchenburgen. Seit 1989 vermittelt die im Kulturhaus untergebrachte Siebenbürger Heimatstube Einblicke in die bis heute gepflegten Sitten und Bräuche der über 800 Jahre alten Traditionen. In der wichtigsten musealen Einrichtung der siebenbürgischen Kultur außerhalb Rumäniens sind insbesondere Sammlungen von Trachten, Schmuck und Stickereien, aber auch Kürschnerarbeiten, Keramiken und Möbel zu betrachten.

Wie kein anderer Ort in Oberberg gilt Drabenderhöhe als Beispiel für das Zusammenwachsen von Kulturen und Gesellschaften. Je nach Blickwinkel ist das Dorf alte oder neue Heimat. Entscheidend aber ist, dass es eine gelebte Heimat ist, die den Menschen eine gute Zukunft ermöglicht.

Drabenderhöhe

Drabenderhöhe

Stadt Wiehl
Urkundliche
Ersterwähnung: 1353

Einwohner 1980: 2578
Einwohner 2007: 3443

19 Vereine
evang. Kirche
1 Grundschule
2 Kindergärten

Erfolge im Dorfwettbewerb:
Kreisebene: 3 Gold und 1 Silber
Landesebene: 3 Silber

Festkonzert des Männergesangvereins in der Kirche

Dreisbach
„Im Inken war der Anfang"

An der Grenze zum Reichshof

Auf der Mercator-Karte von 1575 findet sich der Eintrag „Nider-Dreißbach", noch gerade so eben in der „Herschaft Hombergh" gelegen. Eine weitere Nennung erfolgt in den Vertragstexten zum Siegburger Vergleich von 1604; dort wird „Nider-Dreißbach" im Zusammenhang mit dem Grenzstein Nr. 7 genannt. Dieser Grenzstein zwischen Dreisbach und Freckhausen war bis etwa 1965 Realität. Dann ist er wohl Räubern zum Opfer gefallen und dient vielleicht heute als Schmuck in irgendeiner Kellerbar. Die Ursprünge von Dreisbach dürften allerdings um 1450 liegen, als im Oberbergischen viele „-bach"-Dörfer entstanden.

Dreisbach liegt am gleichnamigen Bach, der in der Gemeinde Reichshof bei der Ortschaft Komp entspringt und in südwestlicher Richtung bis Oberwiehl fließt, wo er in die Wiehl mündet. Mitten im Dorf stößt aus nördlicher Richtung der Langenbach, der bei Freckhausen entspringt, hinzu. Das so reichlich vorhandene Wasser wird wohl die Gründung der Ortschaft begünstigt haben. Bis Anfang der 1960er-Jahre floss der Dreisbach in wunderschönen Mäandern zwischen der Wohnbebauung und dem südlich gelegenen Pützberg durchs Tal. Dann kam die Flurbereinigung und ein großer Bagger drückte das Bachbett naturwidrig an den Talhang.

Vor dem 2. Weltkrieg lebten in Dreisbach rund 140 Menschen. Kriegs- und Nachkriegszeit veränderten das Dorfleben. Als die Großstädte des Rheinlands den Fliegerbomben zum Opfer fielen, kamen die Evakuierten. Die zogen zwar bald nach Kriegsende zurück in das Trümmerelend, kehrten aber des Öfteren zurück, um Essbares aufzutreiben. Schließlich erreichten die Flüchtlinge und Vertriebenen aus dem Osten den Ort und wurden nach und nach zu Nachbarn.

1954 begann in Dreisbach das organisierte Dorfleben. Im September wurde das erste Dorffest gefeiert und trotz miserabelstem Wetter ergab sich ein Überschuss. Dies war der Mutmacher, um jährlich Anfang Juni zu feiern. Bald zeigte sich, dass man keinen Raum hatte, um sich versammeln und besprechen zu können.

Viel Platz in der Dorfaue

In Halstenbach, damals Gemeinde Wiehl, gab es ein Behelfsheim, das nicht mehr für Wohnzwecke gebraucht wurde. So kam Dreisbach an das erste Dorfhaus. Doch dies war nicht groß genug, und man dockte ein zweites Behelfsheim an. 1966 war man dann mutig genug, den Bau eines festen Dorfhauses in Angriff zu nehmen, welches bis heute das Dreisbacher Aushängeschild ist. Mit Zuschüssen von der Gemeinde Wiehl und dem Oberbergischen Kreis konnte das Projekt bei größter Eigenleistung realisiert werden.

Bunter Frühjahrsrahmen an der Ortsdurchfahrt

Dreisbach

Dreisbach

Stadt Wiehl
Urkundliche
Ersterwähnung: 1464

Einwohner 1980: 324
Einwohner 2007: 247

1 Verein
Erfolge im Dorfwettbewerb:
Kreisebene: 16 Bronze

Dorffeste, Karnevalsfeste, Polterabende, Hochzeiten, Kindtaufen, Konfirmationen, Kommunionen, Kaffeetrinken nach Beerdigungen, Seniorentage, Nikolausfeiern, der Abschluss nach Wandertagen: All dies sind Anlässe, für die das Dorfhaus genutzt wurde und wird. Das Oberwiehler Sängerquartett hielt hier etliche Jahre seine Proben ab, und im Dorf bildete sich eine Laienspielschar, die über viele Jahre mit lustigen Schwänken die übrigen Dorfbewohner erfreute.

Dreisbach hat das Glück gehabt, das sich bis heute immer wieder junge Leute ehrenamtlich bereitfanden, die Geschicke des Gemeinnützigen Vereins zu lenken. So konnten Renovierungen und kleine und große bauliche Veränderungen in Eigenleistung in Angriff genommen werden. Hierbei war die größte Leistung, 2001 dem Dorfhaus ein neues Dach aufzusetzen.

In vielen weiteren Feldern engagieren sich die Mitglieder des Gemeinnützigen Vereins. Der Spielplatz in der Dorfmitte wird betreut und gepflegt, Böschungen werden bepflanzt und gemeinsam wird „großer Dorfputz" gehalten. Jeder, der 70 Lenze und mehr zählt, muss davon ausgehen, dass zu seinem Geburtstag eine Gratulationsschar des Dorfvereins vor der Tür steht. Im „Inken", wie die Dreisbacher ihren alten Dorfkern und damit den Ursprung des Ortes nennen, haben sich zwei Familien zusammengetan, um mit einer gemeinsam betriebenen umweltfreundlichen Holzheizung ihre Häuser mit Wärme zu versorgen. Neben der Umwelt profitiert davon auch die Haushaltskasse! So bleibt mehr übrig für die Restaurierung und Instandhaltung der wunderbaren alten Fachwerkhäuser, die in Dreisbach meist vorbildlich geleistet werden.

Früh übt sich, wer später große Sprünge machen will (links)

Dreisbach präsentiert sich auf dem Wiehler Festzug (rechts)

Drespe

„Die Kanalarbeiter"

Ein Meilenstein der Ortsgeschichte von Drespe ist und wird der Kanalbau bleiben. Anfang der 90er-Jahre sollten die Dresper Familien ihre Kleinkläranlagen sanieren, obwohl für wenig später der Kanalanschluss für alle vorgesehen war. Das hätte doppelte Ausgaben für jeden Haushalt bedeutet. Da die Gemeinde den Kanalbau nicht vorziehen wollte, besann man sich auf die eigene Schaffenskraft. Nach unzähligen Besprechungen, Klärung der Rechtslage und dem Okay der Behörden startete die „Aktion Maulwurf: Ein Dorf baut den Kanal selbst". Verträge wurden geschlossen, Planungs- und Bauexperten beauftragt, die Finanzierung geregelt. Nichts wurde dem Zufall überlassen. Der Kraftanstrengung aller Beteiligten, dem Mitwirken der Eigentümer und dem Engagement des Vorstands der Ortsgemeinschaft war es zu verdanken, dass dieses einmalige Experiment gelang. Nicht nur eine funktionierende, zentrale Abwasserentsorgung wurde gebaut. Vielmehr gelang dies sogar mit einer erheblichen Kostenersparnis, da durch die Anlieger umfangreiche Eigenleistungen erbracht wurden. Die Dresper hatten es damit allen gezeigt: Gemeinsamkeit macht stark! Kein Wunder, dass das Medieninteresse enorm ausfiel und mancher sich einem Mikrofon oder einer Fernsehkamera ausgesetzt sah. Mit einem großen Kanalfest wurde der erfolgreiche Kanalbau zünftig abgeschlossen.

Unter Beteiligung der Dorfgemeinschaft wurde 1993 ein Dorfentwicklungsplan erstellt. Er bewertete die Gegebenheiten und die Potenziale des Ortes und zeigte zahlreiche Entwicklungs- und Gestaltungsmöglichkeiten auf. Die Entsiegelung asphaltierter Flächen, die gestalterische Aufwertung eines Glascontainerplatzes, die Sicherung des Schulweges und der Neubau des Buswartehäuschens, die Instandsetzung des Dorfbrunnens oder eine bessere Straßenbeleuchtung sind nur einige Maßnahmen, die von den Vorschlägen umgesetzt wurden. Für die 13 denkmalgeschützten Gebäude im Ort, aber auch für die anderen Häuser wurden große Anstrengungen unternommen, um die alte Bausubstanz zu erhalten und zu pflegen. Schauen

Beeindruckendes Baudenkmal: das alte Pfarrhaus

"Hier meckert keiner": Appetithappen für die Coburger Fuchsschafe

Sie sich doch einmal das wunderschöne Pfarrhaus aus dem Jahr 1911 an oder das alte Gasthaus Köster, das nach einem Brand aus verkohlten Resten zu einem Schmuckstück wieder erstanden ist!

Drespe besitzt nicht nur schöne Häuser. Auch die Gärten können sich sehen lassen. In gleich 16 Nutzgärten werden Gemüse gezogen und Salat geerntet. Altbewährte Bauerngartenstauden wie Akelei, Eisenhut, Geißbart oder Rittersporn sucht man ebenfalls nicht vergebens. Viele Umlagen werden durch solche Zierpflanzen, aber auch durch heimische Sträucher und Bäume aufgewertet und gegliedert. Aufgrund der guten Durchgrünung passt sich das Dorf hervorragend in die umgebende Landschaft ein. Die Ortsgemeinschaft unterstützt die weitere ökologische Aufwertung der Dorfstrukturen. So wurden Hecken aus heimischen Sträuchern gepflanzt, eine Streuobstwiese angelegt, in der Bachaue Fichten entfernt und Natursteun-Trockenmauern gebaut. Die Natur dankt es mit zahlreichen Tier- und Pflanzenarten, die ihr Zuhause in Drespe gefunden haben. Genauso wie die 28 Bienenvölker, die nicht nur für viele Äpfel und Kirschen, sondern auch für einen leckeren Brotaufstrich sorgen.

Ein intensives Miteinander ist in Drespe Alltag. Mittelpunkt ist häufig das evangelische Gemeindehaus, das neben zahlreichen Veranstaltungen der Kirchenge-

Hingucker im Vorgarten: Pfingstrosen und Türkenmohn

Drespe

Gemeinde Reichshof
Urkundliche Ersterwähnung: 1467

Einwohner 1980: 146
Einwohner 2007: 182

evang. Gemeindehaus
3 Vereine
1 Kindergarten

Erfolge im Dorfwettbewerb:
Kreisebene:
5 Gold, 3 Silber und 4 Bronze
Landesebene:
2 Silber

meinde und des CVJM auch der Ortsgemeinschaft zur Verfügung steht. Der direkt nebenan neu erbaute Kindergarten ist aus dem Dorfleben nicht mehr wegzudenken und wird bei seiner Arbeit vom gesamten Ort mit allen Kräften unterstützt. 1994 feierte das Dorf seinen 500. Geburtstag. Drei Tage lang herrschte Ausnahmezustand. Aber auch Nachhaltiges wurde für das Jubiläum erarbeitet: eine Ausstellung zur Dresper Vergangenheit und eine gelungene Dorfchronik, die auf über 200 Seiten von Menschen, Baugeschichte und besonderen Ereignissen berichtet. Ideenreichtum und Tatkraft zeichnet anscheinend auch die Dresper Dorfjugend aus. Drei Mädchen sammelten emsig Zeugnisse der Natur und Besonderheiten aus der Umgebung und arrangierten sie zu einer kleinen, aber feinen Ausstellung. Jeder Besucher wird freudig begrüßt, nicht nur wegen seines Interesses, sondern auch aufgrund einer kleinen Spende für ein Kinderdorf in Brasilien, die statt eines Eintrittsgeldes erbeten wird.

Die Dresper haben sich nicht nur als Kanalarbeiter bewährt. Sie sind mit ihrem Zusammenhalt, ihrer Schaffenskraft und mit ihrer Kreativität für eine erfolgreiche Zukunft gut aufgestellt!

Ein gemütliches Fleckchen vor der Haustür

Eiershagen

„Als wär's ein Stück vom Himmel"

Kein Einzelfall in Eiershagen: beeindruckendes Gebäude mit gelungener Grüngestaltung

Wer an einem sonnigen Frühlingstag einen gemütlichen Spaziergang durch Eiershagen unternimmt, wird eingestehen, dass der anspruchsvolle Dorfslogan „Als wär's ein Stück vom Himmel" durchaus einen Hintergrund hat. Denn das 140-Seelen-Örtchen präsentiert sich als „grünes Wohnzimmer" mit vielen Schmuckstücken an Häusern und Gärten sowie immer wieder überraschenden Dorfdetails. Heimische Buchenhecken anstelle von Zäunen, artenreiche Stauden- und Kräutergärten, bunte Wegeböschungen, alte und neue Obstbäume, geschmackvolle Kunst vor der Haustür, ein eindrucksvoller Dorfkamp und herrliche Übergänge in die landschaftliche Umgebung schaffen ein liebeswertes Mosaik, das alle Sinne beansprucht.

Um alles zu sehen, was in Eiershagen sehenswert ist, braucht man etwas länger. Sage und schreibe zwölf der 40 Häuser im Dorf stehen unter Denkmalschutz. Die Bausubstanz sowohl der schmucken Fachwerkhäuser als auch der beeindruckenden Bürgerhäuser ist hervorragend restauriert und gepflegt. Ein Backhaus aus dem Jahr 1830 wurde erneuert und wieder nutzbar gemacht und das frühere Gemeinschaftswaschhaus wurde zum kleinen Dorfhaus umfunktioniert. Sogar die Scheunen können sich sehen lassen. Auch an den Umweltschutz wird gedacht: Vor allem an den neueren Häusern gibt es Solarwärme- und Fotovoltaikanlagen und man heizt mit Holz oder Erdwärme.

Die Entwicklung der Dorfnatur ist den Eiershagenern ein großes Anliegen. Nicht zuletzt durch ein vom Land getragenes und 1997 fertiggestelltes Entwicklungskonzept motiviert, wurden an den Straßen heimische Laubbäume gepflanzt, die Obstwiesen ergänzt und gepflegt sowie am Dorfrand mit Reisig und Ästen eine „Benjeshecke" angelegt, deren Dickicht nicht nur Unterschlupf für Kleintiere bietet, sondern auch die Wiege für junge Bäume und Sträucher darstellt.

Artenschutzmaßnahmen, wie Nistmöglichkeiten für Turmfalken und Wildbienen, ergänzen die Bemühungen genauso wie die Renaturierung des alten Brandweihers. Die meisten Grundstückseigentümer ließen sich davon überzeugen, dorfuntypische Gehölze in ihrem Garten durch heimische Pflanzen zu ersetzen.

Als wär's ein Stück vom Himmel

So ist heute der Schwarze Holunder ein Hauptbestandteil der „Marmeladenhecken" und die Grundlage für den köstlichen „Eiershagener Likör nach Helmi's Rezept".
Das „Wir-Gefühl" der Eiershagener fand 1989 seinen Ausdruck in der Gründung der Ortsgemeinschaft. Neben dem schon fast 80 Jahre alten Wasserleitungsverein und dem ganz jungen Nutzwasserverein ist die Ortsgemeinschaft Basis und Motor des Dorflebens. Und das hat es in sich! Kleinere fröhliche Runden finden im kleinen Dorfhaus oder vor den Haustüren statt. Bei größeren Festen und Treffen weicht man in das am Dorfrand gelegene Clubhaus der „Fahrsportfreunde Reichshof" aus, deren Gelände häufig als Austragungsort der Landesmeisterschaften im Kutschfahrsport fungiert. Natürlich werden ein Osterfeuer, der Sankt-Martins-Umzug oder ein Wandertag genauso durchgeführt wie Backnachmittage für Kinder, Aktionen zum Nistkastenbau oder gemeinsame Heckenpflanzungen. Es gibt aber auch einen Walkingtreff, das Handarbeitstreffen, organisierte Einkaufsdienste oder Mitfahrgelegenheiten und das „Eierschibbeln" zu Ostern. Dieser uralten Tradition widmen sich Alt und Jung am Ostersonntag auf einer Wiese in der Ortsmitte. Dort müssen in der Schibbelgrube die Eier des vorherigen Werfers getroffen werden. Klar, dass danach der Magen auch davon profitiert.
Weit über die Grenzen Oberbergs hinaus ist Eiershagen durch seine Dorfaktionstage bekannt. Als „Tag der Regionen" stellt sich das ganze Dorf seit 1999 jährlich den Menschen vor. Dabei wird das ganze Dorf zur Informationsbörse, zum Marktplatz und zur Fundgrube. Fast vor jedem Haus, aber auch in den Sträßchen werden Lebensmittel und Waren aus der Region, Kunstobjekte und Handwerk aus dem Dorf angeboten. Die Besucher erfahren Spannendes über Dorfnatur und Dorfleben und werden zum Mitmachen angeregt. Klar, dass auch für das leibliche Wohl bestens gesorgt ist. Das Spanferkel, das meist

Natur trifft Baukultur

Eiershagen

Gemeinde Reichshof
Urkundliche Ersterwähnung: 1467

Einwohner 1980: k. A.
Einwohner 2007: 146

3 Vereine
2 landwirtschaftliche Betriebe

Erfolge im Dorfwettbewerb:
Kreisebene: 5 Gold
Landesebene: 1 Gold, 2 Silber und 1 Bronze
Bundesebene: 1 Silber

vor dem Bioland-Bauernhof Bohlien gegrillt wird, ist übrigens einer von vielen Geheimtipps.

Das riesige Interesse an den Dorfaktionstagen zeigt, dass dieses Angebot bei den Leuten ankommt. „Durch-gehend-geöffnet, auf Höfen, in Scheunen und Gärten", so das Motto der Veranstaltung, macht in der Tat Lust auf Eiershagen.

Das dörfliche Zusammenleben kostet Kraft, macht aber auch Freude und schafft immer wieder Mut, solche Herausforderungen und Aktionen zu wagen. Ein schönes Beispiel für die Eigenarten der Menschen im „Hof" ist übrigens auch der 1996 veröffentlichte Bildband „Die Leute von Eiershagen". Der Kölner Fotograf Johannes Booz hat in seinem Porträtbuch alle Dorfbewohner verewigt.

Mit der Dorfnatur, der Baugestaltung und dem Dorfcharakter im Rücken sowie dem unglaublichen Engagement haben die Eiershagener seit 1990 auf allen Ebenen richtig „abgeräumt". Gold im Kreiswettbewerb ist längst zum Standard geworden. 1998 kandidierte Eiershagen sogar als einziges Dorf aus Nordrhein-Westfalen für den „Europäischen Dorferneuerungspreis für ganzheitliche Projekte von herausragender Qualität" und errang einen 2. Preis, der von der Ortsgemeinschaft in Luxemburg entgegengenommen wurde.

Es scheint, dass „ausruhen" für die Eiershagener ein Fremdwort ist. Längst schmieden sie neue Pläne und nehmen damit die Zukunft ihres Ortes selbst in die Hände. Sie wissen, dass man sich den Anspruch, „ein Stück vom Himmel" zu sein, immer wieder neu verdienen muss!

Hier kann man's aushalten! (links)

Publikumsmagnet: „Tag der Region" (rechts)

Elsenroth

„Von alten Ziegeln und einem Ankerlift"

Viele kennen Elsenroth nur von der Durchfahrt auf dem Weg von Nümbrecht nach Wiehl oder Marienberghausen. Die Jägerhofstraße folgt heute noch der Trasse einer alten Eisenbahnlinie, dem Bröltalbähnchen, das bis 1965 zwischen Bielstein und Waldbröl verkehrte. Wer an einem schönen Winterabend dieser Straße Richtung Süden folgt, dessen Blick wird ganz automatisch auf die besondere Attraktion des Ortes gelenkt, den beleuchteten Skihang. Dem Klimawandel zum Trotz gibt es auch in Elsenroth schon einmal ein paar Tage, an denen eine feste Schneedecke Winterstimmung verbreitet. Dann heißt es „Ski Heil" im Dorf, denn am Ortsrand wird eine steile Wiese zur Skipiste mit Rodelhang. Wer meint, dies sei nichts Besonderes, der sollte einmal genauer hingucken: Die Elsenrother Skiarena ist nämlich nicht nur beleuchtet, sondern auch mit einem Ankerlift ausgestattet! Und wie es nicht anders sein kann, wird wie in allen guten Skigebieten die Tradition des „Après-Ski" ganz besonders großgeschrieben und kultiviert. Somit ist der Heimweg über die viel befahrene Straße für den einen oder anderen gefährlicher als die Abfahrt. Skitouristen aus halb Oberberg entdecken zunehmend die „Herausforderung" des Elsenrother Skihangs. Wenn denn nur häufiger Schnee liegen würde!

In Elsenroth selbst erinnert nur noch die Bahnhofstraße daran, dass einst die Brölbahn hier hielt. Wie es auf einer Fahrt „van Elsenroth raff on de Bröl" zugegangen ist, kann man im Gedicht „Der Rasende Homburger" nachlesen.

Die Elsenrother haben fleißig alles zusammengetragen, was die Geschichte ihres Dorfes hinterlassen hat. Und das ist nicht wenig: Zum ersten Mal wurde Elsenroth in einer Urkunde von 1341 als „Elsenrode" erwähnt, als die Herren von Homburg wieder einmal Grundstücksgrenzen neu regeln mussten. Elsenroth gehörte später zur selbstständigen Gemeinde Marienberghausen, die 1969 mit Nümbrecht zusammengelegt wurde.

1966 gründeten die Elsenrother den Gemeinnützigen Verein Elsenroth, der bis heute aktiv ist und sich um die Gestaltung und Verschönerung des Dorf- und Landschaftsbildes, der Gemeinschaftsanlagen sowie um die Pflege und Förderung der Dorfgemeinschaft kümmert. Zwei Bücher über die Elsenrother Geschichte hat er bereits herausgegeben und auch einen Dorfkalender. In mehreren großen Veranstaltungen wurde an die Geschichte des Dorfes erinnert. 1985 veranstaltete der Verein dazu eine 600-Jahr-Feier, zu der Tausende von Besuchern herbeiströmten.

Mitten im Park:
Die Brunnenhütte eignet sich besonders zum Feiern

Erinnerung an die Ziegelei im Dorf: gelungene Gestaltung des Verkehrskreisels „Wildtor" (links)

Elsenroth ist quasi das Tor zum Homburger Ländchen (rechts)

Im Jahr 1979 begann der Gemeinnützige Verein, das Gelände um einen alten Brunnen herum zu erschließen. Zuerst wurde ein Fußweg von der Jägerhofstraße in den Quellenweg angelegt, dann mauerte man den alten Brunnen mit Bruchsteinen auf. Der Verein sammelte Spenden, pflanzte und gestaltete fleißig. Heute ähnelt das Gelände einem kleinen Park. Schließlich begann man mit dem Bau der Brunnenhütte, die 1984 fertiggestellt wurde. Hier findet das jährliche Brunnenfest statt. Im Herbst wird hier alles, was sich aus Kartoffeln kochen, braten und backen lässt, auf dem Kartoffelfest angeboten. Auch für kleine Feiern kann man die Brunnenhütte mieten. Wenn der Raum hier nicht ausreicht, weicht man in das Untergeschoss des evangelischen Gemeindehauses aus, das für solche Zwecke zur Verfügung steht.

Elsenroth gehört zur Kirchengemeinde Marienberghausen und bei besonderen Anlässen, wie Hochzeiten und Konfirmationen, geht man auch dort zur Kirche. Der sonntägliche Gottesdienst dagegen wird in Elsenroth gehalten, früher in Privathäusern, dann in einer eigens dafür errichteten Holzhütte. In den 70er-Jahren entstand das Gemeindehaus, das den Gottesdiensten heute einen würdigen Rahmen gibt. Hier treffen sich eine Krabbelgruppe sowie die Jungen- und Mädchenjungschar.

Weit über Elsenroth hinaus bekannt ist der Turn- und Sportverein Elsenroth, der 1913 gegründet wurde und ca. aus 650 Mitgliedern besteht. Er unter-

Spielfreude: Talente auf dem Sportgelände Kreuzheide

Elsenroth

Gemeinde Nümbrecht
Urkundliche Ersterwähnung:
1341

Einwohner 1980: 415
Einwohner 2007: 586

2 Vereine
evang. Gemeindehaus
1 landwirtschaftlicher Betrieb

Erfolge im Dorfwettbewerb:
Kreisebene:
9 Silber und 3 Bronze

hält einen Fußballplatz und drei Tennisanlagen an der nahe gelegenen Kreuzheide. Besonders stolz sind die Sportler auf ihr neu gestaltetes Clubgebäude.
Nicht alle Elsenrother sind glücklich über den enormen Ausbau der beiden großen Gewerbegebiete vor den Toren ihres Dorfes. Die Straße „Alte Ziegelei" in diesem Gebiet knüpft an die Geschichte von Elsenroth an: Sie erinnert an die alte Dampfziegelei, die von 1899 bis 1960 Ziegel brannte. Übrig geblieben ist nur noch die Lore mit Ziegelsteinen, die man mitten im Verkehrskreisel am „Wildtor" aufgestellt sieht.
Wer sein Auto auf dem Parkplatz vor dem evangelischen Gemeindehaus abstellt und einen Rundgang durch das Dorf macht, kommt sicherlich auch an den mehr als 225 Jahre alten Fachwerkhäusern vorbei, die Eingang in das Buch „Denkmäler des Rheinlandes" gefunden haben. Sie zeichnen sich unter anderem durch ihre Hausinschriften aus.

Skiarena mit Beleuchtung, Ankerlift und Après-Ski: Geheimtipp in echten Wintern

Erbland, Schneppsiefen & Schönenberg

"Am Silbersee geht's richtig rund"

So schön ist es im Aggertal

Eigentlich gibt es ihn ja gar nicht mehr, den Silbersee. Längst ist das glasklare Steinbruchgewässer nämlich zugeschüttet, doch der Name hat heute noch Bedeutung. Seit vielen Jahren wird im Steinbruchgelände westlich von Schönenberg keine Grauwacke mehr abgebaut. Dort, wo früher die sogenannten „Kipper" in mühseliger Arbeit aus Felsbrocken Pflastersteine formten, steht heute die Silberseehalle, die seit Jahrzehnten der Treffpunkt für die Menschen aus den eng zusammenliegenden Ortschaften Erbland, Schönenberg und Schneppsiefen ist.

Die damals noch junge Dorf- und Sportgemeinschaft Erbland – DSGE – konnte im benachbarten Dieringhausen eine alte Lagerhalle erhalten und baute sie 1965 im Steinbruch wieder auf. Eine weise Entscheidung, denn kein Nachbar muss sich über die Geräusche ärgern, die muntere Feste nun einmal auszeichnen. Immer wieder sind die Baulichkeiten der Halle verbessert und ergänzt worden. Waren es zunächst Toilettenanlagen, ein Thekenraum und eine Bühne, standen später brandschutztechnische Aspekte und eine bessere Bewirtschaftung im Vordergrund. Gerade erst ist die Küche erneuert worden. 400 Leute dürfen in die Silberseehalle hinein, die gerne für private Feiern gemietet wird. Manch legendäre Fete hat hier stattgefunden.

Vor allem ist die Halle jedoch Mittelpunkt der Aktivitäten der Dorf- und Sportgemeinschaft Erbland. Wöchentlich gibt es sowohl das Damenturnen als auch das Herrenturnen und alle zwei Wochen findet der Seniorentreff statt. Gerne wird dann Bingo gespielt oder gegrillt. Zwar pausieren die Tischtennisspieler zurzeit und auch der Basar für wohltätige Zwecke hat schon länger eine Auszeit, dafür hat sich die Karnevalssitzung einen Namen gemacht. Mit eigenen Talenten gelingt es, ein närrisches Programm auf die Beine zu stellen, das am Karnevalssamstag die Leute immer wieder begeistert. Als Dankeschön für

Damit jeder weiß, um was es geht

alle Mitwirkenden und die vielen fleißigen Hände im Hintergrund gibt es nach den tollen Tagen ein gemütliches „Helferfest". Es liegt nahe, dass nach dem Laternenumzug auch das Martinsfeuer, das Osterfeuer, Kinderfeste und der Abschluss der Wandertage an der Halle stattfinden. Das Herzstück des Gemeinschaftslebens der drei Dörfer am Aggerhang ist und bleibt die Silberseehalle!

Es gibt aber doch etwas, was ohne Halle läuft: Zum ersten Advent wird mitten in Erbland ein Weihnachtsbaum aufgestellt und mit Lichterketten versehen. Dazu werden Reibekuchen und Glühwein angeboten. Das kleine vorweihnachtliche Treffen gibt es noch nicht so lange, es hat sich aber schon etabliert. Nicht vergessen werden darf der große Spielplatz, der von der Dorf- und Sportgemeinschaft unterhalten wird. Gerade erst

Der Spielplatz liegt allen am Herzen

Erbland, Schneppsiefen & Schönenberg

Osterfeuer an der Silberseehalle (links)

Zentrum des Dorflebens: die Silberseehalle (rechts)

wurden in die Jahre gekommene Spielgeräte ersetzt und das Gelände neu gestaltet. Für den Verein bedeutete dies einen erheblichen Kraftakt, der nur mithilfe von Sponsoren bewältigt werden konnte.

Wer über die B 55 durch das Aggertal fährt, bemerkt gar nicht viel von Erbland, Schönenberg und Schneppsiefen. Die drei Orte liegen gut durchgrünt am Talhang. Erstaunlich, dass es hier immer noch landwirtschaftlich genutzte Flächen gibt, auf denen Heu gemacht wird oder Schafe weiden. Reizvolle Blicke in das Aggertal bieten sich von einer ganzen Reihe Stellen, die am Dorfrand und an Spazierwegen liegen. An der Hömelstraße in Erbland prägt eine wunderschöne alte Streuobstwiese den Übergang in die Landschaft. Die alten Apfelbäume, zu denen die bewährten Sorten „Kaiser Wilhelm", „Boskop" und „Jacob Lebel" zählen, werden regelmäßig fachgerecht geschnitten. Nur so können sie noch einige Jahrzehnte Früchte tragen. Schön, dass auch junge Bäume den Bestand ergänzen und damit hoffentlich die Zukunft des Vogel- und Früchteparadieses am Dorfrand sichern.

Schneppsiefen

Stadt Gummersbach
Urkundliche Ersterwähnung: 1575

Einwohner 1980: 79
Einwohner 2007: 84

3 Vereine

Erfolge im Dorfwettbewerb:
Kreisebene: 13 Bronze

Schönenberg

Stadt Gummersbach
Urkundliche Ersterwähnung: 1575

Einwohner 1980: 190
Einwohner 2007: 178

3 Vereine

Erfolge im Dorfwettbewerb:
Kreisebene: 13 Bronze

Erbland

Stadt Gummersbach
Urkundliche Ersterwähnung: 1575

Einwohner 1980: 259
Einwohner 2007: 303

3 Vereine

Erfolge im Dorfwettbewerb:
Kreisebene: 13 Bronze

Erlinghagen

„Treffpunkt Dorfwäldchen"

Haben Sie Lust, an einem warmen Sommerabend unter alten Eichen und Buchen bei einem kühlen Bier zu sitzen, sich mit netten Menschen zu unterhalten oder sogar ein Tänzchen zu wagen? Wenn ja, dann sollten Sie das Dorffest in Erlinghagen besuchen; denn dort ist dies alles möglich. Der „Dorfplatz" ist nämlich eine kleine Fläche innerhalb des Dorfkamps, wie ein Miniwäldchen mitten im Ort aus alten Bäumen im Bergischen genannt wird. Ohne große Eingriffe und mit bescheidenen Mitteln wurde der Treffpunkt von der Dorfgemeinschaft gestaltet. Alle zwei Jahre findet hier das Dorffest statt: Im Jahr 2000 geschah dies unter einem besonderen Motto. Die Nachbarorte Jedinghagen und Dürhölzen wurden zum Mitfeiern eingeladen und schon war aus den Anfangsbuchstaben der Dörfer der Name „JeDürEr-Fest" entstanden. Der Erlös der gelungenen Veranstaltung floss karitativen Zwecken zu.

Unmittelbar an Dorfkamp und Dorfplatz liegt der Spielplatz. Er wurde vor wenigen Jahren neu angelegt, da die Gemeinde an dieser Stelle ein unterirdisches Löschwasserreservoir baute. Das ist kaum mehr zu bemerken, dafür lädt eine abwechslungsreiche Spiellandschaft ein. Für die Teens gibt es Alternativen. Über den Hohlweg am gegenüberliegenden Ortsrand erreichen sie schnell den Bolzplatz am „Höchsten". Zwar entspricht die Wiese nicht Bundesligastandard, aber der rustikale Untergrund fördert Ballbeherrschung, Kraft und Ausdauer.

Seit 1965 gibt es die Dorfgemeinschaft in Erlinghagen. Bis heute ist sie kein eingetragener Verein. Trotzdem funktioniert sie so; es gibt sogar einen Vorstand. Zu organisieren, zu pflegen und zu gestal-

Schloss Gimborn ist die Klammer: Die Erlinghagener pflegen enge Kontakte zu Durhölzen und Jedinghagen

Erlinghagen

Das in Eigenleistung der Dorfgemeinschaft erstellte Mahnmal lädt zur Besinnung und zum Gebet ein

ten gibt es genug. Neben dem schon erwähnten Dorffest im Kamp werden alljährlich der Maibaum gesetzt, ein Pfingsteiersingen veranstaltet und nach dem gemeinsamen Schmücken des Dorfweihnachtsbaums das „Anknipsen" der Lichter gefeiert. Zu Karneval gibt es schon mal einen improvisierten Umzug der Kinder, die dabei großen Spaß haben und an den Haustüren um eine Süßigkeit bitten. Ein Karnevalszug einmal „andersherum".

Die Dorfgemeinschaft zeichnet auch für ein bemerkenswertes Mahnmal im Ort verantwortlich. In Eigenleistung wurde eine Grauwackeumrandung erstellt, die ein Holzkreuz aufnimmt. Das Mahnmal soll Ausdruck der Achtung vor dem dreieinigen Gott sein, aber auch zum kurzen Verweilen im Gebet einladen.

Das Vereinsleben ist zum benachbarten Gimborn hin ausgerichtet. Das Fleckchen mit Schloss, Kirche, Gaststätte und wenigen Häusern – übrigens früher über Jahrhunderte der Mittelpunkt des Herrschaftsbereichs, der das mittlere Oberbergische umfasste – ist Sitz und Namensgeber der Vereine, in denen die Erlinghagener mitmachen. Vor allem zusammen mit den Dürhölzenern und den Jedinghagenern bilden sie den Kern des Kirchenchors, des Frauenchors und des Frauenvereins Gimborn. Am größten und bekanntesten ist die Gimborner St. Sebastianus-Schützenbruderschaft, die fast 450 Mitglieder

Eine der schönsten Fußballarenen im ganzen Land: der Erlinghagener Wiesenbolzplatz (links)

Beherbergt den Spielplatz und das Festgelände: der Dorfkamp (rechts)

umfasst. Die großen Schützenfeste sind ein Muss für alle umliegenden Dörfer. Aber auch international mischt man mit: Mit einem Treffen des Ritterordens vom heiligen Sebastian hat man sich für die europaweite Tagung der Gemeinschaft Historischer Schützen empfohlen, die 2010 stattfindet. Zu dem dann zu feiernden 400. Geburtstag der Gimborner Schützen wäre das ein schöner Rahmen.

Wer sein kreatives Arbeitsleben beendet hat, kann in Erlinghagen eine Menge für seine Gesundheit tun. Denn es gibt die „wandernden Rentner", die nicht nur die Dorfumgebung per pedes erkunden. Die Gruppe von etwa einem Dutzend Senioren unternimmt auch Fahrten zu lohnenden Wanderzielen in anderen Regionen. Aber am schönsten ist es aber doch, wenn nach einem längeren Marsch das eigene Zuhause, das heimatliche Erlinghagen, aus der grünen Umgebung wieder auftaucht.

Im Herzen des früheren „Schwarzenbergschen" liegt Erlinghagen

Erlinghagen

Gemeinde Marienheide
Urkundliche Ersterwähnung: 1468

Einwohner 1980: 289
Einwohner 2007: 380

Erfolge im Dorfwettbewerb:
Kreisebene:
3 Silber und 9 Bronze

Forst

"Von Spülteichen, Hangmooren und einem Hindernis-Bolzplatz"

Eisenerz für das Ruhrgebiet: Forst hat eine interessante Vergangenheit

Unmittelbar an der Autobahnabfahrt Bielstein/Drabenderhöhe liegt ein Ort, der sich vom ehemaligen Bergwerkdorf zu einem Schmuckkästchen der Natur gewandelt hat. Forst war lange Zeit als Standort des Eisenerzabbaus bekannt und wurde als solcher schon in den alten Mercator-Karten erwähnt. Einige Jahre lang wurde das Erz sogar mithilfe einer Seilbahn zum Bahnhof von Ründeroth gebracht, um dann in das Ruhrgebiet geliefert zu werden. Die Spülteiche, in denen das Erz nach dem Abbau gewaschen wurde, sind in ihrer äußeren Gestalt im Gelände geblieben. Die Zeiten haben sich geändert, Forst hat sich gewandelt.

Hin und wieder wurde Forst von der Vergangenheit eingeholt: Nach einem Dammbruch am früheren Spülteich der Grube „Alter Stollenberg" im Jahr 1989 versanken Teile des Dorfes komplett im Schlamm. Die alten Teiche haben heute eine andere Bedeutung. An diesen Stellen entstanden Sumpfgebiete, an denen heute feuchtliebende Pflanzen sowie der seltene Bruchwald beobachtet werden können. Mittlerweile wurden diese Bereiche zu Naturschutzgebieten erklärt, sodass aus einem Eingriff des Menschen in seine Umwelt ein Ort wurde, an dem die Natur heute in einer besonderen Eigenart beobachtet werden kann. Das gilt auch für den „Immerkopf" und den „Hipperich", zwei Bergrücken am Forster Ortsrand. Dort sind es Hangmoore und Feuchtheiden mit sehr seltenen Pflanzen, die einer längst vergessenen Praxis der Landbewirtschaftung ihre Entstehung verdanken. Im Mittelpunkt des heutigen Forst steht die Dorfgemeinschaft, die sich den Erhalt des dörflichen Lebens auf ihre Fahne geschrieben hat. So sind sowohl das Osterfeuer, der Martinszug als auch das jährlich stattfindende Dorffest ein fester Bestandteil des Terminkalenders des Dorfes. Außerdem veranstaltet die Gemeinschaft, die 2003 ihr 25-jähriges Bestehen feierte, regelmäßig Familien- und Erwachsenenfahrten. Auch an die älteren Semester wird gedacht, denn jedes Jahr wird im Herbst ein seniorengerechter Ausflug veranstaltet. Bei den Umwelttagen der Stadt Wiehl beteiligt sich die Dorfgemeinschaft an den Müllsammelaktionen, um die Wegränder und Grünflächen sauber zu halten. Um diesen Veranstal-

Fachsimpeln im Garten: Ob es wohl Walnüsse gibt?

tungen eine breitere Grundlage zu geben, pflegt die Dorfgemeinschaft engen Kontakt mit dem Schützenverein aus dem Nachbarort Kaltenbach. Beide Vereine helfen sich gegenseitig bei ihren Veranstaltungen, sodass die Gemeinschaft weit über die Dorfgrenzen hinausgeht. Außerdem unterhalten die Aktiven eine Blockhütte als Treffpunkt. Durch ihre schöne Lage am Dorfteich lädt sie dazu ein, nach der Arbeit hier einzukehren und den Feierabend zu genießen. Aber auch viele Wanderer legen hier gerne eine kurze Rast ein.

Nicht nur im Bereich der Dorfgemeinschaft arbeitet Forst eng mit seinen Nachbarn zusammen: Ein weiteres Beispiel für erfolgreiche Zusammenarbeit ist der TuS Weiershagen-Forst 08. Der Vereinsname symbolisiert das gute Miteinander von Weiershagen und Forst. Mittlerweile hat der TuS über 500 Mitglieder und bietet sieben verschiedene Sportarten an. Dieses breite Angebot wird von einem Großteil der Dorfbewohner aktiv genutzt. Auch hier zeigt sich, dass es sich lohnt, über die Grenzen des eigenen Dorfes hinauszuschauen.

Gut in Schuss: die Blockhütte als Treffpunkt am Dorfteich

Forst

Forst

Stadt Wiehl
Urkundliche
Ersterwähnung: 1465

Einwohner 1980: 132
Einwohner 2007: 235

2 Vereine

Erfolge im Dorfwettbewerb:
Kreisebene: 9 Bronze

Ein weiteres sportliches Unikum ist der örtliche Bolzplatz: Hier müssen die Spieler nicht nur an ihren Gegnern, sondern auch an natürlichen Hindernissen vorbei. Da die Fläche mit Obstbäumen bestanden ist, ist eine exzellente Dribbeltechnik vonnöten!
Als „Teil des Ganzen" ist Forst bezüglich des Wanderweges „Rund um Bielstein" zu betrachten. Der Wanderweg führt durch den gesamten Ort und am Dorfteich vorbei. Aber nicht nur die Dorfmitte ist einen näheren Blick wert, auch die Nebenstraßen bieten interessante Details: Trockenmauern, alte Pflasterungen, bunte, staudenreiche Vorgärten und einige gut erhaltene Streuobstwiesen vermitteln einen freundlichen Charakter.
Durch das Zusammenwirken von Geschichte und Natur entwickelt Forst seinen eigenen Charme. Warum also nicht einmal dieses Dorf besuchen, das viele kleine Details für das Auge bietet und dessen Umgebung die Geschichte des Bergbaus erzählt.

Bäume statt Gegenspieler:
Bolzplatz mit Hindernissen

Freckhausen

„Schöne Scheunen und bunte Bauerngärten"

Eine der sage und schreibe 106 Ortschaften der Gemeinde Reichshof ist Freckhausen. Knapp 140 Menschen haben hier ihr Zuhause. Sie genießen eine landschaftlich reizvolle Lage, gekennzeichnet durch von Wäldern umgebenen Wiesen und Weiden. Gar nicht weit vom Ort führt die Autobahn entlang und „um die Ecke" beginnt das Gebiet der Stadt Wiehl.
Die erste Erwähnung von Freckhausen in alten Schriftstücken ist 1443 erfolgt. Später wird der Ortsname häufiger genannt, da hier ein sogenanntes Sattelgut bestand, das der Burg Windeck abgabepflichtig war. Die reich begüterten Herren von Freckhausen, die im erblichen Besitz des Schultheißamtes von Much waren, müssen feudal gewohnt haben. Es gibt nämlich Reste von starken Fundamenten und Gewölben, die nahelegen, dass es eine kleine Burg gegeben hat, die wohl von angestautem Wasser umgeben war. Früher sprach man vom „Burgweiher" an dieser Stelle.

Nur wenige wissen, dass Freckhausen ein bedeutendes Orgelbaudorf gewesen ist. Das geht auf die Familie Kleine zurück, die im 18. Jahrhundert hier gelebt und gearbeitet hat. Johann Heinrich Kleine hatte das Orgelbauhandwerk in Ratingen erlernt und brachte es mit Fleiß und Können zu einem vorzüglichen Ruf. Die Bestellungen, die in seiner Freckhausener Werkstatt eingingen, kamen nicht nur aus dem Bergischen. So hat er 13 große Orgeln gebaut, die unter anderem nach Dortmund, Kreuztal und Remscheid geliefert wurden. Die Arbeit seiner Söhne war ebenfalls gefragt. Sie zeichnen für 13 Orgelneubauten und vier Umbauten verantwortlich. In der evangelischen Kirche Eckenhagen kann man heute noch die „Kleine-Orgel", die größte noch erhaltene historische Orgel im Nordrhein-Gebiet, bewundern. Seit 1795 erklingen dort „Töne aus Freckhausen". Zurzeit wird das bedeutsame Kunstwerk grundlegend restauriert.

Die Vergangenheit als Bauerndorf ist noch gut zu erkennen

Freckhausen hat Gartenkultur

Ein weiteres Detail der Dorfgeschichte ist erwähnenswert. Bereits 1905 wurde ein „Jünglings- und Männerverein" gegründet. Seine Aufgabe sah er in der Entwicklung zum lebendigen Glauben an Gott. Wegen der stark wachsenden Mitgliederzahl zog man nach Ohlhagen, nach dem 2. Weltkrieg nach Marienberghausen um. Inzwischen ist aus der Gruppe der CVJM Marienberghausen geworden. Die Freckhausener Gründung gehört damit zu den acht ältesten CVJM-Vereinen im Kreisgebiet.

Seine Vergangenheit als typisches Bauerndorf lässt Freckhausen durch zahlreiche Details erkennen. Obwohl Landwirtschaft nur noch als Nebenerwerb betrieben wird, dokumentiert vor allem die bauliche Gestaltung diesen früheren Haupterwerbszweig. Im Vordergrund stehen dabei die Scheunen. Es wird wohl nur wenige oberbergische Dörfer geben, in denen im Verhältnis zum gesamten Gebäudebestand mehr Scheunen erhalten geblieben sind. In Freckhausen kommen auf 39 Gebäude insgesamt 22 aktuelle und ursprüngliche Scheunen. Zwei davon sind in Wohnraum umgewandelt worden, zum Teil werden sie aber auch als Lagermöglichkeiten, Garage oder zu Hobbyzwecken genutzt.

Lobenswert ist es, dass trotz Umnutzung und umfangreicher Modernisierungsarbeiten äußerlich der Scheu-

Hier sitzt man gerne draußen

Freckhausen

Gemeinde Reichshof
Urkundliche Ersterwähnung:
1295

Einwohner 1980: 120
Einwohner 2007: 138

Erfolge im Dorfwettbewerb:
Kreisebene:
6 Gold, 4 Silber und 2 Bronze
Landesebene:
1 Gold und 2 Silber
Bundesebene:
1 Bronze

nencharakter erhalten geblieben ist. In Freckhausen gibt es dafür gelungene Beispiele. Die Wohnhäuser können sich gleichfalls sehen lassen. Bei einer Reihe von Fachwerkhäusern wurden Balken und Gefache instand gesetzt oder der Giebel geschiefert. Dem Denkmalschutz steht man offen gegenüber. Einige Eigentümer haben sogar selbst die Unterschutzstellung ihres Wohnhauses beantragt.

Freckhausen hat Gartenkultur! Überall im Ort finden sich bunte Staudenvorgärten, Blumenbeete und bepflanzte Böschungen. Genauso trifft man Nutzgärten an, in denen Salat und Gemüse gezogen und Obst geerntet wird. Ein Schmuckstück ist ein uralter Bauerngarten mitten im Dorf. Seit vier Generationen wird er gehegt und gepflegt. Die kleinen Buchsbaumhecken, die die Beete umgeben, müssen schon mehr als 100 Jahre alt sein! An diesem Vorbild haben sich anscheinend einige neu angelegte Gärten orientiert. Auch sie weisen Buchs-Einfassungen, ein breites Staudensortiment und verschiedene Nutzpflanzen auf. Im Sommer bieten sich dem Spaziergänger herrliche Anblicke, wenn Rittersporn, Margerite, Sonnenhut und Phlox ein buntes Feuerwerk bieten. Aber auch zu jeder anderen Jahreszeit sind die Freckhausener Gärten immer einen Blick wert!

Wer von Drespe aus in den Ort hineinfährt, dem wird die intensive Durchgrünung nicht verborgen bleiben. Obstbäume, Sträucher, Hecken, aber auch Eichen, Linden und Eschen gliedern das Dorf und binden es reizvoll in die Landschaft ein. Dass dies so bleibt, dafür setzen sich alle Freckhausener gemeinsam ein. Kein Zweifel, sie fühlen sich wohl in ihrem Dörfchen mit den vielen Scheunen und den bunten Gärten!

Scheunen und mehr
(links)

Richtig so: solide Einstellung
im Dorfwettbewerb
(rechts)

Großfischbach & Kleinfischbach

„Von Schubkarrenrennen und einer Vogtei"

Vieles gemeinsam mit dem kleinen Partner: das „große" Fischbach

Ungefähr zwei Kilometer vom Wiehler Dorfzentrum entfernt, an der Landstraße zwischen Wiehl und Marienberghausen, befinden sich zwei Orte, die auf dem Papier als zwei unterschiedliche Dörfer existieren. In Wirklichkeit aber zeigen sie, wie man miteinander aktiv dafür sorgt, dass sich die Bewohner wohlfühlen. Die Rede ist von Groß- und Kleinfischbach. Organisiert werden die vielen Veranstaltungen, die das Dorfleben auszeichnen, von der Interessengemeinschaft Groß- und Kleinfischbach. Schon am Namen dieses Vereins lässt sich erkennen, wie eng die beiden Dörfer miteinander verbunden sind. So wird jedes Jahr ein Sommerfest mit vielen Wettbewerben für Kinder und Erwachsene organisiert. Dazu gehört ein ganz besonderes Rennen: Kinder werden von ihren Eltern in Schubkarren um die Wette gefahren – eine umweltfreundliche Alternative zu diversen Motorsportereignissen! So kann auf lustige Weise das Miteinander der Generationen aussehen und wer weiß, vielleicht steht der Fischbacher Schubkarren-Formel-1 noch eine große Zukunft bevor.

Darüber hinaus gibt es im Dorf viele Angebote, die sich an wirklich alle Altersgruppen richten: So findet regelmäßig ein gemütliches Kaffeetrinken statt und pünktlich zur Weihnachtszeit treffen sich die Bewohner, die über 80 Jahre alt sind und singen gemeinsam Adventslieder. Diese Treffen werden im Dorfgemeinschaftshaus abgehalten. Den finanziellen Grundstein für das Haus bildeten Einnahmen aus Dorf- und Waldfesten. Hier befindet sich auch eine Kegelbahn, die von örtlichen Kegelfreunden regelmäßig genutzt wird. Außerdem treffen sich hier einmal im Monat alle Interessierten zum „Freitagstreff", wo im gemütlichen Beisammensein Neuigkeiten aus der Nachbarschaft ausgetauscht werden.

Doch nicht nur die vielen Aktivitäten machen Groß- und Kleinfischbach zu dem, was sie sind. Beide Dörfer bieten einen herrlichen Ausblick auf die Natur und Landschaft. Beiden Dörfern ist daher ihre Umgebung auch nicht egal: So finden seit mehr als 30 Jahren alljährliche Säuberungsaktionen an allen öffentlichen Wegen und Straßen statt, bei denen auch alle Ruhebänke gewartet werden. Bei diesen Arbeitseinsätzen werden außerdem Instandhaltungen in und am Dorfhaus vorgenommen.

Für das Landschaftsbild bedeutsam ist ein örtlicher Nebenerwerbslandbetrieb, der ungefähr 23 ha Grünland umfasst. Der Betrieb hat sich auf die Zucht von alten, bedrohten Tierrassen spezialisiert,

Großfischbach & Kleinfischbach

Ein Stück Feuerwehrgeschichte

darunter die als akut gefährdet eingestuften Bentheimer Landschafe. Im Jahr 2006 wurde ihm eine ganz besondere Ehre zuteil: Auf der Grünen Woche in Berlin wurde er als einer der ersten „Arche"-Züchter bundesweit und als erster Bentheim-Züchter durch die Gesellschaft zur Erhaltung alter Haustierrassen ausgezeichnet.

Groß- und Kleinfischbach blicken auf eine lange Tradition zurück, die 2004 ihren vorläufigen Höhepunkt fand: Beide Dörfer feierten gemeinsam ihre 550-Jahr-Feier. Zu diesem Anlass wurde eine 100-seitige Dorfchronik erstellt, die einen Überblick über die Geschichte beider Orte gibt. Von der ersten urkundlichen Erwähnung bis hin zum 2. Weltkrieg

Alter Amtssitz: die Vogtei in Kleinfischbach

Großfischbach & Kleinfischbach

Großfischbach

Stadt Wiehl
Urkundliche
Ersterwähnung: 1454

Einwohner 1980: 154
Einwohner 2007: 260

1 Verein

Erfolge im Dorfwettbewerb:
Kreisebene: 9 Bronze

Kleinfischbach

Stadt Wiehl
Urkundliche Ersterwähnung: 1454

Einwohner 1980: k. A.
Einwohner 2007: 75

1 Verein
2 landwirtschaftliche Betriebe

Erfolge im Dorfwettbewerb:
Kreisebene: 9 Bronze

Natur vor der Haustür (links)

Spannender Zieleinlauf beim Schubkarrenrennen (rechts)

finden sich hier Berichte, Fotos und Informationen, die zu einer kleinen Reise durch die Zeit einladen. Geschichte kann man in den beiden Dörfern nicht nur auf dem Papier erleben: In Kleinfischbach befindet sich eine alte Vogtei aus dem Jahr 1774, die seinerzeit von dem hiesigen Schultheiß errichtet wurde. Die Vogtei war damals der Amtssitz eines Beamten, der unter anderem die Abgaben für den Landesherrn einforderte. Das beeindruckende Gebäude, welches im „bergischen Barockstil" erbaut wurde, ist bis heute in einem gut erhaltenen Zustand und für alle, die sich für oberbergische Geschichte interessieren, einen Blick wert. Ein weiteres Stück Wiehler Geschichte erzählt der alte Feuerwehrturm am Löschteich, der heute allerdings nicht mehr genutzt wird. 1927 gründeten die Fischbacher infolge einer Brandkatastrophe einen eigenen Löschzug der Feuerwehr, der bis zu seiner Eingliederung in den Löschzug Wiehl seinen Sitz im Dorfgemeinschaftshaus hatte. Die älteren Dorfbewohner erinnern sich noch lebhaft an einen Großbrand im Dorf Ende der 30er-Jahre, der die Leute in Atem hielt. Letztendlich konnte das Feuer durch den Einsatz des Löschzuges unter Kontrolle gebracht werden.

Wenn Sie also das nächste Mal in Wiehl sind, warum nicht einen kleinen Abstecher nach Groß- und Kleinfischbach machen, bei einem Spaziergang die netten Menschen dort kennenlernen und die herrliche Landschaft genießen?

Heddinghausen
„Mit Pauken und Trompeten"

Kaum eine Dorfgemeinschaft im Oberbergischen hat es wie die Heddinghausener verstanden, im Wettbewerb „Unser Dorf hat Zukunft" seit 1990 Medaille auf Medaille zu sammeln. In den Jahren 2002, 2003 und 2004 gelang sogar ein Hattrick: erst Gold beim Kreiswettbewerb, dann Gold auf Landesebene und zuletzt Gold beim Bundeswettbewerb. Ihre Siegerurkunde durfte in Berlin in Empfang genommen werden.

Der Erfolg hat einen Grund. Heddinghausen hat fast alles, um auch den kritischen Blicken von Juroren standzuhalten. Eine lange Geschichte, die 1155 beginnt, Persönlichkeiten, Denkmäler, ein aktives Dorfgemeinschaftsleben und Wirtschaftsbetriebe, die sich harmonisch in die Dorfstruktur einpassen, ferner ein Restaurant mit Weinstube, Architekturbüros, Ferienwohnungen, einen Pferdezuchtbetrieb, eine Imkerei und sogar noch zwei landwirtschaftliche Vollerwerbsbetriebe. Die Heddinghausener können aber noch mehr aufbieten: fünf Bauerngärten, viele Teiche, den Heddinghauser Bach, alte Obstbäume und gleich fünf Dorfkämpe. Auch das reicht ihnen noch nicht. Sie wollen ihre Natur und Umwelt weiter schützen und ausbauen, ihren Ort zusätzlich durchgrünen und möglichst bald einen neuen Dorfkamp, Ufergehölze und viele Sträucher und Bäume anpflanzen.

Mitten im Denkmalbereich von Heddinghausen steht übrigens ein sehr schönes Fachwerkhaus der Familie Drinhausen mit einer Inschrift aus dem Jahr 1799. Fünf weitere zweigeschossige Fachwerkhäuser stehen im Ort unter Denkmalschutz.

Aktiv zu sein gehört bei den Heddinghausenern zu ihrer Geschichte. In zwei Urkunden aus dem Jahr

Ein lauschiges Plätzchen

Heddinghausen

Wieder einmal ein gelungener Auftritt: das Jugendorchester des Musikvereins

1155 – jeweils eine des Papstes und eine des Kaisers – wurde der Ort zum ersten Mal als „Heddinchusen" bzw. „Heddinghusen" erwähnt. Das war Anlass genug, um 2005 mit einem Dorfaktionstag und einem Jubiläumsfest „850 Jahre Heddinghausen" zu feiern.

Die Heddinghausener haben bekannte Persönlichkeiten aufzuweisen. Einer von ihnen, Otto Mattheis, hat es 1920 bis zum brasilianischen Konsul in Deutschland gebracht. Bis 1938 kehrte er immer wieder in seine Nümbrechter Heimat zurück. Wegen seiner großzügigen Unterstützung der Gemeinde verlieh ihm Nümbrecht die Ehrenbürgerschaft.

Im Ort kann man in zwei Vereinen aktiv sein. Engagieren kann man sich beim Musikverein Heddinghausen oder in den Reihen des Gemeinnützigen Vereins – am besten aber bei beiden –, was viele auch tun. Der Musikverein ist Aushängeschild des Ortes und braucht sich mit seinen 141 aktiven kleinen und großen Musikern keine Sorgen um die Zukunft zu machen. Immerhin machen 91 Kinder und Jugendliche bei den Proben mit, beginnend mit den „Minis", dann folgt die Blockflötengruppe, anschließend wechselt man zu den „Maxis", um dann endlich im Jugendorchester spielen zu dürfen. Der folgende Übergang in das heute 70 Musiker zählende Konzertorchester ist fließend.

Gerade in 2008 stehen neben festen Terminen wie Kurkonzerten, Festzügen und ähnlichen Verpflichtungen zusätzliche Festlichkeiten an. Der Musikverein feiert seinen 100. Geburtstag! Um alle Gäste unterzubringen, reicht das Musikhaus natürlich nicht aus und der Musikverein weicht in die Mehrzweckhalle nach Nümbrecht und in die Reithalle im Ort aus.

Einen großen Auftritt hatte der Musikverein, als er 2004 Heddinghausen als Golddorf bei der feierlichen Übergabe der Urkunde in Berlin musikalisch begleiten durfte. Inzwischen hat der Musikverein ein herrliches neues Vereinsheim, das er in eigener Regie mit riesigem Engagement und in kurzer Bauzeit gleich neben dem alten Probenraum errichtet hat. Wenn der für Proben und Veranstaltungen notwendige Parkplatz nicht vom Musikverein genutzt wird, steht er der Dorfjugend als Bolzplatz zur Verfügung. Auch der Dorfspielplatz befindet sich unmittelbar neben dem Musikhaus.

Jeder Dorfwinkel hat seinen eigenen Charakter

Heddinghausen

Gemeinde Nümbrecht
Urkundliche Ersterwähnung:
1155

Einwohner 1980: 181
Einwohner 2007: 291

2 Vereine
2 landwirtschaftliche Betriebe

Erfolge im Dorfwettbewerb:
Kreisebene: 5 Gold, 1 Silber
Landesebene:
1 Gold 2 Silber und
1 Bronze
Bundesebene: 1 Gold

Wer einmal richtig gute Orchestermusik, von Klassik bis zu Märschen, von Filmmusik wie „Fluch der Karibik" und „Das Boot" bis hin zu Rockballaden von Phil Collins erleben möchte, der ist bei einem Konzert des Musikvereins richtig!

Dem Gemeinnützigen Verein gehören 72 Mitglieder an, das ist immerhin fast ein Drittel der Einwohnerschaft Heddinghausens. Der Verein bietet Aktivitäten auf den verschiedensten Gebieten: Sie umfassen Ratschläge für den Obstbaumschnitt, Verkehrserziehung der Dorfkinder, Seniorenbetreuung, die Pflege der homburgischen Mundart mit Darbietungen einer Laienspielgruppe sowie das gemeinsame Eier- und Martinssingen. Zwei sogenannte Neubürgerbeauftragte des Vereins kümmern sich um die Einbeziehung und die Eingliederung von Zugezogenen in die Dorfgemeinschaft.

Über 4500 Bäume und Sträucher haben die Heddinghausener nicht nur an Wegböschungen gepflanzt, sondern auch an den Ufern des Heddinghauser Baches. Zur Verbesserung des Ortsbildes und zur Förderung des örtlichen Zusammenlebens wurde eine „Strungs-Ecke" angelegt. Nun können die Heddinghausener ganz offiziell zwischen einer Buchenhecke, Bruchsteinen, einer Trockenmauer und einem Staketenzaun dem Dorfklatsch frönen. Für einige Hauseigentümer spielt die Sonne eine große Rolle. Sie entlasten die Umwelt durch Solaranlagen, insgesamt sind es inzwischen bemerkenswerte zehn Stück im Dorf. Drei weitere Familien nutzen Erdwärme als umweltfreundliche Heizung, andere wiederum setzen auf Holzpellets.

Heddinghausen ist gut aufgestellt, was die Chancen für eine erfolgreiche Weiterentwicklung der Dorfstruktur und des Dorflebens angeht. Mit Herz und Verstand werden die Herausforderungen angegangen. Und mit „Pauken und Trompeten" geht ein musikalischer Gruß von Heddinghausen ins Oberbergische.

Rund um das Vereinsheim
(links)

Was geht?
(rechts)

Heischeid
„Vom Feuerwehrturm zum Feierturm"

Sorgt für bestes Trinkwasser: Die Wiehltalsperre ist ganz in der Nähe

Nur in ganz wenigen oberbergischen Dörfern gibt es noch die markanten Feuerwehrtürme, die mit Holzverschalung und Satteldach als überdimensionale „Starenkästen" sofort ins Auge springen. Früher wurden in ihnen die Schläuche zum Trocknen aufgehängt. Häufig gab es Anbauten, in denen weitere Materialien und Geräte der örtlichen Löschgruppe untergebracht waren. In Heischeid gibt es noch einen solchen Feuerwehrturm! Seit über 100 Jahren ist er ein prägender Bestandteil des Ortsbildes. Bis vor Kurzem diente er der Freiwilligen Feuerwehr als Quartier, bevor diese in komfortablere Räumlichkeiten nach Brüchermühle zog. Damit war seine zentrale Bedeutung aber nicht beendet. Ganz im Gegenteil, denn aus dem Feuerwehrturm wurde ein „Feierturm". Zwar ist er in Privatbesitz, doch die Dorfgemeinschaft Heischeid darf das Gebäude samt Anbau in vollem Umfang nutzen. Das tut sie auch gerne und reichlich. Zur Jahreshauptversammlung, zum Dorffest, zur Nikolausfeier, zum Apfelfest oder zum Abschluss des Martinssingens der Kinder: Der Feuerwehrturm führt alle zusammen. Hier endet in der Regel auch der jährliche Motorradausflug, den die zweiradbegeisterten Heischeider Jungs und Mädels zusammen unternehmen.

Die Dorfgemeinschaft Heischeid bringt sich bei vielen weiteren Aufgaben im Ort ein. Eine davon ist die Pflege und Unterhaltung des Spiel- und Bolzplatzes. Hier gibt es interessante Spielgeräte wie beispielsweise die Hängeseilbahn, mit der die Kinder über das Gelände gleiten können. Klettern kann man am Kletterturm oder alternativ einfach in einem der zahlreichen Bäume und Sträucher in der Nähe.

„Gib einem kleinen Kind einen dürren Ast. Es wird mit seiner Fantasie Rosen daraus sprießen lassen." Diese Aussage von Jean Paul ist eine der Grundlagen für die Arbeit des Naturkinderhauses in Heischeid. Der private Kindergarten ist als Verein organisiert und residiert in einem alten Fachwerkhaus mitten im Dorf. Ähnlich der Philosophie eines Waldorfkindergartens wird auf die Entfaltung der Sinne, die Förderung der individuellen und allgemeinen Kompetenz, auf kreatives Spielen und viel Bewegung besonderer Wert gelegt. Bei der Vorbereitung der

Fleißige Heischeider: Bienenvolk

Mahlzeiten werden die Kinder mit einbezogen. Elternarbeit bedeutet hier eine enge Verbindung mit den jahreszeitlich wechselnden Schwerpunkten. Immer wieder steht dabei der Garten im Vordergrund. „Säen, anpflanzen, pflegen, ernten, verwerten", so lauten die Eckpunkte im Umgang mit Obst, Gemüse und anderen Nutzpflanzen. Das Naturkinderhaus bringt sich aber auch an anderen Stellen in Aufgaben mit ein. So haben Eltern und Kinder am Hospiz der Johanniter in Wiehl als Gestaltungs- und Erlebniselement eine Kräuterspirale aus Natursteinen gebaut.

Züge fahren im Ort regelmäßig. In unendlicher Fleißarbeit hat ein Heischeider sein gesamtes Dachge-

Einfach mal ausspannen: restaurierte Hofanlage mit Ferienwohnungen

Heischeid

Heischeid

Gemeinde Reichshof
Urkundliche Ersterwähnung:
1487

Einwohner 1980: 202
Einwohner 2007: 251

1 Verein
1 Kindergarten

Erfolge im Dorfwettbewerb:
Kreisebene:
1 Gold, 7 Silber und 8 Bronze

Geschichte verpflichtet:
alte Hausinschrift
(links)

Kindergarten mal ganz anders:
das Naturkinderhaus
(rechts)

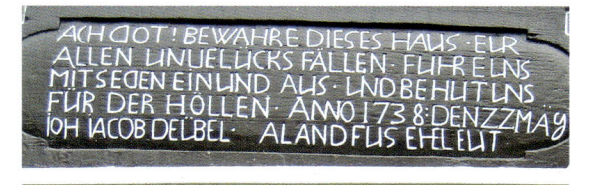

schoss zu einer riesigen Modelleisenbahnlandschaft gestaltet. Auf über 900 Meter Gleisen fahren 80 Loks an über 150 Häusern vorbei. Das Erlebnis für Jung und Alt ist an manchen Nachmittagen und nach Absprache für jedermann zugänglich. Besonders Schulklassen, aber auch Ausflugsgruppen nehmen dieses Angebot gerne wahr.

Wer Heischeid besucht, sollte unbedingt einen Blick auf die herrlichen alten Fachwerkhäuser werfen. Im Ort stehen 19 Fachwerkwohngebäude und 15 Stall- und Scheunengebäude! Eine Besonderheit stellen fünf aufeinanderfolgende ehemalige Hofanlagen dar, bei denen Wohnhaus, Stall- und Scheunengebäude noch gut erhalten geblieben sind. Vier Anlagen wurden in den letzten Jahren restauriert. Wer möchte, der kann hier in einer Ferienwohnung angenehme Urlaubstage verbringen.

Unmittelbar an der Wiehltalsperre gelegen, in der eine kleine Insel durch die Fernsehwerbung einer Brauerei deutschlandweite Bekanntheit erlangt hat, bietet sich Heischeid als Start für Wanderungen entlang des Stausees an. Machen Sie den „Feierturm" zum Start- und Zielpunkt für einen ausgedehnten Spaziergang mit Eisenbahn-Erlebnis!

Hengstenberg

„Hoppmeister gesucht"

Mühsam haben unsere Vorfahren der Natur das tägliche Brot abgerungen. Mit Pferde- und Ochsengespannen wurden die Äcker bestellt, um im Herbst die Ernte in die Scheune bringen zu können. Auch die körperlichen Leistungen der Menschen waren im Vergleich zu heute ungeheuerlich. Erst nach dem 2. Weltkrieg hatten die Mühen ein Ende, als die „Diesel-Rösser" auf vier Rädern Einzug hielten. Die Traktoren dieser Zeit sind heute historische Schätzchen und werden von Liebhabern aufwendig instand gesetzt und gepflegt. Längst gibt es eine große Schar von Fans der Oldtimer-Traktoren und vor allem im Oberbergischen hat sich die „Trecker-Manie" festgesetzt. Auch die Bewohner des Dörfchens Hengstenberg in der Stadt Wiehl hat es erwischt. Für sie ist es das größte Freizeitvergnügen, alte Ölschläuche zu reparieren, Kupplungen gängig zu machen oder eine Motorabdeckung neu zu lackieren. Hauptsache, der Traktor wird wieder fahrtüchtig und erstrahlt in neuem Glanz.

Schnell wurden die Treckerfreunde Hengstenberg ins Leben gerufen und zusammen mit der Dorfgemeinschaft lud man 2003 zum ersten Treckertreffen ein. Damit lag man goldrichtig, und inzwischen ist die Veranstaltung gar nicht mehr wegzudenken. Neben den alten Schätzchen, wie z. B. einem „Eicher-Mammut" oder einem „Buckel-Deutz", sind zudem alte Landmaschinen zu bestaunen. Fast selbstverständlich ist es, dass die Kollegen aus Morkepütz und Marienberghausen-Linde bei dem Fest mit ihren Fahrzeugen dabei sind. Aber allein mit Anschauen und Fachsimpeln ist es nicht getan. Die Fahrer müssen beweisen, was sie und ihre Maschinen so „draufhaben". Da geht es beispielsweise über eine Trecker-Wippe. Höhepunkt ist aber das Hengstenberger Wetthoppen. Dabei muss ein Trecker mit Anhänger rückwärts durch einen Parcours gesteuert werden. Der Sieger ist als „Hoppmeister" klarer König der Treckerfahrer! Viele wollen das Spektakel miterleben und so wird das 133-Seelen-Dörfchen zum Trecker-

Zwischen Wiehl- und Bechtal liegt Hengstenberg

Hengstenberg

Alt und Neu in enger Verbindung

treffen regelrecht überrannt. Dies erfordert von der Dorfgemeinschaft großes organisatorisches Geschick und vor allem vollen Einsatz.

Hengstenberg liegt auf der Höhe zwischen dem Wiehltal und dem Bechtal. 1529 wurde der Ort zum ersten Mal urkundlich erwähnt. Früher wurde in der

Nur der Beste kann „Hoppmeister" werden

Hengstenberg

Stadt Wiehl
Urkundliche Ersterwähnung:
1533

Einwohner 1980: 99
Einwohner 2007: 133

2 Vereine

Erfolge im Dorfwettbewerb:
Kreisebene: 15 Bronze

Nähe Eisen- und Kupferbergbau betrieben sowie Grauwacke abgebaut. Heute gibt es im Dorf zwar keine Geschäfte und Betriebe mehr, dafür genießen die Hengstenberger ihre reizvolle landschaftliche Lage und den wunderbaren Blick über die buckelige Welt des Oberbergischen. Ein Geheimtipp ist übrigens der Sitzplatz am Eichenkamp. Verschiedene Wanderwege, wie z. B. die Strecke „Rund um Bielstein", führen durch den Ort oder direkt an ihm vorbei.

Die Dorfgemeinschaft wirkt nicht nur beim Treckertreffen mit. Es werden Kinderfeste organisiert und der Spielplatz unterhalten.

Für Senioren gibt es besondere Treffen und Ausflüge. Gerne findet man auch zum Dämmerschoppen zusammen, der Gelegenheit bietet, das Geleistete zu besprechen und neue Pläne zu schmieden. Gut, dass es dafür den „Dreschschoppen" gibt. In der alten Halle wurde früher das Getreide von den Feldern rund um den Ort gedroschen. Mit großem Einsatz und umfangreichen Eigenleistungen wurde daraus ein schmuckes Dorfhaus, das gerne zum Feiern aufgesucht wird. Erst vor Kurzem wurden eine neue Küche und eine neue Thekenanlage installiert. Der „Dreschschoppen" ist ein Mittelpunkt bei dem Treckertreffen, denn hier gibt es die Speisen und Getränke, die solch ein Fest erst richtig abrunden. Gerne nutzen auch die Nachbardörfer die Möglichkeit, in der kleinen Halle zu feiern. So sind beispielsweise die Lindener häufig hier zu Gast. Das verbindet und gibt eine gute Grundlage für eine ausgezeichnete Nachbarschaft.

Dornröschen lässt grüßen: alte Kletterrosensorte

Hespert
"Kunst und Geschichte"

Alte Häuser erzählen Geschichte: in Hespert erlebbar

Wer auf seinem Weg durch den Oberbergischen Kreis in dessen Süden kommt, kann in einen Ort gelangen, in dem man teilweise den Eindruck gewinnt, dass die Geschichte lebendig ist. Das zur Gemeinde Reichshof gehörende Hespert, welches 1487 das erste Mal urkundlich als „Hersberg" erwähnt wurde, bietet gut erhaltene und restaurierte Fachwerkhäuser, die zu einer Zeitreise einladen. Einer dieser Zeugen der örtlichen Geschichte befindet sich in der Hesperter Straße 14. Hier steht ein dreizoniges Wohnhaus mit traufseitigem Eingang, das sich noch im Originalzustand befindet. Dies brachte dem Haus überregional Aufmerksamkeit ein, sowohl aus wissenschaftlicher als auch aus geschichtlicher Sicht. Doch auch die Dorfstraße beheimatet einen historischen Schatz: Die Hausnummer 9 gehört einem doppelgeschossigen Fachwerkhaus, über dessen Tür die Jahreszahl 1806 festgehalten ist. An diesem Gebäude kann man sich ein Bild des sogenannten Riegelfachwerks machen, ein frühes Beispiel des bergischen Fachwerkbaues.

Eine weitere Bauform kann in Hespert beobachtet werden: In der Schulstraße befindet sich ein zweigeschossiges Schieferhaus, in dem sich heute das Kunstkabinett befindet. Der Name der Straße ist nicht zufällig gewählt, denn früher diente das Haus als Schulgebäude. Das Kunstkabinett besitzt ein breites Kunstangebot: Neben Gemälden und Fotografien befinden sich im Außenbereich Skulpturen, die zu jeder Tageszeit besichtigt werden können. Außerdem gibt es im Innenraum eine Bühne, auf der Theateraufführungen stattfinden. Hier geht es auch mal etwas fetziger zu Werke, wenn Jazzkonzerte stattfinden, genauso kommen die Freunde klassischer Musik auf ihre Kosten. Insgesamt genießt die Einrichtung einen Ruf, der weit über die Kreisgrenzen hinausgeht. Unterstützt wird das Kabinett von einem Förderverein, der 50 Mitglieder zählt.

Ein besonderes Merkmal des alten Schulgebäudes war die alte Glocke: Jahrelang läutete sie zur Mittags- und Abendzeit, aber auch um bei Feuer und Sturm Hilfe aus den Nachbardörfern anzufordern. Nach-

Hespert hat mehr zu bieten als man denkt

dem sie aus statischen Gründen abmontiert werden musste, entschied sich die Dorfgemeinschaft, sich mit diesem Zustand nicht abzufinden: Bis zum Jahr 2002 sammelten sie Spenden, bis sie schließlich bei einer Gießerei in Hessen eine neue Glocke in Auftrag geben konnten. Seitdem wird wieder pünktlich um 18.00 Uhr die Abendzeit angekündigt.

Auch auf anderen Feldern ist die Dorfgemeinschaft aktiv. Sie organisiert Aktivitäten, die das Dorfleben prägen: Neben dem jährlich am ersten Augustwochenende stattfindenden Dorffest gibt es noch zehn weitere Veranstaltungen, darunter ein Vatertagswandern, Weihnachtsfeiern für Kinder und Senioren, Abenteuerwochenenden für Kinder und gemeinsame Ausflüge. Außerdem unterhält die Dorfgemeinschaft den Kinderspielplatz, den Bolzplatz und den Dorfplatz am örtlichen Feuerwehrturm.

Aber Hespert hat neben seinen Baudenkmälern als Zeitzeugen und einem aktiven Dorfleben auch einige Schätze der Natur zu bieten: Dazu gehört ohne Zweifel ein nahe gelegenes Feuchtbiotop. Dieses zeichnet sich durch eine floristisch gut ausgebildete Versumpfungsfläche aus, die in ökologischer Wertigkeit in der Region nur selten anzutreffen ist. Zu den Pflanzen, die man hier beobachten kann, zählen neben der Ohrweide, der Sumpfdotterblume und dem Breitblättrigen Rohrkolben auch das sehr seltene Sumpfblutauge.

Besitzer dieses Biotops ist der Hausbesitzerverein Hespert, der seit 1978 die Nachfolge des ehemaligen Wasserbeschaffungsvereines bildet. Seine Aufgaben sind neben der Förderung der Dorfgemeinschaft die Verwaltung des Kapital- und Grundvermögens des ehemaligen Wasserbeschaffungsverbandes. Direkt neben dem Feuchtbiotop befindet sich der örtliche Golfplatz: Der Golfclub Reichshof hat sich auf die Fahne geschrieben, jedem die Chance zu geben, diesen Sport zu betreiben. In nächster Zeit soll der Golfplatz auf 18 Löcher erweitert werden. Hierbei wird jedoch besondere Rücksicht auf das Feuchtbiotop genommen, welches ein fester Bestandteil des Golfplatzes bleibt und keine Zerstörung durch Baumaßnahmen zu befürchten hat. Als weiteres Stück Hesperter Natur steht am Kunstkabinett eine Winterlinde, die auf eine stolze Höhe von ca. 20 Metern kommt. Übertroffen wird sie nur noch von einer Linde an der Straße „Zum Hang", die 25 Meter misst. Freunden ausgewählter Speisen und gepflegter Wei-

Der Klassiker: Beim Nageln kann jeder mitmachen

115

Hespert

Hespert

Gemeinde Reichshof
Urkundliche
Ersterwähnung: 1487

Einwohner 1980: 276
Einwohner 2007: 337

3 Vereine

Erfolge im Dorfwettbewerb:
Kreisebene: 10 Bronze

ne ist Hespert schon lange ein Begriff. Das Restaurant „Ballebäuschen" genießt überregional einen ausgezeichneten Ruf. Der Name Ballebäuschen leitet sich von einer regionalen Spezialität ab, die man im gemütlichen Beisammensein mit der Familie backt. Diese Gemütlichkeit hat sich das Restaurant zum Leitmotiv gemacht.

Kunstgenuss und Gaumenfreuden, dazu beeindruckende Zeitzeugen der oberbergischen Baukultur: Hespert hat mehr zu bieten als man denkt!

In der ehemaligen Schule ist heute das Kunstkabinett zu Hause (links)

Starke Männer gefragt: Balkenweitwurf beim Sommerfest (rechts)

Hillerscheid

„Der Heimatverein ist Dreh- und Angelpunkt"

Unmittelbar östlich von Drabenderhöhe, eigentlich schon fast damit zusammengewachsen, liegt Hillerscheid. Immerhin schon fast sechs Jahrhunderte hat das Dörfchen „auf dem Buckel", das früher aus nur wenigen Bauernhöfen bestand. Das ist längst Vergangenheit, denn Hillerscheid ist vor allem in den 90er-Jahren stark gewachsen: Das Baugelände im „Kirschkamp" wurde erschlossen und eine Reihe junger Familien – insbesondere Siebenbürger Sachsen – zogen zu. So sind aus den 98 Einwohnern im Jahr 1990 inzwischen gut 140 Hillerscheider geworden. Die Integration der Neubürger gelang schnell und problemlos. Im Ort gibt es heute noch zwei landwirtschaftliche und zwei kleine Dienstleistungsbetriebe. Das älteste erhaltene Haus befindet sich im Fuhrweg 1: Es stammt aus der ersten Hälfte des 16. Jahrhunderts!

„Viele Scheunen und Ställe sind abgerissen oder zu Wohnhäusern umgebaut worden. Neue Häuser sind dazugekommen. Aber eines ist geblieben: das Bestreben, eng miteinander zu leben, gute Nachbarschaft zu pflegen, miteinander zu feiern und zu trauern." So lautet eine Passage in der Festschrift des Heimatvereins Hillerscheid zum 50-jährigen Jubiläum im Jahr 2000.

Fast alle erwachsenen Hillerscheider sind Mitglied im Heimatverein. Schön ist, dass sich auch die jüngere Generation verstärkt einbringt. Der Mittelpunkt ist das Dorfgemeinschaftshaus, das nach einem 1956 errichteten Vorgänger 1969 neu gebaut wurde. Bereits 1979 wurde angebaut: Küche und Toilette kamen hinzu und ein Jahr später wurde ein kleines Grillhaus fertiggestellt. Bis heute wurden die Räume weiter verbessert und die Außenanlage neu gestaltet. Wurde der Spielbereich schon vor Jahren zum „schönsten und gepflegtesten Kinderspielplatz" im Wiehler Stadtgebiet gekürt, präsentiert er sich heute als abwechslungsreiches Miteinander von Grün-

Geschafft: Die Arbeit ist getan

Hillerscheid

Der Weg ist das Ziel: Eine herrliche Umgebung lädt zum Wandern ein (oben)

Frühsommer in Hillerscheid

anlage, Sitzgelegenheiten, Spielplatz und Bolzplatz. Hier treffen sich Jung und Alt, nicht nur zum großen jährlichen Dorffest, denn der Bereich am Dorfgemeinschaftshaus ist so etwas wie die „Klönecke" des gesamten Ortes.

Im Dorfgemeinschaftshaus trifft man sich zum Männerfrühschoppen genauso wie zum Frauennachmittag. Aber auch Bibelstunden finden hier statt. Die Hillerscheider sind natürlich froh, dass sie bei größeren Familienfesten nicht lange nach Räumlichkeiten suchen müssen.

Schon fast sechs Jahrzehnte Tradition hat der „Strickverein". Immer wieder treffen sich hier einige Frauen, um in geselliger Runde für einen guten Zweck schöne Sachen zu stricken. Klar, dass hier gleichzeitig auch die Zentrale des Dorffunks arbeitet.

1961 haben sich die Hillerscheider zum ersten Mal mit einem Erntewagen am Erntedankumzug in Drabenderhöhe beteiligt. Seitdem wird jedes Jahr aufs Neue fleißig gesägt, gehämmert, geschraubt und dekoriert. Ergebnis ist stets ein prächtiger Festwagen, der den Drabenderhöhern deutlich macht, dass es da ganz in der Nähe ein kleines, aber feines Dörfchen gibt!

Hillerscheid

Stadt Wiehl
Urkundliche Ersterwähnung:
1454

Einwohner 1980: 84
Einwohner 2007: 140

1 Verein
2 landwirtschaftliche Betriebe

Erfolge im Dorfwettbewerb:
Kreisebene: 3 Silber und 14 Bronze

Früher Bauerndörfchen, heute Wohnort mit jungen Familien

Hohkeppel

„1050 Jahre jung"

Dorfmittelpunkt zum Wohlfühlen: St. Laurentius mit umgebenden Grünflächen

Den beiden Brüdern Walfried und Humfried ist es zu verdanken, dass das Jahr der „offiziellen Geburt" von Hohkeppel genau bekannt ist. Denn bereits 958 übertrugen sie ihren Besitz „Kaldenkapelle" – so hieß der Ort zu dieser Zeit – dem Severinsstift zu Köln. Damals diente die urkundlich festgehaltene Schenkung dem Seelenheil der frommen Ritter, heute ist sie Anlass für eine große Geburtstagsfeier, denn 1050 Jahre jung wird man nicht alle Zeit.
Prächtige Fachwerkhäuser bilden den Ortskern rund um die St. Laurentius-Kirche, die 1835 neu aufgebaut wurde, deren Turm aber noch aus dem 12. Jahrhundert stammt. Der ehemalige Friedhof direkt am Kirchengebäude ist heute eine schöne, parkähnliche Grünfläche. Hier wächst eine alte Linde, die mit einem Stammumfang von 6,62 m über 400 Jahre alt sein soll.
Neben den vielen Wegekreuzen im Ort, die fast alle schon über 250 Jahre die Frömmigkeit der Menschen bezeugen, steht in einem Winkel des Kirchplatzes ein beeindruckendes Sakramentshäuschen. Das hervorragende Denkmal wurde 1722 kunstvoll von einem einheimischen Meister aus bergischer Grauwacke gehauen. Bis heute wird an dieser Stelle bei Prozessionen die Monstranz aufgestellt und der Abschlusssegen erteilt. Für die vorbildliche Erhaltung und Pflege der Wegekreuze und Fußfälle hat Hohkeppel im Dorfwettbewerb zu Recht einen Sonderpreis erhalten.
Das Ensemble von Kirche, Grünfläche, Bäumen, Grauwackemauern und alten Häusern im Hohkeppeler „Zentrum" ist immer einen Spaziergang wert. Der aus dem 17. Jahrhundert stammende „Hohkeppler Hof", das Pastoratsgebäude an der Burgmauer oder das „Weiße Pferdchen" sind eindrucksvolle Zeugnisse für heimische Baukunst und das Leben in früheren Zeiten. Das „Weiße Pferdchen" war beispielsweise eine Gaststätte und Fuhrmannsherberge, die Anlaufpunkt für viele Reisende auf der durch Hohkeppel führenden alten Handelsstraße war. Das 1612 errichtete heutige Baudenkmal diente in den letzten Jahren als Jugendzentrum und Begegnungsstätte. Nachdem die katholische Kirchengemeinde St. Laurentius Gebäude und Grundstück mit der

Gemeinde Lindlar gegen eine Bauparzelle getauscht hat, mietet und unterhält nun der Heimatverein Hohkeppel mit Unterstützung der Vorgenannten die geschichtsträchtige Stätte. Sie soll auch in Zukunft Treffpunkt für die Vereine, Gruppen und Menschen im Dorf sein. Ein schönes Beispiel für ein gelungenes Zusammenwirken umso mehr, da neben dem „Weißen Pferdchen" der Dorfplatz liegt, dem sich Grillhütte, Spiel- und Bolzplatz angliedern. Auch hier hat man an die Zukunft gedacht: Bei der Platzeinweihung 1994 wurden 16 hochstämmige Linden als Umrandung gepflanzt! Schon bald werden sie einen würdigen Rahmen für die Hohkeppler Pfingstkirmes geben. Sie steht für eine neue Kirmestradition, die auf Mitmachen, Mitfeiern und Miterleben setzt. Auf kommerzielle Fahrgeschäfte und Schaustellerbetriebe wird ganz verzichtet. Dafür organisieren Pfarrgemeinde, Heimatverein und viele andere Gruppierun-

Dorfstillleben

Früher Fuhrmannsherberge, heute Begegnungsstätte: das „Weiße Pferdchen"

Hohkeppel

Schöne Eindrücke sind garantiert: Spaziergang durch Alt-Hohkeppel

gen Geschicklichkeits- und Erlebnisspiele für Familien, bieten Waffeln, Kaffee und Kuchen an und stellen alte Handwerkskunst vor. Lohn für die große Mühe sind die Begeisterung der Kinder, die Freude und Geselligkeit der Erwachsenen und ein finanzieller Ertrag, der einem guten Zweck zufließt.

Wie in den letzten Jahrzehnten wird Hohkeppel auch in Zukunft behutsam weiter wachsen. Das Wohnbaugebiet „Am Lindenbaum" wurde Mitte der 60er-Jahre erschlossen. Zu Beginn der 80er-Jahre wurde das Baugebiet „Straßenfeld" und später der Bereich nördlich der Laurentiusstraße besiedelt. Weit über die Grenzen Hohkeppels hinaus erhielt die Passivhaussiedlung an der alten Schule Aufmerksamkeit. Die auf besondere Energieeffizienz ausgelegten Häuser kommen mit der Sonnenwärme und der Abwärme von Herd und Geräten so gut zurecht, dass auf Heizen fast ganz verzichtet werden kann. Zwar scheiden sich die Geschmäcker, was die Architektur der Gebäude angeht, doch die wie in einer Hofanlage um einen kleinen Platz herum errichteten Häuser haben sich gerade in Zeiten drastisch steigender Energiepreise bewährt.

Die eigenen Traditionen, das ganz eigene Selbstbewusstsein und das Bestreben, eine gewisse Eigenständigkeit im Westen der Gemeinde Lindlar zu bewahren, rühren nicht zuletzt von der Grenzlage Hohkeppels am Rande des Oberbergischen und der Orientierung zum Rheinischen her. Auch wenn die Hohkeppler schmunzelnd behaupten, „bei ihren Beerdigungsfeiern gebe es mehr zu lachen als bei jeder Hochzeit in Gummersbach", oder gerade deshalb: Oberberg freut sich über die engagierten rheinischen Frohnaturen rund um das „Weiße Pferdchen".

Hohkeppel

Gemeinde Lindlar
Urkundliche Ersterwähnung: 958

Einwohner 1980: 821
Einwohner 2007: 956

4 Vereine
kath. Kirche
1 Kindergarten
2 landwirtschaftliche Betriebe

Erfolge im Dorfwettbewerb:
Kreisebene: 6 Gold und 7 Silber
Landesebene: 2 Silber und 3 Bronze

Holpe
„Morsbachs zweite Hauptstadt"

Malerischer Dorfkern: Altes wurde erhalten und Neues gestaltet

„Heimat ist etwas Vertrautes, wo man Menschen kennt, ihre Sprache versteht, sich geborgen fühlt, wo man sich in der Umgebung auskennt und der Natur immer wieder schöne, neue Seiten abgewinnt", so fasste die Vorsitzende des Holper Heimatvereins bei dessen 50-jährigem Jubiläum 2005 die Grundlagen des Dorflebens zusammen. In der Tat ist diese Auffassung einer der Garanten für das Zusammengehörigkeitsgefühl der ungefähr 400 Holper, die dies auch durch ein reges Vereinsleben dokumentieren. So sind mit dem katholischen Kirchenchor, dem Männergesangverein (mehrfacher Meisterchor!), dem Posaunen- und Kirchenchor, der Sportvereinigung Holpe-Steimelhagen, dem Verkehrs- und Heimatverein, dem Musikkreis Holpe und der Freiwilligen Feuerwehr gleich sieben Vereine hier zu Hause. Treffpunkt des aktiven Vereinslebens war dabei häufig der Gasthof „Zur alten Linde", der auch heute noch Anlaufpunkt bei Besprechungen, Feiern oder einfach für ein Schwätzchen ist.

Holpe liegt ganz im Süden des Oberbergischen Kreises nur 3 km von der Landesgrenze zu Rheinland-Pfalz entfernt. Aus vier Himmelsrichtungen treffen hier enge Täler zusammen, was im 14. Jahrhundert Menschen veranlasste, sich anzusiedeln. Um 1500 wurde eine Kapelle als Filialkirche von Morsbach gebaut, die 1563 im Zuge der Reformation im Homburgischen evangelisch wurde. Erst 1899 kam die katholische Pfarrkirche „St. Maria Heimsuchung" hinzu. Heute hat sich trotz der evangelischen Wurzeln ein konfessioneller Zweiklang eingestellt. Chöre, Gemeindehäuser, Friedhöfe und Angebote der Kirchengemeinden gibt es doppelt. Die Grundschule wurde dagegen bereits vor gut 30 Jahren zur Gemeinschaftsgrundschule. Inzwischen wird hier sogar eine Ganztagsbetreuung angeboten. Immerhin

1899 am Hang errichtet: kath. Pfarrkirche

ist etwa ein Viertel der Holper unter 18, eine nicht alltägliche Quote!

Die Grundschule ist eine sportliche Hochburg: 2007 haben sage und schreibe 98 der 100 Schüler das Sportabzeichen erlangt! Eine solche Quote hat noch keine andere Grundschule in Oberberg erreicht.

Als überwiegend evangelischer Ort in einer katholischen Gemeinde und aufgrund der Entfernung zu Morsbach haben die Holper immer wieder mal versucht, eigenständig zu werden oder den Sitz der Gemeindeverwaltung zu bekommen; natürlich vergebens. Den Humor hat man dabei nicht verloren: Zuletzt „beantragte" man 1996 die „Rückführung des Bürgermeisteramtes nach 133-jähriger Fremdbestimmung durch Morsbach".

In Holpe stehen die Uhren nicht still. Mithilfe eines sogenannten Dorferneuerungskonzeptes, einem Pilotprojekt des Landes, wurden von 1989 bis 2004

Treff am Kindergarten

Holpe

Gemeinde Morsbach

Urkundliche Ersterwähnung:
1391

Einwohner 1980: 306
Einwohner 2007: 398

7 Vereine
evang. Kirche, kath. Kirche
1 Grundschule
1 Kindergarten
2 landwirtschaftliche Betriebe

Erfolge im Dorfwettbewerb:
Kreisebene:
2 Gold, 9 Silber und 5 Bronze
Landesebene: 1 Bronze

---

zahlreiche Maßnahmen überlegt und umgesetzt. So wurden Straßenabschnitte neu gestaltet, Fußwege gebaut, der Schulparkplatz verbessert, das Umfeld von Kindergarten und Feuerwehrgerätehaus aufgewertet und eine Wiese zu einem „stillen Dorfplatz" mit Sitzgelegenheit hergerichtet. Das „Marienbörnchen", eine geschichtsträchtige Wasserstelle mit einem Brunnen innerhalb eines kleinen Gewölbes, wurde fachgerecht restauriert.

Über die gesteigerte Attraktivität des Ortes freuen sich auch die Betriebe und Dienstleister. Erstaunliche 70 Arbeitsplätze bietet Holpe. So sind ein Lebensmittelgeschäft, eine Bäckerei, eine Metzgerei und eine Kfz-Werkstatt noch im Dorf vorhanden. Den Friseur, den Schreiner, die Arztpraxis und die Sparkasse gibt es ebenfalls noch. Zudem kann man die Dienste eines Malers, von Architekten, eines Maklers, eines Gärtners und eines Pflegeteams in Anspruch nehmen. Man sieht: Holpe ist gut aufgestellt.

Bleibt zu wünschen, dass man auch in Zukunft am Holperbach gut arbeiten und leben kann.

Im Ort kann man noch einkaufen (links)

Gut 500 Jahre alt: evang. Kirche (rechts)

Honsberg

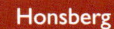

„Jazz zum Frühstück"

Schnell erreichbar:
Freizeitmöglichkeiten am Wasser

Hoch im Norden des Oberbergischen Kreises liegt Honsberg. Das Dorf befindet sich auf einer Anhöhe, etwa 6 km südwestlich des Radevormwalder Stadtzentrums. Fast bis zum Ortsrand reicht die Wuppertalsperre, die in den 80er-Jahren zur Wasserregulierung gebaut wurde und heute ein attraktiver Erholungsbereich ist.

Um die 100 Haushalte mit insgesamt gut 300 Einwohnern umfasst das Dorf, dessen Ursprünge auf das 13. Jahrhundert zurückgehen müssen. Die früheste urkundliche Erwähnung erfolgt aber erst 1514. Enge Verbindungen mit Radevormwald hat es wohl damals schon gegeben, denn die vielen, sichtbar ausgefahrenen und nebeneinanderliegenden Wege zeugen von einem lebhaften Verkehr von und nach Honsberg. Vielleicht gab es hier eine Rastmöglichkeit für die Fuhrwerke, die auf den alten Handelswegen den beschwerlichen Weg hinauf nach Radevormwald zu bewältigen hatten.

Der Zusammenhalt der Honsberger gründet auf der geografischen Lage des Ortes. Schon immer musste man sich selbst helfen. Dies führte unter anderem zu einer eigenständigen Dorfschule und einer eigenen Wasserversorgung. Mitte der 70er-Jahre waren die mit dem Bau der Wuppertalsperre verbundenen Planungen Auslöser für ein intensiveres gemeinschaftliches Engagement. Die Honsberger Bürger sahen ihre Interessen bei dem Vorhaben nicht ausreichend vertreten. Um ihre Haltung und ihr Vorgehen diskutieren und abstimmen zu können, mieteten sie einen alten Geräteschuppen im Ort an und machten daraus in Eigeninitiative einen kleinen Versammlungssaal. Solch eine Räumlichkeit bot aber auch die Chance, Geselligkeit, Humor und Gemütlichkeit zu verbinden. Daher wurde er auch für Skatturniere, für Sommerfeste, Adventssingen, Weihnachtsfeier, Frühschoppen, Kegel- und Skatabende oder zum Abschluss von Osterfeuern und Wandertagen in Anspruch genommen.

Gute Nachbarschaft zur Wuppertalsperre

Ein besonderer Erfolg sind die Weiberfastnachtssitzungen. Die jecken Honsbergerinnen treffen sich zum Schunkeln und genießen die karnevalistischen Vorträge. Alles wird nur von dorfeigenen Talenten dargeboten! Die Männer dürfen erst am späten Abend auftauchen und dann auch nur zum Abholen. So wäre es sicher weitergegangen, wenn der Mietvertrag nicht ausgelaufen wäre. Nach intensiver Überlegung machte man Nägel mit Köpfen. Die Chance, das Grundstück zu kaufen, wurde genutzt und an Ort und Stelle entstand durch Um- und Anbau ein praktikables und modernes Bürgerhaus. Dazu war ein entsprechender rechtlicher Rahmen für die Dorfgemeinschaft notwendig, die daher 1989

Gut besucht: am Rande einer Jazz-Matinee am Bürgerhaus

zur offiziellen Vereinsgründung schritt. Dies war vielleicht auch gut so, denn damit war die Basis geschaffen, die Belange der Honsberger auch weiterhin offiziell zu vertreten. Die bauliche Entwicklung des Ortes, der Anschluss an den Kanal und an das Rader Trinkwassernetz sowie der Wunsch nach einer Ortsumgehung haben immer wieder das Gespräch zwischen Bürgern und Verwaltung erforderlich gemacht.

Eindeutige Höhepunkte der Veranstaltungen im Bürgerhaus sind die Jazz-Matinees, die zweimal im Jahr stattfinden. Inzwischen seit über 25 Jahren treten an Sonntag-Vormittagen namhafte Musiker auf. Das Spektrum der Künstler reicht von international bekannten Größen bis hin zu Bands aus der Region. Dank der Unterstützung von Sponsoren ist es möglich, sie alle nach Honsberg zu holen.

Diesen Kulturgenuss lassen sich auch eine Reihe Musikliebhaber nicht entgehen, die von außerhalb anreisen. Neben dem Ohrenschmaus wird gut für das leibliche Wohl gesorgt, sodass viele das Jazz-Erlebnis erst mit Kaffee und Kuchen abschließen.

Wichtig für Honsberg: das Bürgerhaus (links)

Haben hier früher Fuhrwerke Rast gemacht? (rechts)

Honsberg

Stadt Radevormwald
Urkundliche Ersterwähnung: 1514

Einwohner 1980: 251
Einwohner 2007: 314

1 Verein

Erfolge im Dorfwettbewerb:
Kreisebene: 7 Bronze

Hülsenbusch
„Der Strauch mit den roten Beeren"

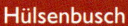

Es gibt nur ganz wenige immergrüne Gehölze, die von Natur aus in unseren oberbergischen Wäldern vorkommen. Zu ihnen gehört ein Strauch, der genügsam im Halbschatten großer Bäume oder am Waldrand seinen Lebensraum findet. Seine ledrigen, überwiegend sogar mit einer „stacheligen" Spitze versehenen Blätter fallen vor allem im Winter auf, wenn andere Gehölze kahl dastehen. Die weiblichen Exemplare beeindrucken durch knallrote Beeren, die besonders dekorativen Charakter besitzen. Die Rede ist vom Ilex, der auch Stechpalme oder Hülse genannt wird. Damit ist schon klar, woher Hülsenbusch seinen Namen erhalten hat. Tatsächlich finden sich in den Buchen- und Eichenwäldern rund um den Ort auch heute noch zahlreiche Ilex-Sträucher. Der Name Hülsenbusch hat also weiterhin einen aktuellen Bezug.
Ein malerisches Bild bietet die evangelische Kirche in der Ortsmitte. Zur Straßenkurve hin wird sie von einer Bruchsteinmauer und vor allem von einer Reihe großer Linden umsäumt. Verschiedene schöne alte Häuser, mal ganz aus Grauwacke, mal aus Fachwerk, ergänzen das Ensemble im alten Dorfkern. Wie eine Ein- bzw. Ausfahrt in den Ort, auf jeden Fall aber verkehrsberuhigend wirkt die enge Straßenpassage zwischen dem Restaurant „Schwarzenberger Hof" und dem gegenüberliegenden Wohnhaus. Die Kirche hat bereits einen mittelalterlichen Vorläufer besessen, eine Kapelle, die für die Bauernschaft Gelpe erbaut worden war. Graf Adam von Schwarzenberg, der – wenn er dann mal da war – von Schloss Gimborn aus die Geschicke der Herrschaft Gimborn-Neustadt lenkte, ließ sie 1631 neu errichten und versuchte, den Glauben wieder katholisch auszurichten. Doch die Bevölkerung bewies sich diesbezüglich als besonders halsstarrig und blieb dem Protestantismus treu.

Malerische Kulisse rund um die Kirche

Hülsenbusch

"Natürliche" Verkehrsberuhigung: Straßenpassage am Schwarzenberger Hof

An hohen Feiertagen wird hier noch „gebeiert"

Nach einem verheerenden Brand, der 1765 im Ort gewütet hatte, wurde die heutige Saalkirche erbaut. Sie fällt vor allem durch ihre flache Turmhaube auf, die vier sogenannte Lukarnenfenster enthält. Wegen ihrer barocken Ausstattung und ihrer schönen Lage mitten im alten Ortskern wird die Hülsenbuscher Kirche zu den schönsten Gotteshäusern im Oberbergischen gezählt. An hohen Feiertagen werden die Glocken übrigens eine Zeitlang über ein Holzgestänge mit dem daran befestigten Klöppel in einem besonderen Takt geschlagen. Dieses sogenannte „Beiern" wird nur noch in ganz wenigen anderen evangelischen Kirchen wie z. B. in Ründeroth oder Eckenhagen gepflegt.

Neben der Kirche ist das Gemeindehaus der Mittelpunkt der evangelischen Kirchengemeinde. Die Senioren freuen sich alle zwei Wochen auf Kaffee und Kuchen mit anschließendem Programm. Posaunenchor und Kirchenchor halten hier ihre Proben ab und selbstverständlich trifft man sich in den Räumen zu festlichen Anlässen der Kirchengemeinde.

Neben den Angeboten von CVJM und evangelischer Kirchengemeinde bestehen weitere Möglichkeiten der Freizeitgestaltung im Ort. Der Turnverein, der vor Kurzem seinen 100. Geburtstag begehen konnte und mehr als 600 Mitglieder hat, legt seinen Schwerpunkt auf die Leichtathletik und natürlich das Turnen. Da treffen sich auch schon einmal die besten Turner Oberbergs zum Wettkampf in Hülsenbusch. Darüber hinaus gibt es die Sparten Tischtennis, Radfahren, Ski, Volleyball und Wandern. Fester Bestandteil des Dorflebens sind das Feuerwehrfest und das Schützenfest, das in der Schützenhalle und auf dem Schützenplatz gefeiert wird. Der Schützenverein lädt zudem an Aschermittwoch zum Fischessen ein.

In Hülsenbusch gibt es für die Dorfgestaltung eine Gruppe engagierter Menschen, die mit Ideen und Einsatz in den letzten Jahren eine Menge bewegen konnte. Gerade erst eingeweiht wurde der neue Kinderspielplatz, der mit Unterstützung der Stadt Gummersbach und durch viele Spenden realisiert werden konnte. 2006 organisierte man ein großes Apfelfest, bei dem reichlich Apfelsaft gepresst wurde und ein Experte alle Fragen rund um den Apfel beantwortete. Auf großen Anklang stieß die ungewöhnliche Idee, die alten Keller im Dorf im wahrsten Sinne des Wortes „erlebbar" zu machen. Im Rahmen eines „Kellerfestes" werden acht Gewölbekeller in den alten Häusern im Ortskern zugänglich gemacht. Jeder Keller erhält dabei einen besonderen Erlebnisschwerpunkt. So gibt es einen „Musikkeller", einen „Kinderkeller" und einen „Kuchenkeller". Im nächsten werden Geschichten erzählt, in einem anderen Handwerk ausgestellt und in einem weiteren kann man sich gegen den Durst wehren. Die Hülsenbuscher Unterwelt hat auf diese Weise in kurzer Zeit viele Fans bekommen!

Eine interessante Dorfgeschichte, Menschen mit Ideen und Tatkraft; es wundert nicht, dass Hülsenbusch Persönlichkeiten hervorgebracht hat, die

Hülsenbusch

Steine und Fachwerk: typisches Haus im alten Dorfteil

weit über die Grenzen des Oberbergischen hinaus bekannt geworden sind. Der „Wundarzt" Dr. Heinrich Wiefel, als begnadeter Operateur beschrieben, führte im 19. Jahrhundert erfolgreich Kaiserschnitte durch. Auch wenn diese Art der Geburtshilfe seit der Römerzeit bekannt war, wurde sie bis dahin wegen ihrer Gefährlichkeit gemieden. Ein Jahrhundert später hatte der Schauspieler Otto Gebühr, der in 40 Stumm- und 56 Tonfilmen mitwirkte, viele Bewunderer. Heute ist ein Platz im Dorf nach ihm benannt.

Interessantes in der Unterwelt: Station auf dem Kellerfest

Hülsenbusch

Stadt Gummersbach
Urkundliche Ersterwähnung: 1542

Einwohner 1980: 957
Einwohner 2007: 997

6 Vereine
evang. Kirche
1 Grundschule
1 Kindergarten
2 landwirtschaftliche Betriebe

Erfolge im Dorfwettbewerb:
Kreisebene: 2 Gold und
1 Bronze
Landesebene: 1 Gold und 1 Silber
Bundesebene: 1 Gold

Hunstig
Technik aus dem Aggertal

Qualität aus Oberberg: Gründerhaus der Firma Albrecht Kind

„Aus Hunstig in die ganze Welt." Der Anspruch ist sicherlich nicht übertrieben, wenn es um die beiden Betriebe geht, die durch höchste handwerkliche Qualität ihrer Produkte stets zu überzeugen wussten und daher bis heute zufriedene Kunden in der ganzen Welt haben. 1853 gründete Albrecht Kind ein Handelsunternehmen für Jagd- und Sportwaffen samt Zubehör. Wenig später begann die Firma mit der Fabrikation eigener Lederwaren und richtete eine Büchsenmacherei ein. Über die vielen Jahrzehnte hinweg hat es das Unternehmen verstanden, durch seine Spezialprodukte auch international konkurrenzfähig zu bleiben. Generationen von Hunstigern haben hier gearbeitet und mancher Facharbeiter, der von auswärts kam, ist in Hunstig sesshaft geworden.

Technikverständnis und Erfindergeist waren auch die Erfolgsgrundlagen für Heinrich Sanner, der 1932 die Firma SABO gründete. Zu Beginn standen Autoöle im Vordergrund, später setzte sich die Sparte „technische Neuheiten" mehr und mehr durch. Besonders der Einstieg in den Gartengerätemarkt war von Erfolg gekrönt: Die SABO-Rasenmäher sind Inbegriff von Qualität und Leistung. Inzwischen gehört das Unternehmen zu einem großen internationalen Konzern. Die beiden Hunstiger Technikschmieden bieten zusammen fast 230 Arbeitsplätze und haben als Arbeitgeber weit über die Dorf- und Stadtgrenzen hinaus Bedeutung.

Wer in Hunstig aufgewachsen ist, bleibt seiner Heimat eng verbunden. Jedenfalls traf dies auf Hermann Kind zu, der gegen Ende des 19. Jahrhunderts in die USA auswanderte und dort geschäftlich sehr erfolgreich war. Er hat sein Dorf nie vergessen und ließ über eine Stiftung Projekte und Vorhaben unterstützen. Bis in die Zeit vor dem 2. Weltkrieg konnten verschiedene Einrichtungen nur realisiert werden, weil

Frühling im Aggertal: In Hunstig wachsen die Osterglocken auch an besonderen Stellen. Im Hintergrund liegt Dieringhausen

der Gönner aus Übersee die finanziellen Mittel dafür bereitstellte. Ob Sportplatz und Spielplatz 1929 oder das Schwimmbad 1930: Gerade in wirtschaftlich schwierigen Zeiten waren diese Bauprojekte von enormer Bedeutung. Der damals gegründete Gemeinnützige Verein profitierte natürlich von so viel Unterstützung und bildete schnell eine Klammer für Hunstig, aber auch für die benachbarten Orte Ohmig, Hömel und Bünghausen. An Hermann Kind erinnert übrigens immer noch ein Gedenkstein, der in der Nähe des Kindergartens steht.

Fast 50 Jahre lang gab es Badebetrieb in Hunstig. 1975 musste das Schwimmbad aber geschlossen werden. Vier Jahre später begann man auf dem Gelände mit dem Bau des Jugend- und Freizeitheims, das bis heute der Mittelpunkt des Dorflebens ist. Hier turnen der Nachwuchs aus dem benachbarten Kindergarten und die Frauengruppe, lernen Kleinkin-

Kartoffelkönig gesucht: an der Kartoffelschleuder

Hunstig

Die HunsTiger Feuerwehr ist dem Dorfleben eng verbunden (links)

Alle auf den Beinen: Osterwanderung in Hunstig (rechts)

der Englisch, treffen sich die Senioren zum Klönnachmittag und übt der Männergesangverein. 1901 gegründet, ist er neben der Feuerwehr der älteste Verein im Dorf. Seit einigen Jahren veranstaltet er das „Kartoffelfest". Im Jugendheim gibt es dann lauter Köstlichkeiten rund um die Kartoffel und mit einer Kartoffelschleuder wird der Kartoffelkönig ermittelt. Die Hunstiger Dorffeste waren insbesondere in den 70er- und 80er-Jahren im Oberbergischen weit bekannt. Fabrikant Kind verstand es immer wieder, prominente Gäste in das Dorf zu locken und in das Programm einzubinden. Heute sind die Feste etwas bescheidener, aber immer noch einen Besuch wert. Dies gilt auch für „Fire-Rock", einer Open-Air-Veranstaltung auf dem Parkplatz am Jugendheim. Der Feuerwehr gelingt es jedes Jahr, interessante Bands zu engagieren, die ein bisschen „Woodstock-Feeling" aufkommen lassen. Mit einem großen Feuerwerk wird der Abend beendet.

Die Dorffeste waren der Anlass zur Gründung des „Besenvereins". Die Frauen, die nach der Feier dafür sorgten, dass alles wieder aufgeräumt und sauber war, kamen in fröhlicher Runde überein, sich als Gruppe regelmäßig zu treffen. Der Name resultiert also aus der Fleißarbeit, die unauffällig bei Veranstaltungen geleistet wird. Neben dem gemütlichen Beisammensein steht für die Besenfrauen das soziale und kulturelle Engagement im Vordergrund. Und was echte „HunsTigerinnen" sind, ist jedem bekannt, der eine Weiberfastnachtssitzung im Jugendheim besucht hat. Ein gutes Auge und eine ruhige Hand beweisen seit vielen Jahren die Hunstiger Schützen. Als Kleinkaliberverein sind sie im Unterschied zu den üblichen Schützenvereinen leistungsorientierte Sportschützen, die auf einer eigenen modernen Schießanlage bei Hömel trainieren. Alle üblichen Schießsport-Disziplinen können angeboten werden. Nicht zuletzt werden die Gummersbacher Stadtmeisterschaften hier ausgerichtet.

„Vier Dörfer – eine Geschichte – Die Ortsgemeinschaften Bünghausen, Hömel, Hunstig und Ohmig im Spiegel der Zeit" lautete der Titel der Chronik zum 555-jährigen Geburtstag im Jahr 1998. Zwar nimmt Hunstig einen besonderen Rahmen ein, aber immer wird deutlich, dass die Vergangenheit, die Gegenwart, aber auch die Zukunft nur in dem engen Zusammenstehen der Dörfer im Aggertal erfolgreich bewältigt worden ist, wird und werden kann.

Hunstig

Stadt Gummersbach
Urkundliche Ersterwähnung: 1465

Einwohner 1980: 788
Einwohner 2007: 892

4 Vereine
1 Kindergarten

Erfolge im Dorfwettbewerb:
Kreisebene:
2 Silber und 18 Bronze

Huppichteroth
„Eiersingen am Brölbach"

Dass man um Ostern herum „Eiersingen geht", ist nicht ungewöhnlich, aber die Huppichterother gehen dieser Tradition ausgerechnet in der Nacht zum 1. Mai nach. Sie ziehen mit Liedern wie „Der Mai ist gekommen" oder ähnlichem Liedgut von Haus zu Haus. Der Gesang wird dabei im Laufe des Abends nicht besser, aber immer fröhlicher und lauter. Zum Abschluss werden die gesammelten Eier gebraten oder zu „Pannenbrei" verarbeitet. Dorfbewohner, die aus Alters- oder Krankheitsgründen nicht dabei sein können, werden von den Kindern und Jugendlichen des Dorfes mit dieser typisch bergischen Köstlichkeit beliefert.

Die Faszination des kleinen Dorfes Huppichteroth an der Homburger Bröl entzieht sich jedem Versuch, es nach Einzelkriterien zu zerlegen und zur neuen Bewertung wieder zusammenzufügen. Huppichteroth ist als Ganzes unteilbar zu sehen. Auf den schmalen Wegen zwischen den Fachwerkhäusern wirken Autos wie Fremdkörper. Am ehesten passen noch die Pferde eines ortsansässigen Zuchtbetriebes hierher oder die Kutschen, denen man ab und zu begegnet. Zum Ortsbild gehören auch die alten Traktoren, die man hier häufig auf den Wegen sieht. 32 Huppichterother haben sich in einem eigenen Verein zusammengeschlossen, um diese historischen Zugmaschinen zu pflegen.

Will man Huppichteroth kennenlernen, stellt man seinen Wagen am besten auf dem Parkplatz an der

So wird eine Hauswand zum Blickfang

Huppichteroth

Keine schlechte Idee: Urlaub in Huppichteroth

Die Umwelt entdecken: Station auf dem Naturerlebnispfad

Brücke über den Brölbach ab und geht die 500 m bis zum Dorfkern mit seinen alten Fachwerkhäusern zu Fuß. Oder besser noch: Man parkt seinen Pkw oben auf dem Parkplatz am Schloss Homburg und folgt dem Erlebnispfad hinunter zum Brölbach, durch Huppichteroth hindurch vorbei am Naturschutzgebiet der Brölbach-Auen zur Holsteinsmühle und von dort wieder zurück zum Schloss. In Huppichteroth wurde auf diesem Erlebnispfad eine „Stimmenstation" mit Schaubildern für die Wanderer eingerichtet. Das Besondere dabei sind die Vogelstimmen, die man auf Knopfdruck abrufen kann. Wer also wissen will, wie der Gesang von Rotkehlchen und Amsel klingt, ist hier genau richtig. Denn den gibt es durchaus auch live. Plant man nicht nur einen kurzen Aufenthalt in Huppichteroth, sondern will länger bleiben, muss man sich schon in die Liste der Stammgäste der beiden Ferienwohnungen im Ort einreihen, die inzwischen zur „Premiumklasse" aufgestiegen sind. Hier in der Abgeschiedenheit von Huppichteroth

Huppichteroth

Gemeinde Nümbrecht
Urkundliche Ersterwähnung:
1447

Einwohner 1980:
dem Hauptort Nümbrecht
zugehörig
Einwohner 2007: 344

2 Vereine
1 landwirtschaftlicher Betrieb

Erfolge im Dorfwettbewerb:
Kreisebene: 4 Bronze

findet man noch das, was viele Städter so eng mit dem Begriff „auf dem Lande" verbinden. Erst in den 90er-Jahren wurde Huppichteroth wieder eigenständiges Dorf. Seit der Zusammenlegung der Gemeinden zählte man es einfach zur Ortsmitte Nümbrecht dazu. Klar, dass die 349 Huppichterother Wert auf ihre Eigenständigkeit legen.

Die älteste Dorfbewohnerin starb erst vor Kurzem im Alter von fast 101 Jahren: Luise Böllhoff-Scheffels, eine Schriftstellerin, die auch Texte im Dialekt ihres Heimatdorfes schrieb, dem Huppichterother Platt. Sehr zum Leidwesen des Homburger Heimatforschers Otto Kaufmann, der Böllhoff immer wieder dazu bewegen wollte, ihre Heimatgedichte in einer Art „Hochsprache" des Homburger Dialektes zu schreiben. Ihre Werke sind unter dem Titel „Sterne über Nümbrecht" erschienen.

Auf das „Dorfhaus" sind die Dorfbewohner sehr stolz. Sie haben nämlich in Eigenleistung eine alte Scheune wiederhergerichtet. In das zugehörige alte Rundsilo wurde ein Zwischenboden eingezogen und es wurde zum Lagerraum umgestaltet.

Der Gemeinnützige Verein Huppichteroth hält die Dorfgemeinschaft zusammen, kümmert sich um Zugezogene und führt Veranstaltungen durch. Dazu gehören eine jährliche Seniorenfahrt, die Sonntagsschule, eine Form des Kindergottesdienstes, der Wandertag und Dorffeste, Osterfeuer und das Eiersingen. Die Dorffeste werden unter ein Motto gestellt, mal ist das Fest „An der Küste", mal „Bayrisch" oder „Amerikanisch". Alles wird liebevoll und mottotypisch dekoriert und ausgestattet und man wird mit kulinarischen Köstlichkeiten aus der Mottoregion versorgt. So kann es passieren, dass man zu Füßen von Schloss Homburg plötzlich Bullenreiten oder Schuhplattln erlebt oder mit Friesengeist versorgt wird.

Abschluss der Müllsammelaktion am „Dorfhaus"
(links)

Solide Arbeit für den Nachwuchs
(rechts)

Jedinghagen
„Die alte Kegelbahn im Herzen des Dorfes"

Historisches Highlight am Dorfrand: Rest einer „Schweinemauer"

Wer auf die sogenannte „Service-Wüste Deutschland" schimpft, dem sei ein Besuch in Marienheides Jedinghagen wärmstens ans Herz gelegt. Obwohl das Dorf mit seinen knapp 350 Einwohnern nicht zu den größten im Oberbergischen gehört, bieten hier neben einem Malermeister und einer Schreinerei auch ein Dachdecker und sogar ein Elektrobetrieb ihre Dienste an. Und bei handwerklichen Problemen steht einem gerne der örtliche Hausmeister-Service mit Rat und Tat zur Seite.

Nicht nur in den Dienstleistungen hat Jedinghagen ein breites Angebot: Im Dorf befinden sich zudem zwei Bauernhöfe, von denen einer als Reitstall fungiert. Frische Milch vom Bauern, den Handwerker direkt um die Ecke – das sind gute Voraussetzungen für ein angenehmes Wohnen.

Damit das Leben nicht nur angenehm, sondern auch abwechslungsreich ist, haben die Jedinghagener eine Dorfgemeinschaft gegründet. Sie sorgt nicht nur dafür, dass der Terminkalender des Ortes gut gefüllt ist, sondern kümmert sich auch um einige Einrichtungen. Als Beispiele hierfür seien der Spielplatz und der Bolzplatz genannt, die durch die Pflege der Gemeinschaft in einem guten Zustand bleiben. Im Vordergrund steht allerdings das Denkmal zum Gedenken der Toten des 1. und 2. Weltkrieges: Auf einem erhöhten Platz befindet sich in Jedinghagen ein Stein mit Inschrift, die die Gefallenen aufzählt.

Jedinghagen

An den Wäldern des Leppetals

Hier kümmert sich die Dorfgemeinschaft darum, dass den Toten ein würdiges Andenken gewahrt wird.

Zur Aufwertung des Dorfplatzes hat man gemeinsam einen Brunnen angelegt, aus dem sich auch wirklich Wasser schöpfen lässt. Ein geschichtliches

Gemütliche Gässchen im Dorfkern

"Türsteher"

Kleinod befindet sich am oberen Dorfrand. Dort hat sich der Rest einer alten „Schweinemauer" erhalten. Im Oberbergischen gab es früher viele solcher Abgrenzungen aus aufrecht in den Boden gestellten Steinplatten. Sie hatten die Aufgabe, das freilaufende Dorfvieh aus den Gärten herauszuhalten.

An Veranstaltungen herrscht kein Mangel. Um die Vorfreude auf den Heiligen Abend zu wecken, findet jedes Jahr für die Kinder eine Nikolausfeier statt und für die älteren Dorfbewohner wird eine Seniorenfeier organisiert. Auch das traditionelle Eiersingen darf natürlich an dieser Stelle nicht unerwähnt bleiben.

Eine „generationsübergreifende" Veranstaltung ist das jährlich stattfindende Dorffest. Auf dem Dorfplatz wird ein großes Zelt aufgestellt, unter dem Getränke und Kuchen verkauft werden. Ein Highlight ist zweifelsohne das Kettenkarussell, das jedes Jahr große Resonanz findet. Es wurde vom Männergesangverein gebaut und wird auch aus den Nachbarorten für die dortigen Feste immer wieder gerne angefordert. In den letzten Jahren kam zudem ein Gaukler zum Dorffest, der bei allen Besuchern gut ankam. Wer Lust auf einen kleinen Wettkampf hat, kann sich im Nagelschlagen versuchen: Ziel ist es, einen Nagel mit so wenig Schlägen wie möglich in einer Baumscheibe zu „versenken". Jeder, der das schafft, darf sich über ein Glas kühles Bier freuen. Allerdings dürfte sich die Freude bei demjenigen, der die meisten Schläge gebraucht hat, in Grenzen halten, denn er darf die Runde bezahlen.

Einen ganz besonderen Service bietet die Gemeinschaft für Hochzeitspaare im Dorf an: Es ist selbstverständlich, dass sie das Haus der Brautleute schmückt und dabei auch auf Wünsche Rücksicht nimmt. So hat jeder die Möglichkeit, dazu beizutragen, dass dieser Tag für das Brautpaar ein unvergesslicher wird.

Was den meisten Dörfern das Dorfgemeinschaftshaus, ist den Jedinghagenern die ehemalige Kegelbahn in einer alten Scheune. Vor einiger Zeit, als sie längst durch eine moderne Bahn in einer Gaststätte abgelöst war, hat man sie zu einem gemütlichen Versammlungsraum umgebaut, der gerne für Besprechungen, kleine Feiern oder einfach zum Treffen genutzt wird. An der Scheune wird auch jedes Jahr der Maibaum aufgestellt und mit reichlich Getränkegrundlage bewacht.

Nicht alle Veranstaltungen werden von der Dorfgemeinschaft organisiert: So ist der Männergesangverein nicht nur für kräftige Stimmen bekannt, sondern auch für die Organisation des Herbstfestes, mit dem die dritte Jahreszeit begrüßt wird. Eigentlich ist es ein „Reibekuchenfest", für das gleich mehrere Zentner Kartoffeln verarbeitet werden.

Ein abwechslungsreiches Dorfleben, hilfsbereite Handwerker – Jedinghagen ist ohne Zweifel ein Dorf, in dem man sich wohlfühlen kann.

Jedinghagen

Gemeinde Marienheide
Urkundliche Ersterwähnung: 1467

Einwohner 1980: 330
Einwohner 2007: 343

2 Vereine
2 landwirtschaftliche Betriebe

Erfolge im Dorfwettbewerb:
Kreisebene: 8 Bronze

Kalkofen
„Tief im Westen"

Ganz im Westen des Oberbergischen, im Übergang zum Rheinisch-Bergischen Kreis, liegt die Ortschaft Kalkofen. Zur Gemeinde Lindlar gehörig, befindet sich das Dorf auf einem Höhenrücken zwischen Sülz- und Lennetal. Traditionell ist man hier viel eher Richtung Bensberg, Bergisch Gladbach oder Köln orientiert als beispielsweise nach Gummersbach. Seit dem Mittelalter gehörte Kalkofen zum Kirchspiel Hohkeppel. Erst seit der kommunalen Neugliederung 1975 bildet es nun den westlichsten Zipfel von Lindlar und damit auch des gesamten Oberbergischen Kreises.

Wie viele andere Ortschaften im Bergischen Land wurde Kalkofen im 15. Jahrhundert zum ersten Mal urkundlich erwähnt. Der Name rührt von der Gewinnung und Bearbeitung des Kalksteins her. Der bildet nämlich den Untergrund um Kalkofen herum und nicht die sonst vorherrschende Grauwacke. In sogenannten Kaulen wurde der Kalkstein gebrochen, um dann in einfachen Feldöfen und Erdgruben zu Lösch- und Düngekalk gebrannt zu werden. Wie das geht, kann man im Bergischen Freilichtmuseum in Lindlar erfahren, wo regelmäßig ein solcher Kalkbrandofen in Gang gesetzt wird. Der gewonnene Kalk war auch im Gerberhandwerk willkommen, das in Kalkofen ebenfalls Tradition besaß.

Tief im Westen des Oberbergischen

Die alte Dorfschule dient heute als Wohnhaus

Die ehemalige Gerberei ist als Fachwerkbau heute noch im Ort erhalten. Als Kombination aus Bruchstein und Fachwerk gilt das auch für die alte Dorfgaststätte, in der man bis Anfang der 70er-Jahre

Wandel im Dorf: Ehemaliger Viehstall

bewirtet wurde. Ganz aus Bruchstein ist die Dorfschule gestaltet. 1874 erbaut, lernten in ihr nicht nur die Kalkofener Kinder das 1x1, sondern auch die der umliegenden Orte. Nach fast einem ganzen Jahrhundert wurde der Schulbezirk aufgelöst und der Schule in Schmitzhöhe zugeordnet. Als sich die alte Schule noch im Besitz der Gemeinde befand, wurde sie auf Betreiben der Dorfgemeinschaft renoviert. Dabei wurde das Fassadenmauerwerk freigelegt, eine neue, zweiflügelige Haustür eingesetzt und der Schulhof in der ursprünglichen Form mit Natursteinen gepflastert. Inzwischen ist das Gebäude in Privatbesitz übergegangen. Glücklicherweise orientieren sich die Bewohner bei der Gestaltung der Räumlichkeiten und der Außenanlage am historischen Vorbild. Dies bedeutet auch gute Chancen für den alten, ortsprägenden Kastanienbaum, der dort seit Generationen grünt, blüht und fruchtet.

Längst haben sich auch in Kalkofen die Zeiten gewandelt. Landwirtschaftliche Betriebe gibt es nicht mehr. Stallungen und Scheunen haben eine andere Nutzung erhalten und wurden zu Wohnungen umgebaut. Der Ort ist behutsam gewachsen und heute ein attraktiver Wohnstandort. Einige Kalkofener können sogar mit Fug und Recht behaupten, „im Paradies" zu wohnen. Denn so heißt eine Straße, die in den 60er-Jahren erschlossen worden ist. 1971 wurde die Durchgangsstraße an den Ortsrand verlegt. Das hat wesentlich zur Verkehrsberuhigung im Dorf selbst mit beigetragen.

Das Dorfleben im kleinen Kalkofen ist lebendig, aber nicht aufdringlich. Es gibt durchaus markante Ereignisse, die das Miteinander geprägt haben. So wurde schon 1928 in der Kalkofener Gaststätte die „St. Sebastianus-Schützenbruderschaft" gegründet, die Anfang der 70er-Jahre nach Schmitzhöhe umgezogen ist. Mit Unterstützung des Heimatvereins Hohkeppel und der Gemeinde Lindlar hat die Dorfgemeinschaft 1979 einen kleinen Dorfplatz angelegt. Dort wird jedes Jahr in feuchtfröhlicher Runde der Maibaum gesetzt. Per Losentscheid wird das Maipaar ermittelt. Ihm kommt die Aufgabe zu, im folgenden Jahr den Dorfausflug zu organisieren.

Rechtzeitig vor der 500-Jahr-Feier 1987 wurde der zu diesem Zeitpunkt 125 Jahre alte Lorenzbrunnen restauriert, was mit einem Festakt und einem Frühschoppen gefeiert wurde. Anlässlich des 500-jährigen Dorfjubiläums haben die Kalkofener sich selbst ein Geschenk gemacht. Nach alter Tradition wurde ein Marienbildstock aus bergischer Grauwacke errichtet. Unter dem Relief, das Maria mit dem Jesuskind zeigt, befindet sich die Inschrift „Beschütze unsere Heimat – 500 Jahre Kalkofen 1487–1987".

Verschiedene Anstrengungen haben die Kalkofener in den vergangenen Jahren unternommen, um die Dorfnatur zu unterstützen. Es wurde eine Linden- und Rotdornallee angelegt, Hofflächen und Gebäude wurden mit heimischen Sträuchern bepflanzt, Obsthöfe erweitert und kleine Teiche geschaffen. Eine besondere Vogelart hat das anscheinend frühzeitig bemerkt und ist bereits in den 80er-Jahren wieder in Kalkofen zugezogen: Die Schleiereule, eifrige Mäusejägerin und früher auf den Bauernhöfen zu Hause, hat das Oberbergische seitdem vom „Dorf im tiefen Westen" aus wieder neu besiedelt!

Das Beste kommt aus dem eigenen Garten

Kalkofen

Gemeinde Lindlar
Urkundliche Ersterwähnung:
1487

Einwohner 1980: 111
Einwohner 2007: 81

Erfolge im Dorfwettbewerb:
Kreisebene:
2 Gold und 4 Silber

Kaufmannsommer
"Eine kleine Arche Noah"

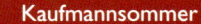

Der Dorfmaibaum wird gesetzt

Man muss sich schon gut auskennen, um von Lindlar-Linde über kleine Sträßchen durch Wiesen und Wälder nach Kaufmannsommer zu gelangen. Der kleine Weiler mit sechs Häusern und knapp 30 Einwohnern liegt an der Grenze zur Gemeinde Kürten in einer landschaftlich wunderschönen Umgebung. Wie bei den benachbarten Siedlungen Spich, Rölenommer und Frangenberg muss die Erschließung von den Fronhöfen Lindlar oder Dürscheid ausgegangen sein. Längst Vergangenheit sind eine Mühle und eine dazugehörige Bäckerei, die im 19. Jahrhundert errichtet wurden.

Ein kleiner Bach, der sich munter durch die Wiesen schlängelt, Obstbäume, die das Gelände unterteilen, Heckengehölze, Gärten, Fachwerkhäuser, Weidetiere und Waldabschnitte: Der Blick auf Kaufmannsommer offenbart ein regelrechtes Idyll. Da die Straße hier endet und damit kein Durchgangsverkehr stört, lässt sich noch ohne Probleme auf der Straße spielen. Für die Kinder ist der ganze Ort ein großer Spielplatz. Vor allem die Natur liefert ein unerschöpfliches Repertoire an Entdeckungsmöglichkeiten. Was in der Gegend kreucht und fleucht, kennen die Kinder daher ganz genau. Besonders viel lässt sich an den Fischteichen beobachten. Dort sind verschiedene Libellenarten, Grasfrösche, Erdkröten und Molche zu Hause. Frische Milch gibt es beim Bauern im Dorf. Der Betrieb wird von der Familie im Haupterwerb bewirtschaftet.

Im Ort kennt natürlich jeder jeden. Die kleine Gemeinschaft rückt eng zusammen, nicht nur wenn es die Umstände erfordern. Wer einen runden Geburtstag oder ein Jubiläum feiert, der darf mit

Fug und Recht behaupten, dass das ganze Dorf eingeladen ist. „Dorffeste" sind daher gar nicht selten! Im kleinen Kaufmannsommer fällt ein Gebäude besonders ins Auge. Es ist ein alter, denkmalgeschützter Bauernhof, der als Bruchstein- und Fachwerkbau 1752 errichtet worden ist. Vor einigen Jahren liebevoll restauriert, kann er sich heute „Archehof" nennen. Darunter ist ein Stützpunkt der Gesellschaft zur Erhaltung alter und gefährdeter Haustierrassen zu verstehen. Die Eigentümer halten und züchten im Rahmen eines Nebenerwerbs Nutztiere, die früher auf dem Land typisch waren, heute aber im Zuge einer industrialisierten Landwirtschaft gegenüber leistungsfähigeren Rassen keine Chance mehr haben.

Natur entdecken: Teich am Dorfrand

Das Futter für die Tiere des Archehofs in Kaufmannsommer wird auf acht Hektar Grünlandfläche im großen Umfang selbst gewonnen. Unter dem Motto „Erhalten durch Aufessen" werden die zur Zucht nicht geeigneten Tiere verwertet und damit eine wirtschaftliche Grundlage für die Haltung gelegt. Der wichtigste Zweig ist die Zucht und Vermarktung von Angler Sattelschweinen und Coburger Fuchsschafen. Hausmacherspezialitäten wie Leberwurst, Blutwurst, Salami oder fetter Speck, aber auch zarte Lammkoteletts sind begehrte Köstlichkeiten, die daraus resultieren. Das Geflügel, darunter eine Schar Lippegänse, sucht sich auf einer ausgedehnten Streuobstwiese das Futter. Die Pommerenten und die Vorwerkhühner kümmern sich darum, dass die Schnecken nicht zur Plage werden. Auch wenn das Federvieh in erster Linie der Selbstversorgung dient, werden im Frühjahr auch Zuchttiere und Bruteier abgegeben.

Glücklicherweise gibt es im Bergischen Land mehrere Landwirte und Tierhalter, die sich der Erhaltung der alten Nutztierrassen verschrieben haben. In Kaufmannsommer kann man nicht nur gesunde und leckere Fleischprodukte erwerben. Für Wollfans werden Spinnkurse angeboten. Die sehr angenehme und goldfarbene Wolle der Fuchsschafe bietet dafür eine besonders geeignete Grundlage.

Die Dörfer im Oberbergischen sind in ihrem Charakter vielfältig und abwechslungsreich. Es ist schön, dass auch eine kleine „Arche Noah" dazugehört!

Refugium für seltene Nutztierrassen: der Ommerhof

"Martha" mit Nachwuchs:
Zukunft für das Angler
Sattelschwein
(links)

Aufmerksame Wächter:
Lippegänse
(rechts)

Naturidyll mit Erlebniswert:
Für Kinder ist der ganze Ort ein
Spielplatz

Kaufmannsommer

Gemeinde Lindlar
Urkundliche Ersterwähnung: k.A.

Einwohner 1980: 27
Einwohner 2007: 28

2 landwirtschaftliche Betriebe

Erfolge im Dorfwettbewerb:
Kreisebene: 4 Bronze

Kreuzberg
„Ein Kalvarienberg im Dorf"

Auf einem gut 370 m hohen Rücken zwischen dem Hönnigetal und dem oberen Neyetal, knapp 7 km nordöstlich von Wipperfürth und damit hart an der „Grenze" zu Westfalen liegt Kreuzberg. Etwa 1900 Einwohner zählt das größte Kirchdorf Wipperfürths. Werden die Ortsteile Kupferberg und Wasserfuhr hinzugerechnet, worauf die Kreuzberger eigentlich Wert legen, kommen noch gut 500 Menschen hinzu. Am südlichen Ortseingang offenbart sich die reizvolle Lage von Kreuzberg. Ein herrlicher Rundblick bietet ein breites Panorama der „buckligen Welt". Er reicht von dem waldreichen Gebiet der Kierspe-Talsperre im Osten über das Tal der Wupper im Süden bis hin zum Bereich der Silber- und Neyetalsperre im Westen. Fast 50 Ruhebänke des Bürgervereins laden rund um Kreuzberg zur Rast und zu unterschiedlichen landschaftlichen Impressionen ein.

Im Vergleich zu anderen oberbergischen Dörfern besitzt Kreuzberg noch ein „jugendliches" Alter. 1690 richtete der Kölner Domherr Heinrich von Mehring eine Missionsstelle mit einer Kapelle ein. Verwaltet wurde sie von den Franziskanern aus Wipperfürth. Mit der damaligen Bezeichnung „Mons Calvariae" war auch schon der heutige Name geboren. 1794 und erneut neun Jahre später erhielt Kreuzberg hohen Besuch. Vor den anrückenden Franzosen wurden die Gebeine der Heiligen Drei Könige in Sicherheit gebracht und „übernachteten" hier, gleichfalls auf der Rückführung nach Köln.

Schon acht Jahre vor Baubeginn der Kirche St. Johannes startete man mit der Gestaltung des Kalvarienbergs. Erst 26 Jahre später konnte er eingeweiht werden. Als Ort der Stille und Erholung ist er ein wichtiger Bestandteil des kirchlichen Lebens. Er umfasst insbesondere die 14 Stationen des Kreuzwegs, der anlässlich der Bußwallfahrt der Männer und in der Karwoche betend begangen wird. Seine Stationen bestehen aus steinumrandeten gusseisernen Platten, die aus dem Jahr 1835 stammen. Der Orkan „Kyrill" hat den Kalvarienberg seines Baumbestandes beraubt. Neuanpflanzungen sollen der Stätte aber wieder einen ansprechenden und besinnlichen Rahmen geben.

Das sogenannte Liebfrauenkloster wurde seit 1925 von den Augustinerinnen zunächst als Erholungsheim, später als psychiatrische Pflegestation betrieben. Bis vor Kurzem befand sich dort das Jugend-

„St. Johannes" ist der Dorfmittelpunkt

Kreuzberg

Kreuzberg ist das größte Kirchdorf Wipperfürths

und Sozialwerk „Gotteshütte". Jetzt wird ein karitativer Nachfolger gesucht. Neben der Kirche gibt es z. B. mit der alten Schule und dem Pfarrhaus weitere prägende Gebäude. Das Ehrenmal für die Gefallenen und Vermissten der Weltkriege beeindruckt ebenfalls durch seine besondere bauliche Gestaltung. Die Infrastruktur im Dorf ist gut aufgestellt. Dazu gehören die Gemeinschaftsgrundschule und der katholische Kindergarten St. Raphael, der seit 1997 durch den Kindergarten der Arbeiterwohlfahrt in Kupferberg ergänzt wird. Wer in Kreuzberg einkaufen will, hat wenig Probleme, denn Geschäfte mit einem Grundangebot an Waren des täglichen Bedarfs sind am Ort. Zur Geselligkeit laden gleich drei Gaststätten ein. Auch wer übernachten will, findet ausreichend Möglichkeiten. Mehr als ein halbes Dutzend landwirtschaftlicher Betriebe arbeiten in und im engeren Umfeld von Kreuzberg. Handwerk und Gewerbe wie auch Dienstleister sind in ungewöhnlicher Vielfalt im Ort ansässig. Über 250 Arbeitsplätze kommen so zusammen.

Sportbegeisterte haben in Kreuzberg gute Karten. Neben dem Sportplatz, auf dem der VfB zu Hause ist und der durch das erst 2005 vergrößerte Sportlerheim ergänzt wird, gibt es zwei Tennisplätze, eine Reitsportanlage und die Mehrzweckhalle. Diese ist der Ersatz für die Turnhalle an der Grundschule.

Als immer deutlicher wurde, dass eine neue Halle neue und bessere Möglichkeiten für Sportler, Schüler und Vereine bietet, schritten die Kreuzberger zur Tat. Ein Förderverein wurde ins Leben gerufen und unglaubliche 180 000 Euro wurden durch Eigenleistung oder in barer Münze für den Neubau eingebracht. Die Mehrzweckhalle hat sich längst bewährt und ist Heimat vieler Aktivitäten und Veranstaltungen geworden. Im Dorf scheint man überhaupt spendenfreudig zu sein. Für die Anschaffung einer neuen Kirchenorgel gelang es, innerhalb weniger Jahre fast 130 000 Euro einzusammeln.

Dienst am Nächsten: Aktive und Ehrenmitglieder der Freiwilligen Feuerwehr

Auch im Winter hat der „Mons Calvariae" seinen Reiz (links)

Schönes Denkmal: Erinnerung an die erste Kirche im Dorf (rechts)

14 Vereine und Gruppen sind Ausdruck eines unglaublich regen Dorflebens. Die Aktivitäten sind weit gespannt und reichen von kirchlichen Aufgaben über das Singen, die Musik, den Sport, das Schützenwesen bis zu den Freunden der Tauben- und Kaninchenzucht. Als Besonderheit soll hier nur der „Video-Club" des Bürgervereins Erwähnung finden. Unter anderem werden alte private Filmaufnahmen des Dorflebens gesammelt, bearbeitet und neu zusammengestellt. Viele Angebote und Einrichtungen in Kreuzberg sind nur durch den Einsatz der ehrenamtlich Tätigen möglich. Bisher ist dies stets gut gelungen. Symbol dafür ist vielleicht auch der Wappenbaum vor der Schule, der 2005 durch fachgerechte Restaurierung fit für die nächsten Jahre gemacht worden ist.

Kreuzberg

Stadt Wipperfürth
Urkundliche Ersterwähnung: 1443

Einwohner 1980: 1625
Einwohner 2007: 1899

14 Vereine
evang. Kirche, kath. Kirche
1 Grundschule
2 Kindergärten
9 landwirtschaftliche Betriebe

Erfolge im Dorfwettbewerb:
Kreisebene:
6 Silber und 7 Bronze

Lichtenberg

„Von Sauköppen, der Wilden 13 und dem Rinnchen"

Starke Leistung: der Lichtenberger Nachwuchs beim Florianslauf

Sind Sie Liebhaber deftiger Hausmacher-Spezialitäten vom Schwein? Wenn ja, dann sollten Sie unbedingt überlegen, Lichtenberger zu werden. Denn dort gibt es die „Sauköppe", einen Verein, der 1962 von acht jungen Männern aus einer Bierlaune heraus gegründet wurde. Man hatte sich zur Aufgabe gemacht, den Brauch der Hausschlachtung zu erhalten und den Lichtenbergern am Kanevalsdienstag ein halbes Schwein anzubieten. Schon bald wurden Koteletts und Schinken um Braten, Blutwurst und Leberwurst sowie Panhas ergänzt, wofür inzwischen gleich mehrere Schweine herhalten müssen. Die herzhaften Hausmacher-Spezialitäten werden im eigens errichteten „Säustall" angeboten. Das große „Säukoppessen" hat längst Freunde weit über die Grenzen der Gemeinde gefunden, was eindeutig für die Qualität und den vorzüglichen Geschmack des Angebotenen spricht.

„Lechtermech", wie der Ort von den Bewohnern auf „platt" genannt wird, hat ein außerordentlich reges Vereinsleben, das nun wirklich für jeden etwas bietet. Die Dorfgemeinschaft Lichtenberg, entstanden 1960 aus der ehemaligen Wasserversorgungsgemeinschaft, widmet sich der Gestaltung des Ortes und der Förderung des gemeinschaftlichen Dorflebens. Über die Jahre hinweg wurden zahlreiche Maßnahmen angestoßen und umgesetzt. Der Bolzplatz, ein Basketballfeld, der Dorfbrunnen, der Spielplatz, der Dorfplatz mit Pavillon sind längst nicht alle Projekte, die erfolgreich angegangen wurden. So wurde beispielsweise die Quelle mitten im Dorf, das „Rinnchen", um die herum sich Lichtenberg seit dem Jahr 1386 entwickelt hat, vor einigen Jahren neu gestaltet. Früher als Viehtränke und zur Milchkühlung genutzt, ist die Quelle heute brunnenartig gestaltet und mit Bänken zum Ort des Erholens und der Ruhe geworden. Von der Attraktivität der Wasserstelle für die Kinder im Ort zeugt übrigens auch die Lichtenberger Weisheit, dass „ein richtiger Lichtenberger dreimal mit den Klamotten im Rinnchen gelegen haben muss, sonst ist er keiner!" Am Rinnchen enden in der Regel auch die heimatkundlichen Spaziergänge durch den Ort, die die Dorfgemeinschaft anbietet. Auf ihnen wird die Dorfgeschichte lebendig erläutert und Zeitzeugen erzählen über ihre Erlebnisse. Auf diese Weise erfahren auch Neu-Lichtenberger viel Interessantes über ihre Wahlheimat.

Eine ganze Reihe von Aktivitäten gibt es unter dem Dach oder im Umfeld der kath. Kirchengemeinde St.

Ansprechende Schmiedekunst:
der Dorfbrunnen

Joseph. Die katholische Frauengemeinschaft begleitet das kirchliche Leben mit Veranstaltungen und Aktionen. Die „Jugendschola" hat es sich zur Aufgabe gemacht, mit Kindern Gottesdienste und Feiern gesanglich zu gestalten. Ein großzügiges Pfarrheim bietet die Möglichkeiten für Begegnungen und Veranstaltungen auch über die Kirchengemeinde hinaus. Der Männergesangverein „Hoffnung", der schon 100 Jahre jung ist, hat sich das Motto – „Sind wir von der Arbeit müde, bleibt noch Kraft zu einem Liede" – gegeben. Das scheint durchaus der Fall zu sein, denn der Meisterchor kann auf zahlreiche Auszeichnungen und Erfolge zurückblicken. Erfreulich ist, dass auch jüngere Sänger zu der Gruppe gefunden haben. Ein weiteres musikalisches Highlight des Ortes stellt der Musikverein dar. Durch Engagement, Fleiß und eine gute Jugendausbildung ist es dem Orchester gelungen, sich insbesondere in der Marschmusik, aber auch in Konzerten mit Schlager, Swing, Rock bis hin zu klassischen Stücken eine Bedeutung weit über die Kreisgrenzen hinaus zu erspielen.

Karneval wird in Lichtenberg schon seit den ersten Jahrzehnten des letzten Jahrhunderts gefeiert, was für das Oberbergische eher als Ausnahme gelten muss. 1986 erinnerten sich 13 Frauen der Sitzungsvergangenheit und organisierten wieder eine närrische Veranstaltung. Als „Wilde 13" sorgen sie seitdem für Stimmung an Weiberfastnacht. Dabei lassen sie es sich nicht nehmen, das dörfliche Leben, aber auch die eine oder andere Dorfpersönlichkeit aufs Korn zu nehmen.

Der Löschzug Lichtenberg ist eine von vier Abteilungen der Freiwilligen Feuerwehr in der Gemeinde Morsbach. Schon seit 1925 wird in den unterschiedlichsten Situationen Hilfe geleistet. Auf gut 40 Einsätze pro Jahr haben sich die Feuerwehrkameraden erfahrungsgemäß einzustellen.

Mit Stolz blickt der Tennisverein FTC Lichtenberg auf seine bisherige Arbeit. Die gepflegte Tennisanlage hinter dem Seniorenpark motiviert anscheinend zu besonderen sportlichen Leistungen. Nicht nur, dass mehrere Mannschaften auf Kreis- und Bezirksebene spielen; 2006 konnte bei der Jugend der Kreismeister und bei den Herren der Gemeindemeister gestellt werden.

Fördervereine unterstützen die Aufgaben der Gemeinschaftsgrundschule und des DRK-Kindergartens „Schatzkiste". Beide Einrichtungen bringen sich aktiv in das Dorfleben ein und bereichern mit eigenen Beiträgen manche Veranstaltung.

Der Jahreshöhepunkt in Lichtenberg ist zweifelsohne das Erntedankfest mit dem prächtigen Festzug. Alle Vereine und Einrichtungen tragen dazu bei, dass ein ganzes Wochenende lang gefeiert wird. Höhepunkt ist der eindrucksvolle Erntezug, dessen Wagen unterschiedliche, aber immer lustige und aufwendig gestaltete Motive aus Natur, Garten, Landwirtschaft und dem Leben im Dorf präsentieren. Die zahlreichen Fußgruppen in ihren originellen und historischen Kostümen runden

Herzhafte Spezialitäten sind garantiert:
„Saukopp" bei der Arbeit

Lichtenberg

Lichtenberg

Gemeinde Morsbach
Urkundliche
Ersterwähnung: 1386

Einwohner 1980: 712
Einwohner 2007: 1428

13 Vereine
kath. Kirche
1 Grundschule
1 Kindergarten

Erfolge im Dorfwettbewerb:
Kreisebene: 12 Bronze

das Bild ab. Jeder, der dabei ist – und das ist nicht nur das ganze Dorf – merkt, dass die Erntedankfeiern den Lichtenbergern eine große Herzensangelegenheit sind. Nicht zuletzt wird dadurch auch dem Miteinander der Menschen im Ort und dem Zusammenwirken der Vereine eine wichtige Basis gegeben.

Wie das Erntedankfest, so hat sich auch das Dorf Lichtenberg weiterentwickelt. Aus dem landwirtschaftlich geprägten Örtchen ist längst der nach Morsbach größte Wohn- und Gewerbestandort der Gemeinde entstanden.

Die Einwohnerzahl hat sich allein seit 1980 auf fast 1500 verdoppelt. Solch eine Entwicklung verlangt Kraft und Ausdauer. Angesichts der Lebensfreude und dem Mut der Lichtenberger, ihre Zukunft aktiv mitzugestalten, stehen die Chancen dafür gut!

Festzug zum Entedankfest

Lieberhausen

„Die Energiepioniere"

Obwohl Lieberhausen längst zu Gummersbach gehört, ist vielen Bewohnern noch das eigene Wappen bekannt. Es zeigt einen Wandersmann, der eine Kuhhaut auf dem Rücken trägt. Hierbei handelt es sich um den „Hick von Lieberhausen", eine Sagengestalt aus dem Mittelalter. Der Legende nach wollte er die Kuhhaut in Köln für viel Geld verkaufen, bekam aber nur einige wenige Münzen. Die gab er in einem Gasthof für Bier aus, um den Kummer herunterzuspülen. Allerdings konnte er dem Wirt mit einer List weismachen, dass ein ihm zugeflogener Rabe die Zukunft voraussehen kann. An diesem Abend wechselte der Rabe für einen Sack voll Gold den Besitzer und der Hick kehrte als reicher Mann zurück.

Wie der sagenhafte „Hick" sind auch die modernen Lieberhausener nicht auf den Kopf gefallen. Sie haben rechtzeitig die Weichen für eine umweltfreundliche Wärmeenergiegewinnung gestellt. Mithilfe einer eigens gegründeten Genossenschaft wurde im Dorf mit umfangreicher ehrenamtlicher Unterstützung ein Biomasseheizwerk gebaut, welches mittlerweile 74 Haushalte versorgt, darunter die örtliche Feuerwehr, die Kirche und ein Hotel. Pro Jahr werden in dem Heizwerk, welches auch von der EU gefördert wurde, bis zu 4000 Raumschüttmeter Hackschnitzel verbrannt. Alle zwei bis drei Wochen werden hier Holzhackschnitzel aus Waldholz sowie Holzabfälle aus Sägewerken und ähnlichen Betrieben angeliefert. Nur für den Notfall gibt es einen Ölheizkessel. Das Biomasseheizwerk war die richtige Entscheidung zum richtigen Zeitpunkt. Heute profitieren Umwelt und Geldbeutel der Lieberhausener gleichermaßen. Kein Wunder, dass immer wieder Besuchergruppen die Technik und das Know-how kennenlernen wollen.

Bei den Begriffen „Natur" und „Gemütlichkeit" werden viele automatisch an Lieberhausen denken. Das Dorf bietet nicht nur aufgrund seiner Nähe zur Genkel- und Aggertalsperre die Gelegenheit, nach einem hektischen Tag bei einem Spaziergang die Natur zu genießen. Man könnte sich alternativ auch im Landgasthof einen original „Lieberhäuser Eierku-

Eindrucksvolle Wandmalereien zieren das Innere der „Bunten Kerke"

Lieberhausen

Wer in Lieberhausen zu Gast ist, darf die Bergische Kaffeetafel mit den original Eierkuchen nicht verpassen

chen" schmecken lassen. Aber Vorsicht: Viele Gäste rechnen beim Bestellen dieser Spezialität mit einem normalen Pfannekuchen und staunen anschließend nicht schlecht, wenn ihnen ein Schaumeierkuchen serviert wird, von dem gut und gerne vier Personen satt werden können. Wie diese Spezialität zubereitet wird, ist allen Außenstehenden ein Rätsel, denn das Personal gibt dieses alte Familiengeheimnis nicht preis. Am besten probiert man das Geschmackserlebnis einmal selbst aus.

Nach solch üppiger Mahlzeit bietet sich auch ein Spaziergang durch das nahe gelegene Rengsetal an. In diesem 1,5 ha großen Naturschutzgebiet können zahlreiche Nass- und Feuchtbiotope beobachtet werden, die als eine der vielen Perlen oberbergischer Natur bezeichnet werden können. Mittlerweile ist das Rengsetal auch außerhalb der Grenzen des Oberbergischen bekannt und hat sich zu einem beliebten Ausflugsziel für Wanderer und Naturfreunde entwickelt. Dass die Lieberhausener gerne in ihrem Dorf leben, liegt aber nicht allein an der Natur, sondern auch an dem Vereinsleben: Neben dem Heimatverein existiert hier seit 1732 der Schützenverein, der damit auf eine lange Tradition zurückblickt. Ein besonderes Augenmerk verdient die Hovavart-Übungsgruppe Lieberhausen. Dieser Hundesportverein hat es

Vorzeigeprojekt mit landesweiter Aufmerksamkeit: das dorfeigene Biomasseheizwerk

Staußfarn trifft Rhododendron (links)

Lohnt sich immer: ein Ausflug zu den Energiepionieren hoch über der Aggertalsperre (rechts)

sich zur Aufgabe gemacht, Hovavart-Hunde zu verlässlichen Partnern des Menschen zu machen. Hierzu wird der Hund in verschiedenen Disziplinen ausgebildet. Daneben steht die Vertiefung der Beziehung zwischen Hund und Mensch im Vordergrund. Auch außerhalb des Dorfes ist mittlerweile die Redensart „So bunt as die Lieberhuser Kerke" bekannt. Ihren Ursprung hat diese Redensart in der Kirche, die um 1040 n. Chr. gebaut wurde und im Zentrum des Dorfes steht. Auffallend ist hierbei die schlichte Bauweise mit dicken Mauern und massiven Pfeilern. Architektonisch handelt es sich um einen dreischiffigen Bruchsteinbau mit einem elliptischen vorgelagerten Westturm, einem Querhaus sowie einem rechteckigen Chor. Sowohl Chor als auch das Querhaus wurden im Laufe des 15. Jahrhunderts erneuert. In ihrem Inneren ist die Kirche komplett mit Wandmalereien verziert, die Anfang des letzten Jahrhunderts restauriert wurden. Notwendig wurde dies, da im 19. Jahrhundert alle Bilder übertüncht worden waren. Jetzt sind die Kunstwerke glücklicherweise wieder für alle sichtbar. Ein Besuch der wunderschönen Kirche ist wirklich ein Erlebnis und sollte von keinem verpasst werden.

Wie wär's also mit einem Ausflug zu den Energiepionieren hoch über der Aggertalsperre? Geschmackserlebnisse, Kunstgenuss und Gemütlichkeit sind garantiert!

Lieberhausen

Stadt Gummersbach
Urkundliche Ersterwähnung: 1033

Einwohner 1980: 399
Einwohner 2007: 340

8 Vereine
evang. Kirche

Erfolge im Dorfwettbewerb:
Kreisebene:
7 Gold, 4 Silber und 1 Bronze
Landesebene:
2 Gold, 4 Silber und 1 Bronze
Bundesebene: 2 Silber

Linde & Scheurenhof

"Rund um den Kirchturm"

Ort der Besinnung: Mariengrotte im Park an der Kirche

Auf der Anhöhe des „Habrich" bietet sich ein malerisches Panorama: bewaldete Höhen mit Wiesen und Weiden, unterbrochen von kleinen Weilern und engen Bachtälchen. Und mittendrin der kupferbedeckte Turm der St. Josephs-Kirche in Linde. Auf Anhieb ist noch mehr vom Kirchdorf auf der Höhe zu erkennen: die Häuser Burger und Müller, das Pastorat und der Friedhof. Etwas abseits fällt die alte, hohe Eisenbahnbrücke über das Sülztal auf. Fast am Ortsrand, jedenfalls ganz in der Nähe, wird der Blick auf den Scheurenhof gelenkt, jene Siedlung, die schon immer eng mit den Geschicken Lindes verbunden war. Dem Betrachter offenbart sich auch, dass Linde von zerstreuten Kleinstsiedlungen und Höfen umgeben ist. Das Kirchdorf erfüllte für diese Weiler immer schon eine zentrale Funktion.

St. Joseph ist eine neugotische, dreischiffige Hallenkirche mit dreiseitigem Chor und einem Westturm. Sie wurde 1867 bis 1869 nach Plänen des Diözesanbaumeisters Vincenz Statz erbaut und war zunächst Filialkirche von Lindlar. Bis heute ist die

Zu Pfingsten ziehen die „Peisjungen" mit Gesang von Haus zu Haus. Die ersungenen Eier werden in geselliger Runde verzehrt

Kirche Mittelpunkt des Dorfes. Der kleine Park, der sie umgibt, beherbergt eine aus Schlackensteinen angelegte kleine Mariengrotte, in der eine Muttergottesfigur mit Jesuskind aufgestellt ist. Rund um die Kirche gibt es auch seit 1905 sieben Fußfälle, die Vorläufer der später errichteten 14 Kreuzwegstationen waren, und ein Ehrenmal für die Opfer der Weltkriege.

Die Kirche ist aber auch Mittelpunkt der ihr verbundenen Menschen. Bereits kurz nach dem Kirchenbau wurde der Chor „St. Cäcilia" ins Leben gerufen. Er blickt heute auf ein langes Vereinsleben zurück, das mit Höhen und Tiefen die Verschönerung der Gottesdienste und das Lob Gottes in den Vordergrund gestellt hat. Der Chor war zusammen mit den Schützen auch Motor der Linder Dorfchronik, die 1996 als 240-seitiges Buch erschienen ist. Zum direkten kirchlichen Umfeld gehören ebenfalls die kath. Frauengemeinschaft und der Verein zur Förderung der Alphabetisierung – OPAM –, der sich insbesondere durch Informationszeitschriften diesem Thema widmet.

Unter dem Motto „Glaube, Sitte, Heimat" gestaltet die St. Sebastianus-Schützenbruderschaft seit 87 Jahren ihre Arbeit. Das Schützenfest ist alljährlich ein großes gesellschaftliches Ereignis im Ort und sorgt jedes Mal für Arbeit, Vergnügen und vor allem viel Gesprächsstoff. Blasmusik zu kirchlichen und weltlichen Ereignissen steuert der Musikverein Linde bei. Neben dem Frühjahrs- und Weihnachtskonzert sowie dem Oktoberfest absolvieren die 35 aktiven Stammmusiker gut 40 Auftritte im Jahr! Schwerpunkt im SV Linde ist der Fußball, aber auch Gymnastik, Badminton, Wandern und Selbstverteidigung werden angeboten.

Angesichts der Schließung der Grundschule Linde formierte sich 1968 eine Initiative, aus der der Bürgerverein hervorging. Er kümmert sich erfolgreich um die Entwicklung und Verbesserung des Dorfbildes, den Denkmalschutz, die Brauchtumspflege und die Aufwertung der Natur. Auch die Vorbereitungen für den Dorfwettbewerb zählen zu seinen Aufgaben. Das ist aber noch nicht alles im Linder Vereinsspektrum. Hinzu kommen die „Eine-Welt-Gruppe", die Landfrauenvereinigung, der Imkerverein und als „jüngstes Kind" der Treckerclub „Töff-Töff-Linde". Die Linder Vereine gestalten ihr dörfliches Leben im Bewusstsein der Zusammengehörigkeit. Ausdruck dafür ist unter anderem der von vielen Schultern getragene Andheri-Basar. Seit fast 40 Jahren werden in der Weihnachtszeit Köstlichkeiten, Gebasteltes, Nützliches, Schönes, Lehrreiches und Unterhaltsames verkauft, um die Entwicklungshilfe in der Welt, insbesondere Projekte in Indien und Bangladesch, unterstützen zu können. Bei allen Aktivitäten sind die Scheurenhofer wie selbstverständlich mit dabei.

Bei solch einem intensiven Dorfleben gerät fast in den Hintergrund, dass Linde eine interessante historische Bausubstanz, eine Reihe von Arbeitsplätzen vor Ort, eine eigene Wasserversorgung, Neubaubereiche, eine gute Infrastruktur mit Kindergarten, Gastronomie, Einkaufsmöglichkeiten und Arztpraxis sowie mit dem alten Dolomitsteinbruch ein Naturschutzgebiet am Ortsrand hat. Auf jeden Fall gilt aber in Linde und Scheurenhof: „Op dr Ling is immer jett loss!"

Linde & Scheurenhof

Prägt das Dorfbild und das Dorfleben: Pfarrkirche St. Joseph (links)

Freundliche Gestaltung von Straßen und Vorgärten in Scheurenhof (rechts)

Wenn beim Oktoberfest des Musikvereins die Ambosspolka erklingt, geht's im Saal richtig rund

Scheurenhof

Gemeinde Lindlar
Urkundliche Ersterwähnung: 1467

Einwohner 1980: k. A.
Einwohner 2007: 72

Erfolge im Dorfwettbewerb:
Kreisebene: 7 Bronze

Linde

Gemeinde Lindlar
Urkundliche
Ersterwähnung: 1413

Einwohner 1980: 1127
Einwohner 2007: 710

9 Vereine
kath. Kirche
1 Kindergarten

Erfolge im Dorfwettbewerb:
Kreisebene:
1 Silber und 13 Bronze

Linden

„Aus dieser Quelle trinkt Oberberg"

Wer von Bielstein nach Elsenroth fährt, stößt auf halber Strecke in der Ortschaft Mühlen auf einen Abzweig, der in eine kleine Talmulde führt. Hier, zwischen Bechtal und Wiehltal, liegt das Dörfchen Linden. Es hat weit über die oberbergischen Grenzen hinaus Bedeutung! Denn am Ortsrand – man kann sich trefflich darüber streiten, ob diese Stelle noch zu Mühlen gehört – geben die Tiefen der Gesteine am Grunde eines alten Kalksteinbruches sauberes, frisches Wasser frei, auf das eine besondere Aufgabe wartet: Es ist die Grundlage für das oberbergische Kölsch! Die Erzquellbrauerei in Bielstein sammelt das Wasser hier und leitet es ins Sudhaus, wo zusammen mit Hopfen und Malz ein obergäriges Bier entsteht, das den Menschen hierzulande anscheinend gut schmeckt. Gut 200 000 Hektoliter Brauwasser werden aus der Quelle zwischen Mühlen und Linden im Jahr gewonnen!

Linden hat seine Einwohnerzahl vor allem in den 90er-Jahren verdoppelt. Heute gibt es fast 300 Lindener, von denen ein beträchtlicher Teil in einem Neubaugebiet am südlichen Ortsrand ein neues Zuhause gefunden hat. Der alte Ortskern liegt dagegen an der Straße nach Hengstenberg und geht auf eine fast sechs Jahrhunderte alte Ansiedlung zurück, die damals dem Kölner Apostelstift abgabeverpflichtet war. Früher muss am Ort oder in dessen Nähe wohl auch Bergbau betrieben worden sein, worauf verschüttete Stolleneingänge und alte Flurbezeichnungen hinweisen.

So sehen die Nachbarn aus Hengstenberg in den Ort

In den 90er-Jahren hat Linden seine Einwohnerzahl verdoppelt

Die Dorfgemeinschaft Linden hat sich zur Aufgabe gesetzt, Alteingesessene und Zugezogene sowie junge und alte Menschen im Rahmen eines lebendigen Dorflebens zusammenzubringen. Da dürfen Wanderungen mit Kind und Kegel, regelmäßige Dorf- und Kinderfeste, Seniorentage und Martinszüge natürlich nicht fehlen.

Seit einigen Jahren präsentiert sich rund um den kleinen Lindener Dorfplatz der Nikolausmarkt. Er ist aus einer Privatinitiative entstanden und wird inzwischen von der Dorfgemeinschaft Linden organisiert und ausgerichtet. Bereits weit im Voraus beginnen die Vorbereitungen, um am ersten Samstag im Dezember die Besucher mit selbst gemachtem

Viel Platz für schöne Gärten im Dorfkern

Linden

Stadt Wiehl
Urkundliche Ersterwähnung: 1443

Einwohner 1980: 126
Einwohner 2007: 290

1 Verein

Erfolge im Dorfwettbewerb:
Kreisebene: 1 Bronze

Weihnachtsschmuck, Süßigkeiten und vielem mehr zu überraschen. In liebevoll geschmückten Holzhäuschen werden die Waren ausgestellt und angeboten. Auch für das leibliche Wohl ist immer bestens gesorgt. Gesangliche Darbietungen, wie z. B. Auftritte des Frauenchors Oberbantenberg, runden den Nikolausmarkt ab.

Es verwundert kaum, dass zahlreiche Lindener und viele Gäste aus dem gesamten Bechtal die Gelegenheit wahrnehmen, um in gemütlicher, dörflicher Atmosphäre die Adventszeit mit ihrer ganzen Familie einzuleiten.

Der Nikolausmarkt mit der besonderen Note

Eignet sich nicht nur für ein Schwätzchen: der Lindener „Dorfplatz"

Lindscheid

"Oberbergs Saftladen"

Schöne Lage, schöne Landschaft

Am südwestlichsten Ende des Oberbergischen Kreises und der Gemeinde Nümbrecht befindet sich Lindscheid mit seiner in der Bevölkerung liebevoll als „Patsche" bezeichneten Saftkelterei.

In einem apfelreichen Jahr ist der Andrang der Saftfreunde groß. Eine lange Reihe Autos, mit Anhängern, Kisten und Säcken bestückt, wartet geduldig, bis man an der Reihe ist. Wenn die Wartenden im Ort angekommen sind, dürfen sie ihre eigenhändig gepflückten und geschüttelten Äpfel auswiegen lassen. Bezahlt wird überwiegend in Naturalien, in Form von köstlichem Apfelsaft, der sich mit dem Prädikat „Bergisch Pur" schmücken darf.

Um dieses Prädikat zu erhalten, wird nur Obst von Streuobstwiesen aus dem Bergischen Land akzeptiert. Mit diesen Qualitätskriterien tragen die Kelterei und letztlich die Safttrinker dazu bei, dass Streuobstwiesen mit ihren traditionellen Obstsorten im Süden des Oberbergischen auch weiterhin das Landschaftsbild prägen können. Bei stark schwankenden Ernten werden in Lindscheid jährliche Mengen von 30 Tonnen bis über 1500 Tonnen Äpfel verarbeitet. Die Erträge eines guten Apfeljahrgangs ergeben somit etwa eine Million Liter Apfelsaft aus heimischem Anbau!

Auf den Streuobstwiesen, die diese Mengen Äpfel liefern, stehen hochstämmige Obstbäume meist unterschiedlichen Alters und unterschiedlicher Sorten. Die Sortenvielfalt sorgt für den hervorragenden Geschmack des Saftes. Diese Obstwiesen sind durch eine Bewirtschaftung ohne Einsatz chemischer

Überzeugte Apfelsaftfans

Behandlungsmittel charakterisiert. Traditionell üblich ist die landwirtschaftliche Mehrfachnutzung der Flächen: Sie dienen sowohl der Obsterzeugung als auch der Grünlandnutzung, als Mähwiese zur Heugewinnung oder als Viehweide. In Lindscheid werden diese Wiesen weitestgehend von den beiden ortsansässigen Landwirten oder den Pferdehaltern genutzt. Solche Streuobstwiesen bieten einer artenreichen Flora und Fauna Lebensraum. Rund um die Ortschaft Lindscheid hat man sich richtig „ins Zeug gelegt". Durch zahlreiche Neuanpflanzungen dieser hochstämmigen Apfelsorten ist ein richtiger Obstgürtel entstanden.

Im Herbst Ziel vieler Obstfreunde: Lindscheid mit der Saftkelterei

Lindscheid

Lindscheid

Gemeinde
Nümbrecht

Urkundliche
Ersterwähnung: 1448

Einwohner 1980: 120
Einwohner 2007: 105

freikirchliche Adventgemeinde
1 landwirtschaftlicher Betrieb

Erfolge im Dorfwettbewerb:
Kreisebene: 1 Gold und 1 Silber

Die Grundlage für leckeren Saft: Äpfel aus oberbergischen Streuobstwiesen

Wenn im Frühling alles blüht, bietet das Dorf daher ein wunderschönes, unvergleichliches Bild.
Beim Obstwiesenfest im Herbst dreht sich in Lindscheid alles um den Apfel. Apfelsaft, Apfelkuchen – in vielen köstlichen Variationen –, Apfelkompott, Apfelwein, die kulinarischen Highlights lassen sich gar nicht alle aufzählen. Fachkundige Beratung rund um das Thema Obstwiese, vom Tipp, wo der richtige Standort für welchen Baum ist, bis zum Obstbaumschnitt, hier findet jeder die Informationen, die er sucht. Die alten Obstsorten werden probiert und mancher Obstbaum wechselt den Besitzer. Der Weg des Apfels von der Waage bis zur Presse wird anschaulich dargestellt. Wer nicht ausschließen kann, Apfel-Fan zu werden, der sollte einmal vorbeischauen.

Lindscheid ist einen Blick wert. Angefangen mit der Lindscheider Mühle an der Landstraße zwischen Nümbrecht und dem Bröltal mit dem alten Mühlenteich. Im Ort selbst finden sich diverse Baudenkmäler, das älteste Gebäude wird heute als Scheune und Hühnerstall genutzt. Dorftypische Bäume und Hecken prägen neben den Obstbäumen das Bild.

Ein friedliches Miteinander, und das schon seit 62 Jahren, gibt es mit der kleinen freikirchlichen Adventgemeinde Lindscheid, die sich seit 1969 auch in ihrer eigenen Kapelle im Ort versammeln kann. Wenn die Gemeinde mit ihrer Pfadfindergruppe „Lindscheider Haselmäuse" ein Fest feiert, sind die Kinder des Ortes ebenso gern gesehene Gäste, wie die Gemeindemitglieder beim Straßenfest der Lindscheider willkommen sind.

Ein Besuch in „Oberbergs Saftladen" ist lohnenswert, selbst wenn man keinen Apfelsaft mag. Die Produktpalette ist nämlich darüber hinaus sehr umfangreich. Und da der Saft nur in Pfandflaschen erhältlich ist, kommt jeder gerne wieder und kann den Lindscheider Obstgürtel in den Kleidern und Farben der verschiedenen Jahreszeiten bewundern.

Löffelsterz
„Zwischen Dorfbackes und Arnika-Wiese"

„Das idyllische Dorf unterhalb der Wiehltalsperre feierte in Simons Scheune den 550. Geburtstag", so war vor zehn Jahren in der Zeitung zu lesen. Der Ort der Feierlichkeiten weist schon darauf hin, dass Löffelsterz nicht durch große öffentliche Auftritte glänzt, sondern auf die familiäre, nachbarschaftliche Ebene setzt. Man muss schon wissen, wo man den Ort findet, denn er versteckt sich etwas hinter dem „großen Bruder" Brüchermühle und Durchgangsstraßen sucht man vergeblich. Nur ein Spaziergang entfernt liegt die Staumauer der Wiehltalsperre, deren Fertigstellung 1973 die Landschaft deutlich verändert hat. Dörfer wie Auchel, Finkenrath, Nothausen und Sprenklingen versanken damals in den Fluten. 130 Menschen mussten ihre Häuser verlassen, damit Oberberg für Jahrzehnte ausreichend Trinkwasser hat.

Orientiert man sich in die andere Richtung, stößt man am Dorfrand auf ein wahres Schatzkästchen der Natur. An einem Hang hat sich dank glücklicher Umstände und durch den Einsatz des Naturschutzes eine sogenannte Arnika-Wiese erhalten. Als letzter Lebensraum dieser Art weit und breit verdeutlicht sie die Vielfalt und die Schönheit der Natur, die unsere Vorfahren durch ihr bäuerliches Wirken unbeabsichtigt geschaffen haben. Magerer Boden, kein Dünger und hin und wieder eine Beweidung waren die Voraussetzungen dafür, dass sich ein bunter Blumenteppich einstellte, in dem unter anderem Orchideen zu Hause sind. Und eben die herrlich blühende Arnika, eine uralte Heilpflanze, die heute im Bergischen Land vom Aussterben bedroht ist. In Löffelsterz gibt es sie noch!

1990 war es so weit: Das Backhaus in Löffelsterz war restauriert und wieder funktionsfähig. Bereits in den 20er-Jahren war das Brotbacken dort aufgegeben worden und das kleine Gebäude verfiel. Jahr-

Seltene Naturkostbarkeit:
Die Arnika ist bei Löffelsterz noch zu Hause

Löffelsterz

Von der Dorfgemeinschaft aus dem Dornröschenschlaf geweckt: das Backhaus

Lamatrekking gibt es nur in Löffelsterz

zehnte wurde es noch zum Unterstellen von landwirtschaftlichen Geräten genutzt, bis die Dorfgemeinschaft es aus dem Dornröschenschlaf weckte. Mit den Eigentümern wurde ein langfristiger Pachtvertrag geschlossen und dann kräftig in die Hände gespuckt. Das Ergebnis war überwältigend: ein schmucker Dorfbackes mit gemütlichen Sitzgelegenheiten vor der Eingangstür! Nicht nur der Denkmalschutz war entzückt, auch die Löffelsterzer sind bis heute froh und glücklich über einen Treffpunkt, der alle paar Wochen duftende Köstlichkeiten bietet. Wie gut ein Graubrot, ein Schwarzbrot oder ein Brötchen aus dem Löffelsterzer Dorfbackes schmeckt, muss man einfach selbst probiert haben. Mitte der 60er-Jahre hieß es zum ersten Mal: „Löffelsterz grüßt Löffelsterz." Seit dieser Zeit besteht nämlich Kontakt zum gleichnamigen Dorf in Franken. Immer wieder hatten sich Briefe in das jeweilige fal-

Löffelsterz

Gemeinde Reichshof
Urkundliche Ersterwähnung: 1448

Einwohner 1980: k. A.
Einwohner 2007: 97

2 Vereine
1 landwirtschaftlicher Betrieb

Erfolge im Dorfwettbewerb:
Kreisebene: 5 Silber und 8 Bronze

sche Löffelsterz verirrt und so wurde man neugierig aufeinander. Bei einem großen Treffen mit den Franken wurde 1988 eine bayrische Linde in den oberbergischen Boden der Dorfmitte gepflanzt. Bis heute gibt es noch Kontakte zwischen Familien aus beiden Orten. Ein besonderes Erlebnis bietet der „Balsamhof" in Löffelsterz. Dort kreucht und fleucht nicht nur viel Kleingetier über das Gelände. Der Besucher wird vielmehr von einer kleinen Herde Lamas erwartet! Mit den Tieren kann man auf Trekkingtour rund um den Ort gehen. Vor allem Kinder erleben die Ruhe und die Ausgeglichenheit der Lamas besonders intensiv und fassen daher schnell Vertrauen. Eine Wanderung mit den exotischen Tieren über Stock und Stein, unterbrochen von einem zünftigen Picknick, wird so zum unvergesslichen Erlebnis.

Wie schon gesagt: Das Leben im kleinen Löffelsterz ist bodenständig. Aber wer wird schon vom Dorfbackes und einer Arnika-Wiese eingerahmt?

Wer leckeres Brot backen will, muss erst einmal gut heizen

Marienberghausen
„Einfach märchenhaft"

Prächtige Obstwiese am Dorfrand

Richtige Nümbrechter sind die „Berchhüser", wie die Marienberghausener nach der Bezeichnung ihrer Erstnennung von 1447 immer noch genannt werden, nie geworden. Dabei wurde die bis dahin eigenständige Gemeinde bereits 1969 mit Nümbrecht zu einer großen, neuen Gemeinde zusammengelegt.

Die Erinnerung an die alte Gemeinde Marienberghausen wird auch heute noch vom örtlichen Heimatverein hochgehalten. Es existiert eigentlich noch alles, was zu einer selbstständigen Gemeinde gehört: ein Personenstandsregister ab dem Jahr 1810, das alte Rathaus, ein eigener Friedhof, eine Schule und ein Kindergarten sowie das Dorfgemeinschaftshaus, ferner eine freiwillige Feuerwehr, eine katholische Kapelle, aber vor allem die evangelische Kirche von Marienberghausen, die „bunte Kirche". Sie ist weit über die Gemeindegrenze hinaus wegen ihrer Fresken aus der Zeit um 1500 bekannt. Der Turm, der älteste Teil des Kirchengebäudes, stammt vermutlich aus der ersten Hälfte des 13. Jahrhunderts. Die Fresken im Innern wurden zur Zeit der Reformation übertüncht und erst

Marienberghausen

Ballspielen erlaubt!

1910 stark ruiniert wiederentdeckt. Die Kirche ist in der Regel ganztags geöffnet und nicht nur die Wandmalereien, sondern auch die 1994 erbaute Mühleis-Orgel sind äußerst sehenswert.

Einer der schönsten historischen Ortskerne in Oberberg

Marienberghausen

Absolut sehenswert ist die alte Dorfkirche

Marienberghausen hat bereits zweimal Gold auf Bundesebene geholt

Als immer mehr Katholiken in die Gemeinde Marienberghausen zuzogen, baten sie um Gastrecht in der alten „Marienkirche". Und so konnte am 4. Februar 1945, nach fast 400 Jahren, erstmals wieder

Marienberghausen

Gemeinde Nümbrecht
Urkundliche Ersterwähnung:
1447

Einwohner 1980: 336
Einwohner 2007: 432

5 Vereine
evang. Kirche, kath. Kirche
1 Grundschule
1 Kindergarten

Erfolge im Dorfwettbewerb:
Kreisebene: 2 Gold und 2 Bronze
Landesebene: 2 Gold
Bundesebene: 2 Gold

ein Hochamt in Marienberghausen gefeiert werden. 1953 wurde dann die kleine katholische Kapelle unmittelbar neben dem Friedhof ihrer Bestimmung übergeben.

Die Namen der Dörfer um Marienberghausen herum werden immer wieder mit dem Zusatz – ehemalige Gemeinde Marienberghausen – ergänzt. Zum Beispiel der Ort Hochstraßen zu Füßen des Hauptortes Marienberghausen mit den alten Fachwerkhäusern. Das bemerkenswerteste unter ihnen aus dem Jahr 1793 zeichnet sich durch seine einzigartige Barockfassade aus. In Wolfscharre verbrachte der deutsche Komponist Engelbert Humperdinck häufig Urlaubstage bei seiner Tante und komponierte die Oper „Königskinder". Sie wurde später an der New Yorker Metropolitan in ihrer zweiten Fassung uraufgeführt. Hartnäckig hält sich die Annahme, dass er auch die Oper „Hänsel und Gretel" in Marienberghausen komponiert hat. Wenn das auch wohl nur ein Gerücht ist, ehren die Marienberghausener diesen Musiker gleich in mehrfacher Weise. Nach ihm wurde eine Straße benannt und eine Stele aufgestellt. Im Hotel „Zur alten Post" gibt es eine Humperdinck-Ecke und im Flur steht noch das Klavier, auf dem Humperdinck seine Kompositionen erprobte. Ein wunderschönes Wandergebiet westlich des Ortes heißt im Volksmund „Märchental". Und wenn schon „Hänsel und Gretel" dort nicht entstanden ist, so wird dieses Tal landschaftlich seinem Namen durchaus gerecht. Vom Wanderparkplatz Marienberghausen führen zahlreiche Wanderwege in die umliegenden Wälder und Dörfer. Meist führt die Strecke über einsame Wege, vorbei an Teichen und vielen Quellen.

Marienberghausen wurde bereits zweimal Golddorf im Bundeswettbewerb. Das neue Pflaster der Humperdinckstraße vor der Kirche ist sichtbares Zeichen der Erfolge 1969 und 1991. Der Männergesangverein Marienberghausen feierte diese Erfolge zusammen mit dem Heimatverein jeweils mit einem großen Fest.

Viele Marienberghausener arbeiten auswärts. Nur am Dorfrand haben sich einige kleine Betriebe angesiedelt. Die Enge der alten Fachwerkhäuser im historischen Ortskern erlaubt keine großen Veränderungen, und das ist auch gut so. Der Ortskern dürfte einer der schönsten im Kreisgebiet sein und hat sich viel von seiner Ursprünglichkeit erhalten. Das heißt aber nicht, dass sich das Leben im Ort in der Vergangenheit abspielt, es ist vielmehr aktiv und lebendig. Ob Straßenfest, Pflanzaktion oder St. Martin, ob Weihnachtsmarkt oder Wandertag, hier ist immer was los.

Das alte Schulgebäude, ein typisches oberbergisches Fachwerkhaus in der Nähe des Humperdinckplatzes, wird heute als Wohnhaus genutzt. Das jetzige Schulgebäude wurde 1924 als Volksschule bezogen und immer wieder verändert. Die dort arbeitende Grundschule kann man mit ihren vier Klassen zu Recht als „Zwergenschule" bezeichnen. Mit dem Kindergarten und dem liebevoll gepflegten Dorfspielplatz auf einem Grundstück bleiben die Kinder des Ortes in den ersten Lebensjahren immer in ihrer gewohnten Umgebung und so ist es nicht verwunderlich, dass sich junge Familien hier gerne niederlassen.

Marienhagen

„Geschichte verpflichtet"

Gasthof „Zum Löwen"

Auf einem Höhenrücken zwischen Alpe- und Aggertal entstanden bereits im Mittelalter die Ursprünge von Marienhagen. Damals war es von großem Vorteil, in der Nähe von Handelswegen vom Gütertransport zu profitieren. Dies galt auch für Marienhagen, denn eine Abzweigung der bedeutenden „Brüderstraße" führte als Höhenweg hierher. In den damaligen unruhigen Zeiten war man nicht irgendein Ort. Davon zeugt die eindrucksvolle Kirche, deren massiger Turm aus dem 12. Jahrhundert stammt. Nicht lange danach siedelte sich der Johanniterorden an, der die bauliche Gestaltung des Ortes, aber auch die Landnutzung der Umgebung über Jahrhunderte prägte. Die noch heute bestehenden Fischteiche im benachbarten Alpetal gehen beispielsweise auf die Mönche des Ordens zurück.

Mit der Verleihung des Marktrechtes 1330 war der Grundstein für die weitere Entwicklung Marienhagens gelegt. Das Marktrecht-Privileg wurde nämlich nur solchen Orten zuerkannt, die einerseits Verkehrsmittelpunkt waren, andererseits aber auch Schutzfunktion für die umliegenden Orte übernehmen konnten. So verwundert es nicht, dass Marienhagen in diesen Zeiten mit Befestigungsmauer, Wassergraben und festungsähnlichen Häusern richtig wehrhaft ausgesehen haben muss. Mit dem Marktrecht entstanden auch die Jahrmärkte. Sie waren ein Höhepunkt des wirtschaftlichen und kulturellen Lebens im gesamten Kirchspiel und sorgten über mehrere Tage für großen Trubel. 1872 endete diese Tradition.

Marienhagen

Stolze Vergangenheit: Nicht nur die alte Kirche hätte viel zu erzählen

Mit der Ansiedlung von Industriebetrieben im Agger- und Wiehltal gab Marienhagen seine zentrale Bedeutung ab. Zwar hatte man bis Mitte des 19. Jahrhunderts mit etwa 240 Personen noch mehr Einwohner als Wiehl, konnte aber danach der raschen Entwicklung der Tallagen von der Höhe aus nur zuschauen. Aber das ist auch längst Geschichte, denn heute leben über 1100 Menschen in dem schönen Dorf, das auch viele Arbeitsplätze bietet. Vor allem im Gewerbegebiet am Ortsrand sind insgesamt 73 kleine und mittlere Unternehmen beheimatet, die zum Teil Geltung weit über Oberbergs Grenzen besitzen. Trotz Wandel und baulicher Entwicklung ist der alte Ortskern mit seinen eindrucksvollen Fachwerkhäusern erhalten geblieben. Die meisten stammen aus dem 18. Jahrhundert, einige wurden sogar bereits im 16. Jahrhundert erbaut. Hier lohnt sich ein Spaziergang allemal, der unbedingt zur evangelischen Kirche führen sollte. Trotz ihrer Schlichtheit zählt sie zu den interessantesten Bauwerken des Mittelalters in der Region. Ihre große Besonderheit stellen die eindrucksvollen Wandmalereien dar. Die Fresken aus dem 13. und frühen 14. Jahrhundert wurden von einer Kölner Malerschule angefertigt, deren späteres Wirken auch im Kölner Dom anzutreffen ist. Nach der Reformation wurden die bildlichen Darstellungen in Orientierung an der protestantischen Nüchternheit sämtlich übertüncht. Erst im 20. Jahrhundert legte man sie wieder frei und ermöglichte damit wieder ein Erlebnis an sakraler Kunst in besonderer Schönheit.

Das Dorf entdecken: Geschichte und Besonderheiten von Gebäuden, Wegen und Plätzen werden auf 23 Informationstafeln erläutert

Marienhagen

Stadt Wiehl
Urkundliche Ersterwähnung: 1330

Einwohner 1980: k. A.
Einwohner 2007: 1105

3 Vereine
evang. Kirche, kath. Kirche
1 Grundschule
1 Kindergarten
1 landwirtschaftlicher Betrieb

Erfolge im Dorfwettbewerb:
Kreisebene: 5 Gold
Landesebene:
1 Gold, 1 Silber und 2 Bronze
Bundesebene: 1 Gold

Großer Festumzug zum 675-jährigen Jubiläum der Marktrechte (links)

Mitmachen ist selbstverständlich: Aufführung des Kindergartens bei der Einweihung des neu gestalteten Spielplatzes (rechts)

Die große Festwoche im Mai 2005 anlässlich des 675-jährigen Jubiläums der Marktrechte hat gezeigt, dass die Marienhagener kräftig feiern und dabei eine Menge auf die Beine stellen können. So wurden eine fast 200 Seiten starke, mit vielen historischen Details versehene Festschrift erstellt, ein mittelalterlicher Markt organisiert und neben einem mehrtägigen Veranstaltungsprogramm ein großer Festumzug als Höhepunkt unternommen.

Neben dem immerhin schon 75 Jahre jungen Sportverein VfR Marienhagen und dem Tennisclub „Auf der Höhe" werden die Dorfaktivitäten vor allem vom Heimat- und Verschönerungsverein Marienhagen/Pergenroth getragen. Zusammen mit den Pergenrothern werden die Wanderwege samt Ruhebänken gepflegt, die Bepflanzung am Dorfplatz und an der „Goldecke" – hier ist die 1971 im Dorfwettbewerb errungene Bundesgoldplakete angebracht – erneuert, der Spielplatz in Schuss gehalten und ein Weihnachtsmarkt veranstaltet. Eine tolle Idee war die Aufstellung von insgesamt 23 Informationstafeln, die über die Geschichte, Besonderheiten und Hintergründe von bestimmten Gebäuden und Örtlichkeiten im Dorf informieren. Heimatgeschichte wird auf diese Weise kurzweilig und lebendig vermittelt. Eine besondere Geschichte verpflichtet halt!

Mennkausen
„Feiern unterm Apfelbaum"

Um es gleich zu sagen: Im Feiern sind sie Spitzenklasse, die Mennkausener. Und auch sonst haben sie einiges zu bieten. Wie eine unkomplizierte, aber umso gelungenere Dorffeier aussieht, machen sie vor, wenn bei schönem Wetter die Dorfkommission da ist. Nach dem Rundgang setzt man sich gemeinsamen zum Imbiss mitten in die Obstwiese unter einen großen Apfelbaum, um Kuchen, Teilchen, Buttermilch, Kartoffelbrot und Kräuterquark zu genießen. Müssen die Gäste dann weiter, geht's erst richtig los. Jeder ist mit Kind und Kegel dabei und bis spät wird erzählt, gelacht, gegessen und getrunken. Alles gleicht einer großen Familienfeier, was bei 60 Einwohnern ja auch nicht ganz von der Hand zu weisen ist.

Zu Recht sind die Mennkausener stolz auf ihre reichhaltige Dorfnatur. Die gut erhaltenen Obstwiesen sind nicht nur für das Dorffest geeignet. Das Obst bietet vielmehr die Grundlage für leckere Apfelkuchen und erfrischenden Apfelsaft. Nicht zuletzt aus diesem Grund wurden die Preisgelder aus den erfolgreichen Platzierungen im Dorfwettbewerb zum Teil wieder in die Nachpflanzung und Pflege der Obstbäume gesteckt. Ganz bewusst werden die undurchdringlichen Brombeerhecken an der Böschung am Ortseingang erhalten. Ohne sie wäre die Marmelade für das köstliche Kartoffelbrot nicht denkbar.

Zusammen mit bunten Wegsäumen, naturbelassenen Dorfwinkeln, vielfältigen Gärten mit Stauden, Beerenobst und Nutzpflanzen sowie einer Reihe prägender alter Bäume ergibt sich ein Charme, der von Einheimischen und Besuchern gleichermaßen empfunden wird. Folgerichtig gibt es in Mennkausen auch keinen zentralen Spielplatz. Für die Kinder ist das ganze Dorf eine einzige Spiel- und Erlebnisfläche! Hierzu tragen sicherlich auch die vielen Tiere, Gärten, Dorfnatur: Für Kinder ist der ganze Ort Spielplatz

Idyllisches Wohnen auf dem alten Schulgelände

re bei. Kühe, Pferde, Ziegen, Hühner, Hunde, Katzen, Kaninchen …, die Aufzählung, was in Mennkausen so alles kreucht und fleucht, ließe sich fortsetzen. Reiten und Pferdezucht werden im Ort großgeschrieben. Schwerpunkt ist eine Haflingerzucht, die weit über die Grenzen des Reichshofs hinaus bekannt ist. Daneben gibt es eine Haltung von Kaltblütern, die unter anderem für Kutschfahrten eingesetzt werden, aber auch verschiedene Warmblüter werden als Reitpferde verwendet. Sogar frische Milch und selbst gemachte Butter sind in Mennkausen erhältlich, wofür die Milchkühe in einem Nebenerwerbsbetrieb verantwortlich zeichnen.

Mitte der 70er-Jahre ging die alte Dorfschule, in der von 1905 bis 1970 der Unterricht auch für die Kinder der Nachbarorte stattfand, in private Hände über. Ein Glücksfall für den Ort, denn die Eigentümer brachten nicht nur ein Architekturbüro mit, sondern ebenso viele Ideen, wie alte Bausubstanz und moderne Architekturelemente miteinander verbunden werden können. Entstanden ist ein Schmuckstück, das eine aktuelle Nutzung behutsam in den historischen Gebäudekörper integriert. Dabei blieb es aber nicht. Um Wohnmöglichkeiten für weitere Familienmitglieder zu schaffen, erfolgte die Errichtung, Restaurierung und Umnutzung einer dreihundert Jahre alten Fachwerkscheune, die am alten Standort in Bierenbachtal dem Verfall preisgegeben war. Schließlich kam ein altes Fachwerkgebäude aus Sinspert hinzu, dass zum Wohnhaus gestaltet wurde. Das alte Schulgelände hat sich so zu einem idyllischen Park entwickelt, der den Eindruck vermittelt, dass die dazugehörigen Gebäude schon immer dort gestanden haben.

„Unsere Omas und Opas gehören dazu und haben immer noch mitzureden", lautet die klare Aussage der Mennkausener zum Zusammenleben von Alt und Jung. Unter einem Dach wohnen oft zwei, manchmal sogar drei Generationen zusammen. Kein Zweifel, die Alten werden noch gebraucht. Nicht nur zum Geschichten erzählen, sondern auch zur Mithilfe im und ums Haus, zum Schwätzchen beim Nachbarn oder zum Verwahren der Kleinkinder.

Die Mennkausener stehen mit Stolz und Hingabe zu ihrem Dorf, das seit dem späten Mittelalter erstaunlicherweise eine weitgehend gleiche Ein-

Mennkausen

Feiern unterm Apfelbaum
(oben)

Hier geht die Post ab
(links)

Mennkausen

Mennkausen

Gemeinde Reichshof

Urkundliche Ersterwähnung: 1492

Einwohner 1980: 40
Einwohner 2007: 60

1 Verein
4 landwirtschaftliche Betriebe

Erfolge im Dorfwettbewerb:
Kreisebene:
4 Gold und 5 Silber
Landesebene:
1 Bronze

wohnerzahl aufweist. Heute sind im Ort 22 Wohngebäude und 16 Nebengebäude zu finden. Ohne Vereinshintergrund, ohne Gemeinschaftshaus und ohne andere zentrale Einrichtungen sind alle mit Begeisterung im Dorfwettbewerb dabei. Gleich mehrfach wurde das mit Gold auf der Kreisebene belohnt. Es ist also was dran, wenn die Mennkausener selbstbewusst verkünden: „Der Reiz und die Schönheit unseres Dorfes ist schwer zu beschreiben – man muss es erleben!"

Moderne Architektur trifft altes Gemäuer: Die frühere Schule hat sich gewandelt

Merkausen
"Die Umweltpiraten sind unterwegs"

„Ich kam vor 57 Jahren aus der Stadt nach Merkausen und fand hier meine Liebe und gleichzeitig eine neue Heimat. Ein üppiger Obsthof hatte es mir damals angetan und es war mir klar, dorthin wollte ich einmal bauen und meinen Lebensabend verbringen. Die Geborgenheit von damals ist bis heute geblieben. Zum einen ist es der Ort selbst, der sich, obschon auf der Höhe befindlich, in eine kleine Mulde einfügt. Es wird mir nicht leid, auf meinen Spaziergängen, die sich auch im hohen Alter noch durchführen lassen, die sanft hügelige Landschaft zu den verschiedenen Jahreszeiten zu genießen … und damit bin ich schon bei den Menschen dieses Ortes. Es ist ein lebensfrohes und gastfreundliches Völkchen. Man begegnet einander, nicht ohne einige freundliche Worte auszutauschen und sich nach dem Befinden des anderen zu erkundigen. Hier kennt jeder jeden. Egal wo sie geboren wurden, bei uns gibt es nur noch Merkeser."

In diesen Worten beschreibt ein älterer Merkauser sein persönliches Empfinden für seinen Heimatort. Dass daraus gleich eine kleine Liebeserklärung wird, spricht für das Dörfchen, das erst seit 1969 zu Wiehl gehört. 505 Jahre waren bis dahin vergangen, in denen sich Adelshäuser immer wieder darüber stritten, wer denn nun hier das Sagen hat. Zeugnis dafür ist der Grenzstein Nr. 4 am Ortsrand, der als Ergebnis des „Siegburger Vergleichs" von 1604 die Grenze zwischen dem Herzogtum Berg und der Grafschaft Homburg für lange Zeit markierte. Später verlief hier die Grenze zwischen den Gemeinden Denklingen und Wiehl. Heute erinnert und erläutert eine aus Stein aufgestellte Tafel an die historische Besonderheit. Veranlasst wurde das vom Verein für Gartenkultur- und Ortsgestaltung Merkausen und dem ev. Freizeitheim, das mit über 40 Betten unter anderem für Erholungssuchende und Seminargruppen verschiedene Angebote vorhält.

Anfang 1971 führten unbefriedigende Zustände im Ortsbild zur Gründung des schon erwähnten Vereins für Gartenkultur- und Ortsgestaltung. Schon bald war sein Wirken spürbar: Öffentliche Grünflächen wurden angelegt, Obststämme gepflanzt, Bänke und Sitzgruppen aufgestellt. 1979 begannen die

Blick vom Bolzplatz auf die Heimat der „Merkeser"

Merkausen

Hier schmeckt das Gras ganz besonders gut

Vereinsmitglieder mit der Umgestaltung eines alten, verfallenen Hühnerstalls mitten im Ort. Nach und nach entstand ein reizvolles kleines Dorfhaus, in das zwar nicht der halbe Ort hineinpasst, das mit seinem freundlich gestalteten Gesellschaftsraum aber gerne für Besprechungen und heitere Stunden genutzt wird. Vieles, was Merkausen heute reizvoll macht, wurde hier angestoßen und diskutiert. Kein Wunder, dass viele fleißige Hände zur Stelle waren, als im Mai 2001 nach heftigen Wolkenbrüchen das Dorfhaus unter Wasser stand. Überhaupt zeigte sich bei diesem Ereignis, welches ebenfalls eine ganze Reihe Wohnungen in Mitleidenschaft gezogen hatte, dass auf die nachbarschaftliche Hilfe Verlass ist. Der gesamte Ort war auf den Beinen und niemand wurde allein gelassen.

Inzwischen hat ein schmucker Backofen das schön gestaltete Umfeld des Dorfhauses ergänzt. Das leckere Brot, aber auch der vorzügliche Merkauser Spießbraten lassen sich am besten beim gemütlichen Zusammensein an Ort und Stelle genießen. Da der Kinderspielplatz unmittelbar anschließt, werden die lauschigen Plätze auch gerne von „Rentnern" genutzt, die so ihren Enkeln beim Spielen zuschauen. Wer vom Merkauser Kindergarten spricht, meint ganz was anderes als eine übliche Stätte zur Kinder-

Ein schön gestalteter Lebensraum für Frosch und Co.

Merkausen

Stadt Wiehl
Urkundliche Ersterwähnung: 1464

Einwohner 1980: 155
Einwohner 2007: 238

3 Vereine
1 landwirtschaftlicher Betrieb

Erfolge im Dorfwettbewerb:
Kreisebene:
9 Gold, 4 Silber und 4 Bronze
Landesebene:
1 Silber und 3 Bronze

betreuung. Vielmehr geht es um einen tatsächlichen Garten, der von und mit Kindern gestaltet und gepflegt wird. Am Dorfrand wurden Beete angelegt, in denen besondere Duftpflanzen, aber auch Gemüse und Beerenobst zu Hause sind. Kinder und Jugendliche lernen spielerisch die Abläufe in der Natur, das vielfältige Zusammenwirken der Organismen und die Grundlagen für eine gesunde Ernährung. Längst hat sich eine Gruppe dieses Themas angenommen: die „Umweltpiraten". Deren Aktivitäten umfassen sehr viel mehr als die Unterhaltung des Kindergartens. Tiere und Pflanzen in Wiese, Wald, Bach und Tümpel werden erkundet, Nisthilfen gezimmert und Sträucher angepflanzt. Ausflüge stehen ebenfalls auf dem Programm.

Die ältere Dorfjugend tobt sich auf dem neuen Bolzplatz aus. Ein geeignetes Gelände wurde in Eigenleistung zur kleinen Sportanlage gestaltet. Neben dem Fußballfeld gibt es einen Basketballbereich und eine Tischtennisplatte. Diejenigen, die hier den Bällen hinterherjagen, bemerken kaum den wunderbaren Blick auf das Dorf, den man von dieser Stelle aus genießen kann. Er zeigt nämlich, dass Merkausen noch über einen beträchtlichen Obstbaumbestand verfügt. Die Obsthöfe und Obstwiesen gewährleisten einen harmonischen Übergang in die Landschaft, sind Grundlage für zahlreiche Apfelkuchen und viele Flaschen Apfelsaft, aber auch eine echte ökologische Bereicherung. Schön, dass die Merkausener immer wieder neue Obstbäume nachpflanzen und sich in Schnittkursen zeigen lassen, wie ein alter knorriger Apfelbaum fit für die Zukunft gemacht werden kann. Das passt wunderbar in das Leitbild des Dörfchens: Im Nebeneinander von Mensch und Natur die Zukunft gestalten!

Starke Eigenleistung: das kleine Dorfhaus mit Spielplatz und Grünfläche
(links)

Tolle Truppe: die Umweltpiraten
(rechts)

Morkepütz

„Der Froschteich stand Pate"

St. Martins-Feuer der Dorfgemeinschaft

Wer weiß schon, was eine „Morke" oder „Murke" ist und was „Peisel" bzw. „Pissel" bedeutet? Heute würde das so viel wie „Kröte" und „Tümpel" heißen und daher liegt es nicht fern, Morkepütz mit „Froschteich" zu übersetzen. 1443 wurden aber noch mittelalterliche Ausdrücke verwendet und deshalb wird der Ort bei seiner ersten urkundlichen Erwähnung als „Morkenpissel" bezeichnet, woraus später „Morkepütz" wird. Jedenfalls deutet die Wortschöpfung auf eine Lage mit reichem Wasservorkommen hin. Rund zwei Kilometer nördlich vom Wiehler Stadtzentrum, am Hang des Alpetals und in Nachbarschaft zum Waldgebiet „Scherbusch", liegt das Dörfchen, das gut 260 Einwohner besitzt. Ein Teich hat sich bis heute erhalten. Der alte Brandweiher, der zum Vorhalten von Löschwasser diente, ist zum großen Gartenteich in einem Privatgarten geworden. Die Morkepützer haben ihre Dorfgeschichte zum Glück nicht vergessen. Am Ortseingang wurde 2005 ein Gedenkstein mit einem steinernen Frosch eingeweiht. Die Skulptur erinnert somit an den Ursprung des eigentümlichen Dorfnamens.

Direkt neben der Grauwackesäule steht das 1928 erbaute Feuerwehrhaus mit dem Steigerturm, der zum Trocknen der Schläuche diente. Heute gibt es in dem denkmalgeschützten Gebäude kleinere Räumlichkeiten für Besprechungen und Treffen der Dorfgemeinschaft. Die Feuerwehr ist vor einigen Jahren nach Bomig umgezogen. Bis 1996 hat sie die jährlichen Waldfeste veranstaltet, die in der Region „berühmt und berüchtigt" waren, denn da ging es immer besonders hoch her.

Auf dem kleinen Festplatz organisiert die „Alt-Traktoren-Schmiede Alpetal" regelmäßig ein Sommerfest. Neben einer Ausstellung historischer Trecker, zu der Treckerfreunde und -vereine aus dem ganzen Land anreisen, werden alte Landmaschinen präsentiert. Da es auch ein ansprechendes Rahmenprogramm gibt, müssen die Wiesen am Ortsrand als Parkplätze herhalten, so groß ist der Ansturm der Besucher.

Morkepütz legt Wert auf eine behutsame Entwicklung

Die Dorfgemeinschaft Morkepütz gestaltet ihre Dorffeste in kleinerem Rahmen. Dafür gibt es aber auch besondere Kinderfeste, ein Osterfeuer, Ausflüge, eine Maifeier und einen St. Martins-Umzug. Eine große Herausforderung war der 555. Dorfgeburtstag, der 1998 mit einem historischen Umzug begangen wurde. Anscheinend hatte man viel Spaß daran, denn die Morkepützer beteiligen sich weiterhin gerne an Jubiläums-Umzügen der Nachbarorte. Neben allem Feiern wird die Arbeit aber nicht vergessen.

Für die Älteren im Dorf wird ein Besuchsdienst organisiert, zum Weihnachtsliedersingen eingeladen und eine kleine Dorfzeitung erstellt, die über das Dorfgeschehen informiert. Für die Kinder gibt es Theateraufführungen, das Ostereiersuchen und kleine Flohmärkte. Jede Woche ist auf dem Bolzplatz Fußballtraining angesagt. Sogar Fußballturniere werden auf die Beine gestellt. Stolz ist die Dorfgemeinschaft auf das schmucke Bushaltehäuschen, das in Eigenleistung errichtet worden ist.

Winklig und gemütlich sieht der alte Dorfkern aus

Mörkepütz

Morkepütz

Stadt Wiehl
Urkundliche Ersterwähnung: 1443

Einwohner 1980: 117
Einwohner 2007: 265

4 Vereine

Erfolge im Dorfwettbewerb:
Kreisebene:
8 Silber und 7 Bronze

Die 1997 gegründeten „Tennisfreunde Morkepütz" nennen eine Tennisanlage und sogar ein Vereinsheim ihr Eigen. Wem das an sportlichen Betätigungen nicht reicht, der kann auf dem Reitplatz die Fortbewegung auf dem Pferderücken erlernen.

Für die Morkepützer ist weniger manchmal mehr! Planungen der Stadt, am Ortsrand einen großen Neubaubereich auszuweisen, stießen auf deutlichen Widerstand. Die Befürchtung war, dass man zu schnell wachsen würde und eine Integration der vielen Neubürger nicht gewährleistet wäre. Letztlich nahmen Verwaltung und Stadtrat die Sorgen ernst und verzichteten auf eine Erschließung. Kein schlechtes Beispiel dafür, dass eine nachhaltige Entwicklung von Dörfern nur behutsam und mit Unterstützung der Bewohner erfolgreich sein kann.

Unterhalb von Morkepütz, zum Alpetal hin, liegt der alte Steinbruch Wilhelmsberg. Vielen Dorfbewohnern hat er früher Brot und Arbeit gegeben. Nachdem der Steinabbau 1964 beendet wurde, eroberte die Natur das Gelände zurück. Heute ist das Areal ein acht Hektar großes Naturschutzgebiet, das zahlreichen gefährdeten Tier- und Pflanzenarten ein Zuhause bietet. Dies passt gut zum Engagement der Morkepützer für Umwelt und Natur. Am Dorfrand wurden nämlich Wildstrauchhecken und vor allem hochstämmige Obstbäume altbewährter bergischer Sorten angepflanzt. Ergänzt wird dies durch die Entwicklung einer Obstbaumallee, was auf Ausgleichsverpflichtungen der Stadt zurückgeht.

Wie es in Morkepütz gestalterisch weitergehen könnte, welche Verbesserungen möglich sind und welche Perspektiven der Ort hat – darüber gibt ein Dorfentwicklungskonzept Auskunft, das bereits 1977 erstellt wurde. Ganz egal, was davon bereits umgesetzt wurde oder noch wird, die Morkepützer werden auf jeden Fall dafür sorgen, das ihre eigenen Vorstellungen dabei nicht zu kurz kommen.

Wahrzeichen der Morkepützer: der Frosch (links)

Dorfmitte mit „Froschbrunnen" (rechts)

Müllenbach

„Ein Horrido auf Möllenbiek"

Wer ein Schützenfest der Superlative erleben will, der braucht nicht nach Westfalen oder an den Niederrhein zu fahren. Es reicht, wenn er sich in den Osten des Oberbergischen begibt. Dort liegt in der Gemeinde Marienheide das Kirchdorf Müllenbach, mit 400 m über dem Meeresspiegel einer der am höchsten gelegenen Orte des Kreises. Seit unglaublichen 451 Jahren wird hier präzises Schießen geübt, der zielsicherste Schütze ermittelt und dabei die Traditionen gepflegt. Heute zählt der nach Bergneustadt zweitälteste und größte oberbergische Schützenverein deutlich mehr als 1000 Mitglieder. Nur Männer dürfen beitreten! Die kommen aber nicht nur aus Müllenbach, sondern auch aus den Nachbarorten wie Dannenberg, Holzwipper, Stülinghausen, Kalsbach, Siepen oder Obernhagen. Das jährliche Schützenfest ist ein großes Spektakel, bei dem das gesamte Dorf auf den Beinen ist. Gleich vier „Züge" finden an dem Wochenende statt. Während der erste am Samstag zum Ehrenmal auf den Friedhof führt, holt der zweite am Sonntagmorgen den alten Schützenkönig ab. Am Sonntagnachmittag marschieren Hunderte Schützen mit, um den neuen König abzuholen und am Montag setzen sich die Aktiven noch mal zusammen mit dem Kinderschützenkönig in Bewegung. Während des Festkommers platzt die Müllenbacher Schützenhalle mit mehr als 700 Gästen aus allen Nähten. Wer also dabei sein will, sollte sich rechtzeitig um einen Tisch kümmern.

In Müllenbach gibt es neben den Schützen eine Reihe weiterer Vereine. So zum Beispiel den TV Rodt-Müllenbach, der Breitensport außer Fußball anbietet. Er blickt auf große Erfolge im Geräteturnen und in der Leichtathletik zurück. Aktuell spielt die Handballmannschaft in der Oberliga und trägt damit zum guten Ruf des Oberbergischen als Handballregion bei.

Höhendorf mit vielfältigem Freizeitangebot

Müllenbach

Eine Hochburg des oberbergischen Schützenwesens

Liebhaber alter Trecker kommen in Müllenbach ebenfalls auf ihre Kosten. Der Traktorclub, der über 400 Mitglieder zählt, hat sich mit Leib und Seele den Arbeitspferdchen auf vier Rädern verschrieben. Wer gerne singt, ist im MGV Müllenbach gut aufgehoben und jeder, dem die Gestaltung und die Geschicke des Dorfes am Herzen liegen, ist im Gemeinnützigen Verein willkommen. Es gibt Fördervereine für die Grundschule, den Kindergarten und das „Haus der Geschichten". Sie unterstützen die Arbeit und die Aufgaben der jeweiligen Institutionen.

Das „Haus der Geschichten" ist ein Highlight im kulturellen Angebot weit über die Dorfgrenzen hinaus. Im ehemaligen Kolonialwarenladen bzw. der früheren Dorfarztpraxis hat der Schriftsteller Harry Böseke ein kleines heimatkundliches Museum eingerichtet. Der Besucher erfährt dort vieles über das Leben und Arbeiten in früheren Zeiten. Durch zahl-

Eldorado für Leseratten: das große Bücherfest

reiche Bilder und Sammlerstücke, die liebevoll zu einer anschaulichen Dokumentation arrangiert worden sind, werden Einblicke in die Lebensgewohnheiten der Menschen im letzten und vorletzten Jahrhundert vermittelt. Natürlich kommen viele Müllenbacher Besonderheiten, wie die Steinbrucharbeit als Haupterwerbsquelle, nicht zu kurz. Also, auf nach Müllenbach. Sonntags hat das Museum geöffnet und der Eintritt ist sogar frei!

Das „Haus der Geschichten" lebt aber auch von Veranstaltungen. Lesungen, Vorträge und Aktionen sind passende Ergänzungen zu der Ausstellung. Jährlich im Juni findet zudem ein großes Bücherfest statt und in jedem Monat ist Büchermarkt. Angeboten wird das gesamte Literaturspektrum, wobei sich namhafte Antiquariate beteiligen. In der alten Gastwirtschaft Specht gegenüber dem „Haus der Geschichten" wird dann nach Schnäppchen und Schätzchen in den Bücherkisten gewühlt, bei gutem Wetter auch an den Ständen auf der Straße. Kein Wunder, dass sich schon der Begriff „Bücherdorf Müllenbach" etabliert hat.

Das bauliche Wahrzeichen Müllenbachs ist die alte Kirche. In ihrer westfälisch-sächsischen Bauart auf das 11./12. Jahrhundert zurückgehend, ist sie nicht nur Gotteshaus, sondern auch Wehrkirche gewesen. Die Menschen aus dem Dorf und der Umgebung konnten hier bei Not und kriegerischen Ereignissen Zuflucht suchen. Wegen ihrer wunderschönen Wandmalereien zählt sie zu den sogenannten „Bonten Kerken" im Land. In ihr läutet auch die älteste Glocke des Oberbergischen, die wegen ihrer besonderen Form „Zuckerhutglocke" heißt und aus dem 11. Jahrhundert stammt.

Die „kleine Gottesburg", wie die Müllenbacher Kirche liebevoll genannt wird, ist für die Mitglieder der evangelischen Kirchengemeinde nicht nur Ort der Verkündigung, sondern auch Stätte der Begegnung und des Miteinanders. Dies gilt auch für den ev. Kindergarten, der sich mit vielfältigen Angeboten für die Kinder, aber auch für die Eltern in das Gemeinde- und Dorfleben einbringt. Seit dem letzten Jahr ist die ev. Kirchengemeinde Träger der offenen Ganztagsschule an der Gemeinschaftsgrundschule Müllenbach. Lehrerinnen und Lehrer, Eltern, der Förderverein und viele mehr engagieren sich sehr für die Grundschule, die in der Dorfmitte liegt. Der Schulspielplatz steht selbstverständlich allen Kindern im Ort offen, sodass hier reges Leben von früh bis spät herrscht.

Abschließend soll nicht unerwähnt bleiben, dass mit „Haus Dahl" eines der ältesten Bauernhäuser Oberbergs zu Müllenbach gehört. Das 2004 aufwendig restaurierte, imposante Hallenhaus wird vom Museum des Oberbergischen Kreises unterhalten und dokumentiert neben den baulich-handwerklichen Details das Leben auf dem Lande im 19. Jahrhundert. Ein dazu angelegter herrlicher Bauerngarten mit uralten Nutz- und Zierpflanzensorten ist das Sahnehäubchen für einen Ausflug nach Müllenbach und zu seinen Besonderheiten.

Ältestes Bauernhaus Oberbergs: Haus Dahl ist einen Besuch wert

Müllenbach

Gemeinde Marienheide
Urkundliche Ersterwähnung: 1174

Einwohner 1980: 891
Einwohner 2007: 1292

7 Vereine
1 evang. Kirche
1 Grundschule
1 Kindergarten
1 landwirtschaftlicher Betrieb

Erfolge im Dorfwettbewerb:
Kreisebene:
1 Gold, 11 Silber und 2 Bronze
Landesebene: 1 Gold

Nosbach

„Feinkost vom Dorfrand"

Den Wandel vollzogen: früher Dorfschule, heute Wohnhaus mit Büro

Nur einen Katzensprung von Südwestfalen bzw. Rheinland-Pfalz entfernt, ganz im Osten der Gemeinde Reichshof, liegt Nosbach. Über Feld- und Waldwege lässt sich Wildbergerhütte bequem im Rahmen eines Spaziergangs erreichen. Überhaupt orientieren sich die Nosbacher aufgrund der Einkaufsmöglichkeiten, des Kindergartens und der Grundschule in den Nachbarort. 1973 schauten die Wildbergerhütter dagegen respektvoll nach Nosbach. Das Dorf hatte sich bestens präsentiert, die kritischen Juroren überzeugt und sich gegenüber starker Konkurrenz behauptet. Nosbach hatte Gold im Bundeswettbewerb „Unser Dorf soll schöner werden" gewonnen! Zwar ließ sich ein solch grandioser Erfolg nicht mehr wiederholen, aber bis heute hat der freundliche Ort Besonderes zu bieten.

Da gibt es beispielsweise mitten im Dorf einen prächtigen Dorfkamp. Das kleine Wäldchen aus alten Eichen und Buchen ist ein Treffpunkt für Mensch und Natur. Besonders reizvoll wird es, wenn im Schatten der großen Bäume die vielen Rhododendron-Sträucher blühen. Zu diesem Zeitpunkt kommt schon fast Kurparkatmosphäre auf. Viele weitere schöne und gepflegte Gärten und Vorgärten ergänzen den Eindruck eines „Blütendorfes". Sogar der Spielplatz wird grün eingerahmt. Er umfasst eine große Rasenfläche mit Spielgeräten, die von Hausgärten umgeben ist. Da bedarf es schon eines gut überlegten Mähplans der Dorfgemeinschaft, um die Fläche in Fasson zu halten.

Nicht nur der Spielplatz sowie der Bolzplatz am Ortsrand erfreuen sich vieler fleißiger Hände. Das Dorfgemeinschaftshaus und die dazugehörigen Umlagen werden von den Nosbachern genauso

Nosbach

Freundlicher Ort mit viel Grün

gewissenhaft unterhalten und gepflegt. Hier trifft man sich zu gemeinschaftlichen oder privaten Feiern oder wenn es etwas zu besprechen gibt. Zum Seniorenkaffee mit Gesang und Unterhaltung werden

Die Feinkost vom Dorfrand

Nosbach

Nosbach

Gemeinde Reichshof
Urkundliche
Ersterwähnung: 1575

Einwohner 1980: 165
Einwohner 2007: 204

2 Vereine
1 landwirtschaftlicher Betrieb

Erfolge im Dorfwettbewerb:
Kreisebene:
5 Gold, 5 Silber und 1 Bronze
Landesebene:
1 Gold, 2 Silber und 1 Bronze
Bundesebene: 1 Gold

Wäldchen mitten im Ort:
Nosbacher Dorfkamp

auch die älteren Bewohner der Nachbardörfer eingeladen. Die Damen des Ortes kommen jede Woche zur Handarbeit zusammen. Für die organisierten Ausflüge der Dorfjugend gibt es meist reizvolle Ziele. So haben die Freizeitparks in der Region, die Karl-May-Festspiele oder die Schiffe auf der Bigge des Öfteren Besuch aus Nosbach bekommen. Dank der Feuerwehr sind weitere Veranstaltungen möglich. So feiern die Kinder den Nikolaustag in deren Gerätehaus. In der Regel wird dann auch ein kleines Theaterstück aufgeführt, das die Kinder mit großem Erfolg extra einstudiert haben.

Wenn es an der Haustür klingelt und frischer Panhas reingereicht wird, wissen alle, dass in der Nachbarschaft Schlachtfest ist. Für die in der Pfanne gebratene Spezialität sorgen die Nosbacher Schweine, die von einer Familie gehalten werden. Mit dem „Deutschen Weideschwein" als alte und seltene Nutztierrasse sind auch schon einmal Raritäten darunter. Nicht nur Fleisch und Wurst aus eigener Produktion sind im Angebot. Vieles, was als Grundlage für eine gesunde und leckere Mahlzeit dient, stammt aus eigener Scholle. Mehrere Familien haben sich zusammengetan und am Dorfrand selbstbewirtschaftete Äcker und Gärten eingerichtet. Mit den im Dorf gehaltenen Pferden wird gepflügt und deren Mist dient als Düngung. Das Ergebnis kann sich sehen lassen: Salat, Gemüse, Kartoffeln und Getreide, das für das eigene Brot gemahlen wird. Alle Nahrungsmittel sind besonders schmackhaft, garantiert frei von Chemie und vor allem durch der eigenen Hände Arbeit entstanden. In Nosbach stammt die Feinkost vom Dorfrand!

Nümbrecht
„Zwischen Wellness und Schlosskirche"

Schnurgerade führt die Nümbrechter Hauptstraße abwärts auf die 1000-jährige Kirche zu. Dann macht sie einen großen Bogen um das Kirchengebäude und endet an einem Verkehrskreisel. Hier kann es schon mal eng werden, vor allem wenn Lastwagen entgegenkommen oder gar die Oberbergische Postkutsche, die in den Sommermonaten im Zockeltempo diesen Weg zum Halteplatz vor der Post fährt.

Auf einer der regelmäßigen Führungen des Heimatvereins Nümbrecht erfährt der Interessierte, wie es zu diesem Kontrast gekommen ist. Im August 1830 zerstörte ein Großbrand oberhalb der Kirche viele Häuser des Dorfes, die damals noch mit Stroh gedeckt waren. Nur die Steinhäuser um die Kirche herum blieben vom Feuer verschont. Der Ortskern von Nümbrecht musste neu aufgebaut werden. Dabei durften die Häuser oberhalb der Kirche nur noch in Steinbauweise errichtet werden. Die Hauptstraße selbst wurde verbreitert und erhielt ihr heutiges Gesicht.

Die Häuser um die Kirche herum stammen aus dem 17. und 18. Jahrhundert, als die Herren von Schloss Homburg das Sagen im Homburger Ländchen hatten. Teilweise wohnten hier auch Bedienstete des Schlosses. Das Schloss liegt etwas außerhalb von Nümbrecht auf einem Bergsporn über der Homburger Bröl und ist über einen Fußweg in 25 Minuten zu erreichen. Die Schlossherren legten zu ihren Zeiten die Strecke zu Pferd etwas schneller zurück, nahmen den „Ritterpfad" an der Bahnhofstraße und

Macht eine gute Figur: Nümbrecht glänzt mit einem gut gestalteten Ortszentrum und großzügigen Erholungsflächen

Ballon-Glühen: Lichterfest im Kurpark

ritten die heutige Hauptstraße hinunter zu ihrer Schlosskirche, wie die Kirche damals hieß. So wird sie in den Prospekten der Touristinformation Nümbrecht heute noch genannt, obwohl nur noch wenig daran erinnert, dass hier einst Burgherren den Gottesdienst besuchten und nach ihrem Tod in der sogenannten Herrenkammer begraben wurden. Gottesdienste waren für viele damals ein guter Anlass, eines der zahlreichen Wirtshäuser in Nümbrecht aufzusuchen. Manchmal fanden die Geistlichen dort mehr Männer als sie Kirchenbesucher zählten. Das alte Wirtshaus Spieß aus dem Jahr 1703 zwischen der Hauptstraße und der Alten Poststraße gehörte beispielsweise auch zu den Stätten, vor deren Besuch von der Kanzel aus gewarnt wurde.

Die Nümbrechter Kirche ist im Laufe der Zeit immer wieder umgebaut worden, bis sie die unterschiedlichsten Baustile vereinigte. Vom Stil einer romanischen Basilika bis zu gotischen Elementen lässt sich alles erkennen. Hier auf dem Kirchplatz sehen die Historiker auch den Ursprung der Gemeinde Nümbrecht, der wahrscheinlich ins 6. und 7. Jahrhundert zurückreicht.

Nümbrecht ist ein Touristenmagnet. Viele Pensionen und Hotels haben sich erfolgreich im Land bekannt gemacht. Mit der „guten Luft" hat alles begonnen: 1972 wurde Nümbrecht anerkannter Luftkurort und 1987 heilklimatischer Luftkurort. Inzwischen gehört Nümbrecht zur Premium-Class unter den heilklimatischen Kurorten. Dazu kommen zahlreiche Angebote im Wellness-Bereich. Die Sportmöglichkeiten reichen von Golf über Hallentennis bis zum Schwimmen im Hallenbad. Seit 2007 gibt es den „Heilklima-Nordic-Walking-Fitness-Park", der mit seinen sechs gut ausgeschilderten Routen und mit Streckenlängen von 1,9 km bis zu 10,2 km dem Anspruch eines jeden Walkers entspricht und der die ohnehin schon bestehenden 150 km Wanderwege rund um den Ort ideal ergänzt. Nicht wenigen Besuchern gefällt es so gut, dass sie zu richtigen Nümbrechtern werden. Tatsache ist, dass Nümbrecht im Gegensatz zu anderen Gemeinden eine steigende Einwohnerzahl verzeichnet. Im Ort Nümbrecht selbst wurden 2007 über 4500 Einwohner gezählt. Der größte Bevölkerungszuzug fand in den 90er-Jahren statt, als viele Russlanddeutsche hier eine neue Heimat fanden. Die ganze Gemeinde Nümbrecht mit ihren 91 Dörfern umfasst etwa 17 500 Einwohner.

Etwas abseits von den Spazier- und Wanderwegen befindet sich ganz in der Nähe der katholischen Kirche der jüdische Friedhof, der zu einer jüdischen Gemeinde gehörte, die sich 1938 auflösen musste. Viele ihrer Mitglieder wurden von den Nationalsozia-

Nur einer kann gewinnen: „Entenrennen" auf dem Weiher

listen ermordet. Ein Ehrenmal gleich neben dem Friedhof erinnert an diese Opfer. Auch auf dem Dorfplatz begegnet man einem Gedenkstein. Er erinnert an den Standort der alten jüdischen Synagoge, die einzige, die es im Oberbergischen Kreis je gegeben hat. 1974 wurde im Nümbrechter Kurpark die Landesgartenschau eröffnet. Hauptattraktion ist auch heute noch der Säulenbrunnen mit den Figuren des Bildhauers Michael Schwarze, der viele Jahre in Hömel bei Nümbrecht lebte. Gleich neben dem Brunnen starten an schönen Abenden die Ballons des Nümbrechter Ballonsportvereins. Das große Areal des Kurparks wurde aufgeteilt und ein Sportpark mit Golfanlage abgetrennt. Der Kurpark ist heute für die Patienten der nahen Rhein-Sieg-Klinik ein beliebtes Ziel für einen Spaziergang. Die 1995 eröffnete Kurklinik mit den Schwerpunkten Neurologie und Orthopädie hat sich zusammen mit weiteren Dienstleistern, die sich im Bereich Gesundheit und Rehabilitation in und um Nümbrecht angesiedelt haben, zu einem bedeutenden Wirtschaftszweig entwickelt. Vom Kurpark aus erreicht man auch den Aussichtsturm, mit 341 m über dem Meeresspiegel der höchste Punkt in der ganzen Gemeinde. Die 134 Stufen zur Aussichtsplattform hochzusteigen, erfordert schon eine gewisse sportliche Fitness.

Die knapp zehn Minuten Autofahrt zwischen Nümbrecht und Wiehl kann man auch anders zurücklegen: mit der Oberbergischen Postkutsche! Zugegeben, es gibt schnellere Fortbewegungsmöglichkeiten. Aber die Fahrt mit der Postkutsche ist ein besonderes Erlebnis. Daher ist sie häufig ausgebucht und man muss schon Glück haben, wenn man in den Sommermonaten ohne Voranmeldung einen Platz ergattern will. Die Postkutsche selbst ist der Nachbau einer kaiserlichen Postkutsche aus dem Jahr 1871.
Etwas schneller fährt der Bürgerbus durch die Gemeinde Nümbrecht. Über fünf Linien werden insgesamt 65 Haltestellen in den Nümbrechter Dör-

Kunst im Grünen: Säulenbrunnen am Eingang zum Kurpark

Nümbrecht

Gemeinde Nümbrecht
Urkundliche Ersterwähnung: 1131

Einwohner 1980: 3 267
Einwohner 2007: 4 535

23 Vereine
evang. Kirche
kath. Kirche
1 Grundschule
1 Hauptschule
1 Realschule
1 Gymnasium
3 Kindergärten
1 landwirtschaftlicher Betrieb

Erfolge im Dorfwettbewerb:
Kreisebene: 2 Gold
Landesebene: 1 Gold
Bundesebene: 1 Gold

---

fern angefahren. Die Buslinien werden durch einen Trägerverein betrieben, dessen Fahrer die Bürger ehrenamtlich befördern.

Wenn Nümbrecht mit Veranstaltungen lockt, zum Beispiel mit dem Mittelalterlichen Markt auf Schloss Homburg Anfang Mai eines jeden Jahres, wird es immer voll. Da alle Parkplätze am Schloss gesperrt sind, setzen die Veranstalter kostenlose Shuttle-Busse ein. Wenn das Wetter es zulässt, sollte man besser zu Fuß auf dem Ritterpfad von Nümbrecht zum Schloss gehen. Dort muss sich der Besucher auf viele Menschen einstellen. Nicht geringer ist der Andrang beim Lichterfest im Kurpark oder beim „Bunten Umwelttag" Anfang September. Auch das Angebot der beiden Werkkunstmärkte vor Ostern und Weihnachten ist mittlerweile so umfangreich, dass sie sich vom Kursaal bis in die Räume des Rathauses ausgedehnt haben. Der Besucher sollte aber etwas mehr Zeit mitbringen, denn gut beraten ist auf jeden Fall derjenige, der abseits des Rummels die vielen schönen Impressionen Nümbrechts bei einem gemütlichen Spaziergang entdecken und schätzen lernt.

„Gesund bleiben und werden, sich wohlfühlen": wichtig für Alt und Jung, wichtig für Nümbrechter

Oberwiehl

„Die Macher vom Hans-Teich"

„Von der modernsten Eisenhütte im Rheinland zur Industriebrache. Dann die Wiederbelebung zum leistungsfähigen Gewerbepark und zu einem Zentrum des Dorflebens." So beschreiben die Oberwiehler selbst die Entwicklung ihres Ortskerns. Wo früher reges Arbeiten und Leben geherrscht hatten, standen in den 80er-Jahren die alten Werkshallen am Teich leer. Längst hatten die Eisenwerke Grümer und die Kunstwollfabrik Carl Hans ihre Geschäftstätigkeiten eingestellt. Anfang der 90er-Jahre hatte dieser Zustand endlich ein Ende. Eigentümer und Stadt kamen überein, auf dem Gelände einen Wohn- und Gewerbepark zu entwickeln, der dem Ort mit Arbeitsplätzen, Einkaufsmöglichkeiten und Wohnungen wieder eine langfristige Perspektive bietet. Was dann folgte, ist eine beeindruckende Erfolgsgeschichte.

Die historische Bausubstanz wurde möglichst erhalten und nach den heutigen Erfordernissen ergänzt. Neue Gebäude kamen hinzu und eine ansprechende Gesamtgestaltung machte den Wohn- und Gewerbepark für Unternehmen und Wohnungsmieter interessant. Gewerbebetriebe und Dienstleister siedelten sich an, Menschen zogen in neue Wohnungen im alten Gemäuer. Der Ortskern hatte sich vom hässlichen Entlein zum schönen Schwan entwickelt. Unglaubliche 250 neue Arbeitsplätze sind in den letzten 15 Jahren dort entstanden. Und jede Menge Lebensqualität! Natürlich hat davon der ganze Ort profitiert. Weitere Geschäfte in der Oberwiehler Straße zeigen, dass eine gesunde Nachfrage besteht. Denn auch die Zahl potenzieller Kunden hat zugelegt: Seit 1980 ist das „alte" Oberwiehl um 400 auf über 1000 Einwohner gewachsen, zählt man die Übergänge nach Büttinghausen, Heckelsiefen und Siefen dazu, sind es mehr als 2500 Menschen!

Auch auf anderen Feldern wurden in Oberwiehl erfolgreich Maßstäbe gesetzt. Die Gemeinschaftsgrundschule, die seit 1988 zusammen mit der angeschlossenen Förderschule für Sprache in den Räumlichkeiten der alten Hauptschule sitzt, verfügt über eine moderne Holzhackschnitzelheizung, die als umweltfreundlicher Wärmeerzeuger immer wieder

Den Wandel erfolgreich gestaltet: Blick in die Oberwiehler Straße

Eigene Kegelbahn im Dorfkamp: Kegelgesellschaft „Strack Dur"

von Interessenten besichtigt wird. In der Schule nutzen auch das Schauspielstudio Oberberg und das Jugendkabarett Räumlichkeiten. In der Nachbarschaft betreibt die Arbeiterwohlfahrt einen Kindergarten mit vier Gruppen. Beide Einrichtungen gestalten den St. Martins-Umzug, der für die kleinen Oberwiehler immer ein Ereignis ist. Ebenfalls in der gleichen Straße befindet sich das „Paul-Schneider-Haus". Als Gemeindehaus der evangelischen Kirchengemeinde Wiehl dient es kirchlichen Veranstaltungen und als Treffpunkt der Gemeindeglieder, aber auch – quasi als Dorfhaus – für andere Vereine im Ort.

Erfolgsgeschichte am Hans-Teich: neues Leben in alten Mauern

Begeisterung beim Public Viewing: In der Aula der Grundschule geht die Post ab

Etwas weiter oberhalb ist der CVJM zu Hause. Er hat sein Vereinsheim schon 1955 auf dem Pützberg gebaut. Über 500 Mitglieder sorgen für eine engagierte Jugendarbeit als Ausdruck des christlichen Glaubens. In Sachen Sport kennt sich der CVJM ebenfalls aus. Mit 26 Mannschaften ist er, was die aktiven Spieler angeht, der größte Handballverein Oberbergs! Sein altes Sportplatzgelände hat der CVJM Oberwiehl in einer tollen Aktion modernisiert und neu gestaltet. Spender, die mindestens 50 Euro für einen „Baustein" geben, wurden gesucht und gefunden. Im Internet wurde eine Übersicht veröf-

Die Oberwiehler wissen, wie man was auf die Beine stellt

Oberwiehl

Stadt Wiehl
Urkundliche Ersterwähnung: 1316

Einwohner 1980: 1629
Einwohner 2007: 2544

7 Vereine
evang. Gemeindehaus
1 Grundschule
1 Förderschule für Sprache
1 Kindergarten

Erfolge im Dorfwettbewerb:
Kreisebene:
2 Silber, 3 Bronze und Gold

fentlicht, wer welchen Sportplatzteil auf diese Weise „erworben" hat. Mit diesem finanziellen Rückenwind und mit großartiger Eigenleistung ist ein wunderschönes Sportgelände entstanden, das Rasen, Kunststoffbelag und Sandfeld vereint. Fast alle Sportarten sind hier möglich. Inzwischen sind auch die dazugehörigen Räumlichkeiten erfolgreich fertiggestellt.

Das ist aber längst nicht alles im Oberwiehler Vereinsleben. Das Oberwiehler Sängerquartett hat es schon zu Fernsehauftritten gebracht, und der Denkmalverein kümmert sich seit 85 Jahren um die Ehrung der Kriegsopfer. Bei der Freiwilligen Feuerwehr sind es schon fast 110 Jahre Dienst für die Allgemeinheit. Die Kegelgesellschaft „Strack Dur" (für Zugereiste: „Geradeaus durch") besitzt gar eine eigene Kegelbahn, die im Dorfkamp gebaut wurde. Nicht nur das Silvester-Brezelkegeln ist für die 100 Mitglieder ein Muss.

Deutlich über 200 Familien tragen den Gemeinnützigen Verein Oberwiehl. Er ist der Motor des Dorflebens und bietet jedes Jahr ein Programm, was seinesgleichen sucht. Da gibt es nicht nur die „Pflicht", wie zahlreiche Arbeitseinsätze zur Pflege und Gestaltung von Bolzplatz, Spielplatz, Dorfkamp und Wiehlaue. Vielmehr wird gerade den Kindern Besonderes geboten. Neben den Kegelturnieren und speziellen Kinderfesten gibt es den Dorfaktionstag. Hier wird das Leben im Bach erforscht, dem Imker über die Schulter geschaut, ein Bauerngarten erkundet und ein Dorfquiz gelöst. Die heimatkundlichen Spaziergänge richten sich auch an die Erwachsenen, genauso wie die „Strungsabende", an denen Zeitzeugen über das Leben im Dorf erzählen. Der Heimatbezug findet ebenfalls Niederschlag im jährlichen Wandkalender, der alte und neue Impressionen aus dem Ort zeigt. Zum Feiern trifft man sich auf „Sträßers Festwiese". Sie liegt am alten Dorfkamp, der bis vor einigen Jahren eine Saatkrähenkolonie beherbergte. Auch wenn die Vögel inzwischen verzogen sind, ist die Saatkrähe so etwas wie das Oberwiehler Wappentier geworden. Fester Bestandteil des Jahresprogramms des Gemeinnützigen Vereins ist das „Fabrikfest". Auf dem Gelände der früheren Fabrik Grümer trifft man sich zum Essen, Trinken, Strungsen und Tanzen. Fehlen darf dabei auf keinen Fall der Kanu-Wettbewerb. Auf dem Hans-Teich, mit dessen Wasser heute übrigens wieder Strom produziert wird, treten Mannschaften aus Vereinen und Politik zum Bootsrennen rund um die kleine Insel in der Teichmitte an. Für die Zuschauer nicht unwillkommen, finden sich die einen oder anderen Ruderer regelmäßig im Wasser wieder.

Die Oberwiehler Vereine pflegen verschiedene Partnerschaften. Ob mit Hindelang im Allgäu, Köngen in Württemberg, Hiddenhausen in Westfalen, Crimmitschau in Sachsen oder Hem in Frankreich: Die gewachsenen Freundschaften werden zu Besuchen und einem regen Austausch genutzt. Auch das ist Dorfleben.

Wer nach einem Spaziergang durch die benachbarte Wiehlaue zurück am Hans-Teich ist und seinen Blick über den Dorfkern und seine Umgebung schweifen lässt, der wird bestätigen, dass Oberwiehl auf einem guten Weg ist. Ein schönes Beispiel, was alles möglich ist, wenn man „Macher" an den richtigen Stellen und vor allem in den eigenen Reihen hat.

Ohl & Klaswipper

„Der Kaiser war hier zu Besuch"

Ein Besuch des Kaisers im Oberbergischen Land: Das war früher alles andere als ein alltägliches Ereignis. Neben seinen offiziellen Besuchen, wie beispielsweise in Waldbröl oder in Gummersbach, machte Kaiser Wilhelm aber auch schon mal einen privaten Abstecher in unsere Region. Dabei besuchte er die Fabrikantenfamilie Buchholz, die mit der Schwarzpulverproduktion vermögend geworden war. Sie residierte in einer 1812 erbauten klassizistischen Villa, die sogar Louis-seize-Elemente aufwies. Das beeindruckende Gebäude in Ohl steht heute längst unter Denkmalschutz und wurde liebevoll restauriert. Seit 2004 beherbergt es das Schwarzpulvermuseum, das in bemerkenswerter privater Fleißarbeit zusammengetragene Erinnerungen an das „Schießpulver aus Oberberg" und viele damit zusammenhängende Geschichten präsentiert. Die Räumlichkeiten des Gebäudes werden aber auch für kulturelle Veranstaltungen genutzt. So gibt es Lesungen, Vorträge und kleine Konzerte.

In Ohl und Klaswipper gibt es weitere bemerkenswerte Gebäude, die Geschichte erlebbar machen. Zu ihnen zählen der alte Bahnhof und das benachbarte „Kolonnenhaus", die beide mit der 1901 in Betrieb genommenen Bahnstrecke Wipperfürth–Marienheide errichtet wurden. Schon 1837 wurde die in Klaswipper gelegene evangelische Kirche eingeweiht. Sie ist ein schönes Beispiel für eine im klassizistischen Stil mit Bruchsteinmauerwerk und vorgesetztem Turm erbaute kleine Landkirche. Als sogenannte Normalkirche musste sie nach einem preußischen Einheitsbauplan, immerhin ein Entwurf des berühmten Baumeisters Schinkel, errichtet werden. Nur so gab es staatliche Zuschüsse.

Ein großer Meilenstein im Dorfleben war die Einweihung des Bürgerhauses in Ohl im letzten Jahr.

Hier heißt die Wupper noch Wipper

Preußische Einheitskirche mit Architekturgeschichte: evangelische Kirche in Klaswipper

Dank vieler fleißiger Helfer konnte das alte Volksbankgebäude in kurzer Zeit umgebaut und renoviert werden. Der Bürgerverein ist stolz, dass damit zum ersten Mal ein Treffpunkt zur Verfügung steht, in dem Angebote für Jung und Alt das Miteinander der Menschen unterstützen. Nicht dass der Eindruck entsteht, andere Freizeitangebote gäbe es nicht. Im Gegenteil, das Vereinsleben ist vielfältig und intensiv. Da gibt es den fast 110 Jahre jungen Turnverein, in dem gut 750 Mitglieder Sport treiben, den TC Ohl, der über drei Tennisplätze verfügt, den Quartettverein, die Sportfischer Obere Wipper, den Wanderverein, die auf 125 Jahre Dienst am Nächsten zurückblickende Feuerwehr und die traditionsreiche Kyffhäuser-Kameradschaft, die stolze 140 Jahre Vereinsarbeit ins Feld führen kann. Eine besondere Bedeutung hat der Wasserbeschaffungsverband, der bis heute die öffentliche Trinkwasserversorgung erfolgreich sicherstellt. Bis 1894 weisen seine Ursprünge zurück. Wassergewinnung, Leitungen, Hygiene und Technik wurden immer wieder modernisiert, verbessert und ergänzt. Damit ist gewährleistet, dass ein kleiner, örtlicher Ver-

Herberge für den Kaiser: Villa Buchholz mit Schwarzpulvermuseum

In Ohl wurde das Dorfzentrum neu gestaltet

sorger auch in Zukunft frisches und sauberes Trinkwasser bester Qualität in jeden Haushalt liefern kann. Wichtig für beide Ortsteile ist das Vorhandensein von Kindergarten und Grundschule. Der in Klaswipper gelegene ev. Kindergarten wurde 1992 eingerichtet und verfügt über insgesamt drei Gruppen. Die Ohler Gemeinschaftsgrundschule bietet neuerdings auch einen Ganztagsbereich an.

Klaswipper als typisches Straßendorf oder Ohl als in den letzten Jahrzehnten deutlich gewachsene Ortschaft mit historischem Kern: Sie sind die östlichsten Dörfer im Wipperfürther Stadtgebiet. Hier hat die Wipper noch ihren „jugendlichen" Namen, bevor sie ein wenig weiter zur Wupper wird. Hier kann man auch den Wahlberg erwandern, mit 406 Metern die höchste Erhebung Wipperfürths. Die hier lebenden Menschen, die „Wipperströmler", überzeugen durch ihre Initiativen im Vereinsleben und schaffen damit gute Voraussetzungen für eine lebenswerte Zukunft. Was der Kaiser wohl heute dazu gesagt hätte?

Ohl & Klaswipper

Stadt Wipperfürth
Urkundliche Ersterwähnung: 1513

Einwohner 1980: k. A.
Einwohner 2007: 2061

9 Vereine
evang. Kirche
1 Grundschule
1 Kindergarten
4 landwirtschaftliche Betriebe

Erfolge im Dorfwettbewerb:
Kreisebene: 7 Bronze

Puhl
„Gemeinsam wird's möglich"

Gelungener Neubau am Ortsrand

Am westlichen Rand des Waldbröler Stadtgebiets, fast schon im Übergang zur Gemeinde Nümbrecht, liegt das kleine Örtchen Puhl. 21 Häuser, davon einige erst in den letzten Jahren erbaut, einige landwirtschaftliche Nebengebäude und vor allem 61 nette Menschen sind hier anzutreffen. Puhl ist ein „junges Dörfchen", denn fast ein Drittel der Einwohner ist unter 18 Jahre alt!

Wer von der Höhenstraße südlich des Ortes Richtung Puhl abbiegt, bemerkt sofort einen am Waldrand gelegenen Friedhof. Ohne die Puhler würde es den nicht geben, denn zusammen mit dem Nachbardorf bilden sie den Friedhofsverein „Hahn und Umgebung", der für die Einrichtung verantwortlich zeichnet. Fast jeder ist dabei, da man durch den Erwerb einer Grabstätte automatisch Mitglied wird. Der Verein hat es mit Geschick und vor allem mit enormem Einsatz geschafft, den Friedhof bis heute erfolgreich zu gestalten und zu pflegen. So konnten planerische Hindernisse bei der Erweiterung des Geländes überwunden werden. Anfang der 90er-Jahre wurde die Friedhofshalle fertiggestellt und zehn Jahre später kam ein kleiner Glockenturm hinzu. Für das kleine Puhl und das wenig größere Hahn ist das eine beeindruckende Leistung. Gleichzeitig kann der Friedhof als Beispiel dafür gelten, dass gemeinsames Engagement behördliches Wirken manchmal mehr als ersetzen kann.

Gleich zwei landwirtschaftliche Vollerwerbsbetriebe sind im Ort noch zu Hause. Daher gesellen sich zu den Puhlern eine ganze Menge Kühe. Einer der Bauernhöfe wirtschaftet nach ökologisch-biologischen Kriterien. Auf jeden Fall ist für frische Milch ausreichend gesorgt. Für weitere Arbeitsplätze sorgen ein Finanzdienstleister und ein Handwerksunternehmen. Acht alte Fachwerkhäuser aus dem 17. und 18. Jahrhundert, von denen zwei unter Denkmalschutz stehen, gruppieren sich mitten im Ort. Die Durchgrünung ist durch abwechslungsreiche Gärten und Vorgärten, Obstbäume, einem alten Bauerngarten, den alten Linden am Hof Demmer und einem prächtigen alten Walnussbaum am Ortsausgang gekennzeichnet. Bis heute gibt es noch den alten Feuerlöschteich. Er erinnert an die Herkunft des Ortsnamens. 1454 fin-

Der Friedhof: Beispiel für gemeinsames Engagement

det sich die erste Erwähnung als „Zum Poel", was so viel wie „Pfuhl" oder Dorfweiher bedeutet.
Prominenz sind die Puhler gewöhnt. 1986 besuchte der damalige Bundespräsident Richard von Weizsäcker den Ort. Mit Sicherheit hat er interessante und positive Eindrücke aus dem Oberbergischen mitgenommen, denn die Puhler bereiteten ihm ein herzliches Willkommen. Als ganz normaler Puhler versteht sich auch der Bundestagsabgeordnete Klaus-Peter Flosbach, der mit seiner Familie im Ort wohnt. Jeder in Puhl gehört der Dorfgemeinschaft an. Dazu muss man nicht eintreten, denn wer hier wohnt, ist automatisch dabei. Ohne Vereinsregeln werden Vorhaben und Arbeiten besprochen und organisiert, erfolgreich, wie verschiedene Maßnahmen beweisen. So gibt es einen Bolzplatz für die fußballbegeisterte Dorfjugend und mancher junge Obstbaum hat seinen Weg in den Ort gefunden. Ein alter Backes wurde renoviert und steht nun wieder zur Verfügung. Zur 550-Jahr-Feier 2005 wurde in mühsamer Fleißarbeit eine Dorfchronik erstellt. Erstaunlich, was selbst bei einem solch kleinen Ort alles berichtet werden kann.
Seit 1980 wird jährlich ein Dorffest gefeiert. Dafür reichen ein freigeräumter Scheunenteil oder eine

Das Dorfleben funktioniert ohne Vereinsregeln

Puhl

Stadt Waldbröl
Urkundliche
Ersterwähnung: 1454

Einwohner 1980: 52
Einwohner 2007: 61

1 Verein
2 landwirtschaftliche
Betriebe

Erfolge im Dorfwettbewerb:
Kreisebene:
5 Silber und 3 Bronze

Doppelgarage. Gleiches gilt für die jährliche Maifeier. Höhepunkt ist dabei die Wahl der Maikönigin und des Maikönigs, die in geheimer Abstimmung erfolgt. Die sich ergebenden Kombinationen werden stets mit Spannung erwartet. Eine herrliche „Alleinlage" auf der Höhe am Rande des Homburger Ländchens, viel Natur im Dorf, eine gelebte Nachbarschaft: Es gibt genug Anlass für die Puhler, sich wohlzufühlen. Und sie dürfen zusammen mit den Hahnern auch ein kleines bisschen stolz darauf sein, dass sie mit ihrem Friedhof bewiesen haben: „Gemeinsam wird's möglich!"

Typisch für Puhl:
Kinder sind immer mit dabei

Rebbelroth

„Zwischen Springer und Aggerfurt"

Auf unterschiedliche Art und Weise war das Wasser immer schon für die Geschichte des Ortes Rebbelroth von Bedeutung. Die Lage unmittelbar an der Agger brachte seit jeher die Gefahr von Überflutungen bei Hochwasser mit sich. Damit lernte man mit der Zeit zu leben. Eine seichte Stelle in der Agger bot in der Ortslage seit Jahrhunderten die Möglichkeit, mit Fuhrwerken, notfalls auch zu Fuß, das andere Ufer zu erreichen. Als es noch wenig Brücken gab, war eine solche „Furt" von erheblicher Bedeutung. Erstaunlich, dass die Stelle zur Aggerdurchquerung heute noch benutzt wird. So etwas gibt es an keiner anderen Stelle im Aggertal.

An der anderen Dorfseite, am Hang gelegen, gibt es seit dem Mittelalter den „Kleinen Springer", eine von Natursteinen umrandete Quelle. Die heute noch selbst im heißesten Sommer kühles und klares Wasser spendende Quelle ist in drei aufeinanderfolgende Becken unterteilt. Im obersten wurde das Trinkwasser entnommen und im zweiten konnten Lebensmittel wie z. B. Gemüse gewaschen werden. Im dritten und größten Becken wurde Wäsche gewaschen und das Vieh getränkt. So wurde mit der Ressource Wasser optimal umgegangen. Im 18. Jahrhundert hinderte der adlige Besitzer die Dorfbewohner an der Nutzung des Springers, worauf sich ein langer Rechtsstreit entspann. Das Ergebnis war

Kein anderes Dorf in Gummersbach hat mehr Fachwerkhäuser

Religiöse Vielfalt: Zentrum der griechisch-orthodoxen Christen

ein richtungweisendes Urteil: freier Zugang zum frischen Wasser für die Nachbarn! Daran erinnert bis heute der Springer als Kultur- und Naturdenkmal. Auch eine dritte Dorfeinrichtung hatte Bezüge zum Wasser. Anfang der 30er-Jahre wurde auf Initiative des Turnvereins und der Dorfgemeinschaft die Badeanstalt gebaut. Das „Luft- und Strandbad", das aus der sommerlichen Freizeitgestaltung der Dorfjugend kaum wegzudenken war, erlitt nach knapp 50 Jahren das Schicksal vieler kleiner Schwimmbäder. Erneuerungsbedarf und Folgekosten überstiegen die Möglichkeiten der Stadt und man entschied sich gegen den Standort. Heute siedeln an dieser Stelle Gewerbe- und Industriebetriebe, genauso wie auf dem Gelände des ehemaligen Sportplatzes, der vom TV Rebbelroth in Eigenarbeit erstellt worden war. Die Rebbelrother haben die Kraft der fließenden Agger immer schon zu ihrem Nutzen verwendet. Verschiedene Mühlen- und Hammerplätze hat es gegeben. Ende des 19. Jahrhunderts wurden Turbinen am Flüsschen installiert. Sie lieferten den ersten Strom für die örtlichen Spinnereien und brachten die moderne Zeit in den Ort. Spätestens in dieser Zeit wandelte sich der bis dahin bäuerliche Charakter von Rebbelroth allmählich zur gewerblich industriellen Gestalt. Das ist in der Regel auch der erste Eindruck, den man erhält, wenn man auf der B 55 durch den Ort fährt. Dabei lohnt sich ein Blick in die Seitensträßchen. Über zwei Dutzend Fachwerkhäuser sind dort zu finden, was im Gummersbacher Stadtgebiet ohne Vergleich ist. Zum Teil sind es stattliche Gebäude, die auf vermögende Erbauer schließen lassen. Schön, dass es im Ort auch noch reizvolle Vorgärten und Gärten gibt, die den Charakter der Häuser unterstreichen.

Ein Blick in die Seitensträßchen lohnt sich

Das Rebbelrother Dorfleben erweist sich als erstaunlich vielfältig. Der Gemeinnützige Verein organisiert Seniorenausflüge, Oster- und Martinsfeuer und den Treff zum gemeinsamen Krauthobeln. Das daraus entstehende hausgemachte Sauerkraut ist ein Geheimtipp. Das Sommerfest findet im „Frei-

Die Wiesen der Aggeraue sind das „Freiluft-Gemeinschaftshaus"

Rebbelroth

Geschichte zum Anfassen: Seit dem Mittelalter gibt es den „Springer"

luft-Gemeinschaftshaus", nämlich auf den Wiesen der Aggeraue statt. Einige Zelt-Pavillons reichen aus, um auch bei schlechtem Wetter zünftig feiern zu können. Neu ist die Oldtimer-Rallye „Rebbelroth-Classic", die von privater Seite zusammen mit dem Gemeinnützigen Verein und der Feuerwehr durchgeführt wird. Bis zu 100 historische Autos, Motorräder und Trecker starten zu einer Orientierungsfahrt. Anschließend gibt es eine Fahrzeugpräsentation und eine Abschlussparty. Seit 2002 ist der oberbergische Karneval durch den „Rebbelrother Bollerwagenzug" um eine Variante reicher. Die liebe- und fantasievoll gestalteten Handkarren stehen ihren großen Brüdern in nichts nach und kommentieren in humorvoller Weise das aktuelle Geschehen im Ort, in der Stadt und der ganzen Welt.

Dem Turnverein Rebbelroth gehören beeindruckende 300 Mitglieder an. Neben einer starken Damenturnriege wird ein Schwerpunkt auf Tischtennis gelegt. Als Besonderheit sind auch die erfolgreichen Rebbelrother Karate-Sportler zu nennen, die unter anderem als „Sportbotschafter" und durch herausragende Wettkampferfolge, insbesondere im Jugendbereich, landesweit in Erscheinung getreten sind.

Neben der sehr aktiven evangelischen Kirchengemeinde, die beispielsweise in der Arbeit für die Dritte Welt und in Projekten zur Bewahrung der Schöpfung engagiert ist, gibt es in Rebbelroth das Zentrum der griechisch-orthodoxen Christen. Sie haben unmittelbar an der B 55 eine kleine Kirche errichtet und die benachbarte ehemalige Grundschule zu einem Gemeinschafts- und Kulturzentrum ausgebaut. Regelmäßig werden auch die Rebbelrother zum Kennenlernen und zum Mitfeiern eingeladen.

Rebbelroth braucht sich nicht hinter anderen Dörfern zu verstecken! Bei näherer Betrachtung wird deutlich, dass zwischen „Springer und Aggerfurt" eine ganze Menge los ist. Hätten Sie das dem Straßendorf im oberen Aggertal zugetraut?

Rebbelroth

Stadt Gummersbach
Urkundliche Ersterwähnung:
1447

Einwohner 1980: 1190
Einwohner 2007: 1172

3 Vereine
evang. Kirche
griechisch-orthodoxe Kirche
1 Kindergarten

Erfolge im Dorfwettbewerb:
Kreisebene: 16 Bronze

Rölefeld, Dickhausen & Drinhausen

„Gemeinsam geht's besser"

Was eine Schule alles bewirken kann! Nicht nur, dass sie ganze Dorfgenerationen mit Lesen, Schreiben und Rechnen vertraut macht. Auch wenn in den Klassenräumen nicht mehr das 1x1 gepaukt wird, kann sie eine segensreiche Wirkung entfalten. So geschehen in Dickhausen, wo der aktive Schulbetrieb 1968 nach 107 Jahren eingestellt wurde. Die Stadt Waldbröl plante zunächst den Verkauf des Schulgebäudes, machte aber auch den anliegenden Dörfern das Angebot, die Räumlichkeiten zu nutzen. Das ließen sich die Dickhausener, Rölefelder und Drinhausener nicht lange sagen und schritten dafür zur Gründung einer gemeinsamen Dorfgemeinschaft für alle drei Orte. 30 Jahre lang wurde das Gebäude von der Stadt gepachtet und mit deren Unterstützung, aber auch mit erheblicher Eigenleistung renoviert und modernisiert. Inzwischen ist die alte Schule Privateigentum, die Dorfgemeinschaft besitzt jedoch ein Nutzungsrecht für den Anbauteil. Das ist gut so, denn nach wie vor gibt es damit eine zentrale Anlaufstelle für das Dorfleben und eine Klammer für die Dorfgemeinschaft, die drei Orte unter einen Hut bringen muss.

Wer vom Dorfgemeinschaftshaus spricht, meint also die alte Dorfschule in Dickhausen. Das mit alten Bäumen malerisch umsäumte Gebäude ist alle 14 Tage Treffpunkt für das „Kaffee- und Handarbeitskränzchen", das zwei Dutzend Frauen hier zusammenführt. Wöchentlich trainiert der Tischtennisclub, der Wert darauf legt, dass keine Dopingkontrollen stattfinden. Insofern besteht kein Zweifel daran, dass Spielleistung und Durst ausgezeichnet sind! Noch mehr für die Gesundheit gelten die Angebote der Gymnastikgruppe. „Vorbeikommen, mitmachen, sich wohlfühlen", das ist das Motto der Frauen, die ihre Übungen ganzheitlich begreifen und daher für neue Techniken offen sind. Selbstverständlich findet das Dorffest ebenfalls in der alten Schule bzw. auf dem umgebenden Gelände statt. Inzwischen wird es als

Drei Dörfer, die beweisen, dass es gemeinsam besser geht

Staudenreicher Nutzgarten in Dickhausen

Arbeit gibt's immer: Leben auf dem Land

Aktionstag gestaltet. Das bedeutet, dass Alt und Jung unter anderem Handwerkern über die Schulter schauen und selbst ihre Fähigkeiten ausprobieren können. So kann man töpfern, backen, schmieden oder spinnen. Das Konzept kommt gut an, denn das Feiern kommt natürlich nicht zu kurz. Der gemeinsamen Aktivitäten gibt es noch mehr: Ob Dorfwanderungen, Fahrradtouren, Osterfeuer, Altennachmittag oder Martinssingen – für alle ist etwas dabei. Bei der jährlichen großen Müllsammelaktion werden Dörfer, Feld und Flur „geputzt". Bei drei Dörfern ist da ein Riesenbereich zu kontrollieren. Das Wirken der Dorfgemeinschaft Dickhausen-Rölefeld-Drinhausen ist ein schönes Beispiel dafür, wie man gemeinsam mehr erreichen kann. Nachahmungen sind zu empfehlen!

Es gibt auch einiges, das die drei Orte trennt. Die Trinkwasserversorgung übernimmt in Dickhausen ein eigener Wasserverein, in Drinhausen ist es die Wassergemeinschaft und Rölefeld hat sich dafür mit Eiershagen und Grünenbach zusammengetan. Eigenen Ehrgeiz entwickelt jeder Ort auch bei der Teilnahme am Dorfwettbewerb. Hier punktet jeder für sich!
Die Dickhausener schätzen ihre schönen Bauerngärten, aber auch die Obstwiesen und den herrlichen alten Baumbestand am Ortsrand, der früher das Zuhause einer Saatkrähenkolonie war. Gleich vier landwirtschaftliche Betriebe gibt es noch, daneben sind zwei Forstbetriebe, ein Laden für Pferdezubehör und ein Mediendienstleister im Ort ansässig. Ganz spontan wird schon mal zum „Scheunenkino" eingeladen. Gerade die junge Generation genießt

Wohnen in Rölefeld

Rölefeld / Dickhausen / Drinhausen

Rölefeld

Stadt Waldbröl
Urkundliche Ersterwähnung: 1467

Einwohner 1980: 154
Einwohner 2007: 205

1 Verein
1 landwirtschaftlicher Betrieb

Erfolge im Dorfwettbewerb:
Kreisebene: 5 Bronze und 1 Silber

Dickhausen

Stadt Waldbröl
Urkundliche Ersterwähnung: 1454

Einwohner 1980: 148
Einwohner 2007: 106

2 Vereine
4 landwirtschaftliche Betriebe

Erfolge im Dorfwettbewerb:
Kreisebene: 7 Silber

Drinhausen

Stadt Waldbröl
Urkundliche Ersterwähnung: 1366

Einwohner 1980: 18
Einwohner 2007: 22

1 Verein
1 landwirtschaftlicher Betrieb

---

dann einen spannenden Film auf Heuballen und zwischen alten Eichenbalken. Eine filmische Selbstdarstellung des Dorfes gibt es auch. Unter dem Titel „Dickhausen – wir sind schön genug" erzählen die Menschen, weshalb sie sich hier so wohlfühlen. Die Feststellung „Da ist es so wie im Urlaub" trifft den Nagel wohl auf den Kopf.

Der größere Bruder Rölefeld hat ebenfalls Besonderheiten aufzuweisen. Da gibt es das „Rölefelder Echo", welches als Dorfzeitung in unregelmäßigen Abständen über das Dorfgeschehen berichtet. Bewährt hat sich der Bau eines Lehmbackofens, in dem alle paar Wochen knuspriges Brot entsteht. Die als Brunnenstube gefasste Dorfquelle wird als „Jungbrunnen" bezeichnet. Danach hat sich auch eine Gruppe Rölefelder Frauen benannt, die gerne miteinander feiern, wandern oder einen gemütlichen Restaurantbesuch genießen. 1850 errichtete der Wuppertaler Evangelische Brüderverein am Ortsrand ein Vereinshaus. Es wurde nach dem Liederdichter Gerhard Tersteegen benannt. In einem Anbau konnten 1970 dessen Nachlass und weitere Schriften zur Kirchen- und Vereinsgeschichte untergebracht und ausgestellt werden. Neben den dort stattfindenden Jahreshauptversammlungen des Brüdervereins nutzt auch der Ortsverein Waldbröl des Blauen Kreuzes die Räumlichkeiten. Dabei steht die Aufklärung über den Missbrauch des Alkohols und anderer Suchtmittel im Vordergrund.

Der Kleinste in der Runde ist Drinhausen. Sechs schöne Fachwerkhäuser, sechs Scheunen und 22 Einwohner sind hier zu Hause. Ein wunderbarer alter Baumbestand prägt das Umfeld der Gebäude. Früher gab es mal eine Mühle im Ort.

Auch wenn diese Zeiten längst vergangen sind; geblieben sind fünf Teiche, die nicht nur schmackhafte Forellen beherbergen, sondern auch den heimischen Amphibienarten eine Zuflucht bieten. Die Drinhausener stellen jedes Jahr ein Nachbarschaftsfest auf die Beine, jede Familie ist mal als Gastgeber dran. Da sowieso alle dabei sind, ist es gleichzeitig auch das Drinhausener Dorffest!

Wer also auf dem Höhenrücken zwischen Homburger Bröltal und Wiehltal unterwegs ist und neben der schönen Landschaft auch die drei Dörfer entdeckt, kann sich selbst davon überzeugen, dass es gemeinsam besser geht!

Rommersberg

„Der Hof mit der Eibe"

Herrlicher Höhenblick über Leppe- und Aggertal hinweg auf den Heckberger Wald

Auf einer kleinen Hochfläche zwischen den stark eingetieften Tälern des Horpebaches und der Leppe, ganz in der Nähe des im Aggertal gelegenen Engelskirchen, findet man Rommersberg. Die Gunst der dortigen Quellmulde haben fränkische Siedler schon früh erkannt. Die erste urkundliche Erwähnung stammt aus dem Jahr 1413. Im Kämmereiregister des Fronhofs Lindlar lautet der Name noch „Rumersberch". Alte Hohlwege am Ortsrand deuten genauso wie Reste von Landwehren darauf hin, dass in früheren Zeiten Handelswege zumindest nahe am Ort vorbeigeführt haben.

Größere Waldflächen an den umgebenden Talhängen umschließen das Dorf mit seinem vorgelagerten Grünland. Hier kann man einen herrlichen Höhenblick über das Leppe- und Aggertal hinweg auf den Heckberger Wald genießen. Ein gut ausgeschildertes Netz von Wanderwegen lädt dazu ein, das Dorf mit seinen Übergängen in die Landschaft und die angrenzenden Täler aus immer wieder neuen landschaftlichen Perspektiven zu erleben. Zählt man die Wohnbebauung der zuführenden Straßen hinzu, ergibt sich eine Einwohnerzahl von fast 570 Personen. Dabei ist aber zu berücksichtigen, dass hiervon bereits ein Großteil auf die heranrückende Erschließung aus Richtung Engelskirchen entfällt. Alt-Rommersberg, von seinen Bewohnern auch liebevoll „Hof" genannt, umfasst hingegen etwa 120 Seelen. Eine gesunde Abgrenzung zu den Engelskirchenern ist ihnen wichtig. So steht man auf dem Standpunkt, dass „Rommersberg sowieso eine Lebensart" sei und ruft in geselliger Runde auch schon mal die „Freie Republik Rommersberg" aus. Rommersberg kennt keinen Durchgangsverkehr, denn die Straßen enden hier und weiter geht's allenfalls über Wald- und Wiesenwege. Längst hat sich die Struktur des Dorfes von der landwirtschaftlich-bäuerlichen Prägung zu einem Wohnstandort gewandelt. Die alten Gebäude im Ortskern sind dabei erhalten geblieben und umgenutzt worden. So vermitteln heute schmucke Fachwerkhäuser und alte Scheunen, die von engen Gässchen getrennt werden, einen gemütlichen, urigen Eindruck. Verschiedene Bruchsteinmäuerchen als Wege- und Böschungsbegrenzung sowie eine Reihe bunter Gärten und Vorgärten ergänzen dieses Bild.

In Rommersberg gibt es keine Betriebe oder öffentliche Einrichtungen. Dafür hat man aber eine Gaststätte, die auch Übernachtungsmöglichkeiten anbietet. Es liegt auf der Hand, dass hier in der Regel der Dorfmittelpunkt ist und die Geschicke des Ortes bei einem Kölsch besprochen werden. Als Klammer fungiert dabei der einzige Verein: die Hofgemeinschaft, der fast alle Alt-Rommersberger als Mitglied verbunden sind.

Die Hofgemeinschaft engagiert sich besonders in der Erhaltung und Weiterentwicklung des Ortsbildes. In den letzten Jahren wurden Baumpflanzungen durchgeführt, Nistmöglichkeiten für Vögel und Fledermäuse geschaffen, Ruhebänke aufgestellt und eine Rasthütte für Wanderer gebaut. Viel Aufmerksamkeit hat man zwei Wegekreuzen gewidmet, die aus den Jahren 1709 und 1876 stammen. Beide stehen selbstverständlich unter Denkmalschutz. Das ältere wurde unter fachkundiger Anleitung restauriert und damit für die Zukunft fit gemacht. Einen alten Dorfbrunnen befreite man von Schutt und Unrat, gestaltete seine Einfassung neu und stellte damit seine Funktion wieder her. An dieser Stelle wird heute auch der Dorfweihnachtsbaum aufgestellt und man trifft sich hier zur Nikolausfeier. Weitere Aktivitäten der Hofgemeinschaft sind unter anderem der jährliche Karnevalswagen für den Engelskirchener Rosenmontagszug und die Unterhaltung der Spiel- und Bolzplatzanlage am Ortsrand.

Bei einer Beschreibung von Rommersberg darf eins nicht fehlen: die uralte Dorfeibe! Dem als Naturdenkmal ausgewiesenen Baum wird ein Alter von mindestens 300 Jahre zugestanden. Einige meinen, es könnten auch zwei Jahrhunderte mehr sein. Aber egal, wie alt die Eibe nun wirklich ist: Sie ist eine beeindruckende Schöpfung der Natur und als lebendes Denkmal eine Verpflichtung für den Erhalt ihrer Lebensgrundlagen. Diese Verpflichtung gilt aber auch für das gesamte Dorf, seine Menschen und das „Rommersberger Lebensgefühl".

Als Naturdenkmal geschützt: die alte Eibe

Alt-Rommersberg wird auch liebevoll „Hof" genannt

Rommersberg

Die Hofgemeinschaft engagiert sich unter anderem für ein ansprechendes Ortsbild

Der gemütliche Eindruck täuscht nicht

Rommersberg

Gemeinde Engelskirchen
Urkundliche Ersterwähnung: 1413

Einwohner 1980: 629
Einwohner 2007: 566

1 Verein
1 landwirtschaftlicher Betrieb

Erfolge im Dorfwettbewerb:
Kreisebene: 3 Bronze

Scheel

„Das Haus im Park"

Ganz im Osten der Gemeinde Lindlar liegt an einem sanften, südexponierten Talhang die Ortschaft Scheel. Der Übergang zum benachbarten Frielingsdorf ist fließend, auch wenn ein Willkommensschild in Höhe des Feuerwehrhauses klar verkündet, wo Scheeler Hoheitsgebiet beginnt.

Ohne die eigenen Leistungen und das eigene Dorfleben zu vergessen, werden mit den Frielingsdorfern zahlreiche Gemeinsamkeiten gepflegt. Während man in Frielingsdorf einkauft und in die Kirche geht, kommen die Nachbarn nach Scheel, um Sport zu treiben. Das hat seinen Grund in zwei Sporthallen und dem Sportgelände. Die größere Halle, als „Scheelbachhalle" bekannt, wird auch gerne und häufig für Veranstaltungen genutzt. Der SV Frielingsdorf ist hier ebenfalls zu Hause. Am Sportplatz hat sich der Verein zudem im Sporthaus Räumlichkeiten eingerichtet. Berücksichtigt man, dass dort ein Schießstand der Frielingsdorfer St. Sebastianus-Schützenbruderschaft dazugehört und mehrere Tennisplätze ebenfalls nebenan liegen, lässt sich den Scheelern ohne Zögern ein besonders umfangreiches Angebot an Sportstätten attestieren.

In der Scheelbachhalle finden die Rosenmontagsfeierlichkeiten ihren krönenden Abschluss. Nachdem der Kinderzug von Frielingsdorf bis nach Scheel gezogen ist, treten die „Tanzmäuse", „Tanzbärchen" und „Tanzgirls", allesamt karnevalsbegeisterte Kindertanzgruppen des SV Frielingsdorf, auf und bringen das Publikum durch ihr Können auf die Stühle. Keinesfalls fehlen dürfen die „Dancing Daddys", eine Männertanzgruppe, die vor wenigen Jahren nach ein paar Runden Bier aus einer spontanen Idee heraus gegründet wurde. Die gestandenen neun Väter zeigen neben Bein und Bauch anspruchsvolle Hebefiguren und eine gut einstudierte Choreografie. So wird der Karneval in Scheel jedes Mal zu einem großen Familienfest, das aus dem Dorfleben überhaupt nicht wegzudenken ist. Am Ortseingang hat der Löschzug Frielingsdorf-Scheel der Freiwilligen Feuerwehr sein Domizil. Neben den Feuerwehrmännern, die bereits auf eine fast 120-jährige Tradition zurückblicken, haben hier

Scheel ist cool

Der gesamte Ort hat sich in den vergangenen Jahren stark entwickelt

auch die Aktiven des Roten Kreuzes ein Zuhause gefunden. Unmittelbar nebenan liegt der evangelische Kindergarten „Domino", der seit Kurzem den Martinszug in den Ort gebracht hat. Die Kleinen mit ihren Laternen und Fackeln folgen St. Martin auf seinem Pferd durch die Straßen, in denen die Anwohner ihre Fenster mit Lichtern geschmückt haben. Anschließend bleibt man noch eine ganze Weile im Park, wo ein Feuer entzündet wird, gemütlich zusammen.

Im Park? Jeder Scheeler weiß, dass damit die gemütliche, schön gestaltete Grünfläche in der Dorfmitte gemeint ist. Seit vielen Jahren hat der Bürgerverein viel Mühe und Aufwand investiert, um diesem kleinen Park durch Wegnahme der Nadelbäume und Neupflanzungen von heimischen Sträuchern und Stauden ein freundliches Gesicht zu verleihen.

Prunkstück ist das in Eigenregie erbaute Dorfgemeinschaftshaus, das „Haus im Park". Es besitzt nicht nur äußerlich den Charakter eines Wohnhauses, es ist in der Tat die „gute Stube" des Dorfes. Nicht nur viele Aktionen und Arbeitseinsätze finden hier ihren gemütlichen Abschluss. Den Senioren werden interessant gestaltete Nachmittage geboten, deren Programm sich nach der jeweiligen Jahreszeit richtet. Immer wieder geben Vorträge den Scheelern Gelegenheit, sich über die Möglichkeiten der Gartengestaltung, die Vielfalt der heimischen Natur oder die Techniken des Obstbaumschnittes zu informieren. Am zweiten Augustwochenende heißt es seit 30 Jahren „Treff in Scheel". Damit ist das zweitägige Dorffest gemeint, das mit Live-Musik, Cocktailbar, Open-Air-Gottesdienst, Hahneköppen und Spiele-

Schmuckstück und ein zentraler Punkt des Dorflebens: das Haus im Park

Scheel

Hier beginnt das Scheeler Hoheitsgebiet

Attraktionen rund um das Dorfhaus stattfindet. Viele helfende Hände sorgen dafür, dass der „Treff in Scheel" jedes Jahr wieder ein Erfolg wird und ein ansehnlicher Erlös für einen guten Zweck übrig bleibt.

Wer das „Haus im Park" von der Talseite her betrachtet, dem fällt unweigerlich das große Garagentor auf. Dahinter verbirgt sich ein besonders hoher Raum, der den Bau des Scheeler Karnevalswagens für den Frielingsdorfer Rosenmontagszug ermöglicht. Mit viel Liebe zum Detail gelingt es immer wieder, besondere Ereignisse oder Motive aus den Dörfern und der Gemeinde lebendig darzustellen. Kein Wunder, wenn man ein Dorfhaus mit einer Werkstatt für Karnevalswagen hat!

Die Damen sind begeistert: Die „Dancing Daddy's" zeigen Brust, Bein und Können

Scheel

Gemeinde Lindlar
Urkundliche Ersterwähnung: 1413

Einwohner 1980: 733
Einwohner 2007: 1050

3 Vereine
kath. Kirche
1 Gemeinschaftsgrundschule
3 Kindergärten
3 landwirtschaftliche Betriebe

Erfolge im Dorfwettbewerb:
Kreisebene: 6 Gold und 8 Silber
Landesebene:
4 Silber und 3 Bronze

Sinspert

"Kapelle und Kunsthaus"

Wer durch den Ort spaziert, entdeckt manchen schönen Garten

Wie viele andere oberbergische Dörfer versteht es auch Sinspert, Tradition und Offenheit miteinander zu verbinden. Mit seinen knapp 700 Einwohnern lädt es nicht nur zur Erkundung von Geschichte und Kultur, sondern auch zu einem abwechslungsreichen Gemeinschaftsleben ein.

Die Sinsperter Kapelle nimmt im Oberbergischen unter den vielen geschichtsträchtigen Gebäuden eine Sonderstellung ein, da sie bereits seit dem 12. Jahrhundert zum Gottesdienst einlädt. Diese finden heute jeden zweiten Samstag und jeden vierten Sonntag im Monat statt, aber auch am Volkstrauertag und Ewigkeitssonntag. Auf Wunsch kann die Kapelle auch für Trauungen und Beerdigungen genutzt werden. In den vergangenen Jahrhunderten hat sie schon eine Vielzahl von Veranstaltungen miterlebt und diese mit ihrer Atmosphäre zu etwas ganz Besonderem gemacht. Aber nicht nur die Kapelle könnte viel über die Geschichte des Dorfes und die Schicksale der Menschen erzählen, auch die sie umgebenden alten Linden hätten einiges zu berichten. Die Kapelle ist bei Weitem nicht das einzige Haus, das Zeugnis über die Vergangenheit ablegt. Sinspert verfügt über einige Fachwerkhäuser, welche die Baukunst, aber auch das Leben und Arbeiten in früherer Zeit vorstellbar machen.

Sinspert wird in hohem Maße von seiner Dorfgemeinschaft geprägt: Seit nunmehr über 30 Jahren

Denkmalgeschütztes Fachwerkensemble aus dem 17. Jahrhundert (links)

Die Sinsperter Kapelle lädt seit 900 Jahren zum Gottesdienst ein (rechts)

gestaltet sie das Leben in Sinspert mit Ideen und Engagement mit. So wurde von den Mitgliedern ein Spielplatz errichtet, der beim Aufbau in eine der örtlichen Obstwiesen integriert wurde. Daher können die Kinder nicht nur auf den Geräten spielen, sondern auch die Bäume zum Klettern nutzen! Gleichzeitig konnte ein ökologisch wertvoller Dorflebensraum erhalten bleiben. Um den Spielplatz weiterhin anspruchsvoll zu gestalten, wurden neue Spielgeräte aufgestellt. Zudem übernimmt die Dorfgemeinschaft die regelmäßige Wartung der Geräte. Die Kinderfreundlichkeit zeigt sich auch darin, dass jedes Jahr ein Martinszug sowie ein Kinderfest organisiert werden.

Bei ihren Aktivitäten beschränkt sich die Dorfgemeinschaft nicht nur auf die jüngeren Altersgruppen. Sie organisiert regelmäßig Seniorenfeiern und Besuche der über 80-Jährigen an ihren Geburtstagen.

Übergreifende Zusammenarbeit wird in Sinspert großgeschrieben: So ist es selbstverständlich, dass die Dorfgemeinschaft den örtlichen Schützenverein bei der Organisation seiner Feste unterstützt. Einen ganz besonderen Grund zum Feiern hatten die Schützen übrigens im Jahr 2008: Der Verein wurde 150 Jahre alt! Speziell für diesen Anlass wurde eine Jubiläumsnadel herausgegeben, die das Logo des Schützenvereins zusammen mit der Kapelle zeigt. Eine schöne Idee, wie Brauchtum und Geschichte gestalterisch verknüpft werden können!

Nicht nur oberbergischen Kulturfreunden ist das sogenannte „Kunsthaus zur Mitte" ein Begriff: In einer zurückgebauten alten Dorfwirtschaft kann man wechselnde Ausstellungen betrachten. Allerdings ist es auch möglich, sich selbst einzubringen: Hier finden Tagungen und Seminare statt sowieso Kurse, in denen in Malerei, Skulpturenformung und Fotografie unterrichtet wird. Man ist hier also nicht nur Zuschauer, sondern kann auch selber aktiv werden. Der Eintritt zu den Ausstellungen ist übrigens frei. Wenn man alle Sinsperter Besonderheiten kennen-

Auf die Bänke: Der Schützenverein feiert

Sinspert

Sinspert

Gemeinde Reichshof
Urkundliche Ersterwähnung: 1467

Einwohner 1980: 153
Einwohner 2007: 653

3 Vereine
evang. Kapelle
1 landwirtschaftlicher Betrieb

Erfolge im Dorfwettbewerb:
Kreisebene:
9 Silber und 6 Bronze

lernen möchte, zu denen ohne Zweifel auch die beiden Obstwiesen mit 70 Obstbäumen und eine Reihe wunderschöner Gärten und Dorfwinkel gehören, kann man hierfür ruhigen Gewissens auch mal einen ganzen Nachmittag einplanen. Wer sich danach fragt, wo er den Tag am besten ausklingen lassen kann, dem sei die Gaststätte im Ort ans Herz gelegt. Hier heißt es wie im ganzen Dorf: „Herzlich willkommen."

Vorbildlich: Spielplatz in einem alten Obsthof

Sotterbach

„Ein Burghaus als Ursprung"

Im Spätmittelalter, als die Pest und Hungersnöte den Menschen in Europa arg zusetzten und Oberberg ein zersplitterter Bereich unterschiedlicher Herrschaften war, machte Sotterbach zum ersten Mal auf sich aufmerksam. Als Wohnsitz eines Lehnsmanns der Grafen von Berg wurde die Örtlichkeit 1341 erwähnt. Später, im 16. Jahrhundert, war Sotterbach eines von sechs Sattelgütern der Herren von Bieberstein.

Wann genau das Burghaus errichtet worden ist, bleibt unbekannt, aber irgendwann in dieser Zeit muss es wohl gewesen sein. 1739 wurde es unter der Regie der Adelsfamilie Ley jedenfalls umfangreich umgebaut und erneuert. Damals entstand der zweigeschossige, massive Bau aus bis zu 80 cm dicken Bruchsteinmauern, der mit einem Walmdach abgeschlossen wird. In der zweiten Hälfte des 18. Jahrhunderts war das Gut Eigentum der Freckhauser Orgelbauer Gebrüder Kleine. Nicht zuletzt durch die Einquartierung französischer und kaiserlicher Truppen verkam das Anwesen, widerstand aber aufgrund seiner massiven Bauweise dem endgültigen Verfall. In den 1970er-Jahren konnte das Burghaus mit seinen Nebengebäuden mit erheblichem Aufwand restauriert werden. Heute präsentiert sich das in privatem Besitz befindliche Ensemble in leuchtend gelbem Putz. Es besteht kein Zweifel, dass das Burghaus als größtes Schmuckstück von Sotterbach gilt.

Erstaunlich, dass Sotterbach über drei alte Schulgebäude verfügt. Noch erstaunlicher ist, dass eines davon seit 2005 wieder mit schulischem Leben erfüllt ist. Als „Haus des Lernens" hat ein Trägerverein dort eine private, bekenntnisorientierte Realschule eingerichtet. Sogar von weit außerhalb des Oberbergischen Kreises pendeln die Schüler täglich hierhin, um den Unterricht zu besuchen.

So schön liegt Sotterbach

Sotterbach

Früher üblich, heute selten: Wohnstube und Stall unter einem Dach

Anpacken ist selbstverständlich: Das Dorfhaus braucht ein neues Dach

Ursprung und Wahrzeichen Sotterbachs ist das Burghaus

Bis heute erfolgt die Trinkwasserversorgung des Dorfes in Eigenregie. Der „Wasserleitungsverein Feld/Sotterbach" erfüllt diese Aufgabe seit vielen Jahrzehnten. Eine gut 500 Meter oberhalb des Ortes gelegene Quelle bietet die Grundlage dafür. Da der alte Hochbehälter inzwischen fast 100 Jahre auf dem Buckel hat, muss dringend ein neuer her. Für den kleinen Verein bedeutet das eine große Herausforderung, die nur mit enormem ehrenamtlichen Einsatz zu bewältigen ist. Diejenigen, die im Wasserversorgungsverein Verantwortung tragen, finden sich auch in der Dorfgemeinschaft als Aktivposten wieder. Dort geht es um allgemeine Aktivitäten und Gestaltungsaufgaben im Dorf. Dreh- und Angelpunkt ist das kleine, aber feine Dorfgemeinschaftshaus am Ortsrand. Ursprünglich gab es an dieser Stelle nur einen Grillplatz. Die Vorteile eines festen Dachs über den Köpfen führten schließlich zur Errichtung des Gebäudes. Alle zwei Monate bespricht sich hier die Dorfgemeinschaft, werden Wanderungen im gemütlichen Beisammensein abgeschlossen oder der Wasserleitungsverein tagt. Mit der passablen Grillhütte nebenan eignet sich das Dorfgemeinschaftshaus auch hervorragend für private Feiern. Zu dem Areal zählt übrigens ebenfalls der Dorfbolzplatz. Es kann also nicht schaden, zur Feier einen Ball mitzubringen.

„Nümm dr äes watt Ziett zom Schtrungsen": So lautete vor einigen Jahren die Aufforderung, sich etwas Zeit zum Erzählen zu nehmen, die mit dem Angebot eines Mundart-Vortrags verknüpft war. Eine der Mundartexpertinnen, die in den Reichshofer Dörfern Spannendes und Lustiges „auf Platt" zum Besten gaben, kommt aus Sotterbach. Für die Bewertungskommission des Dorfwettbewerbes ist es jedes Mal

Sotterbach

Gemeinde Reichshof
Urkundliche Ersterwähnung:
1341

Einwohner 1980: 88
Einwohner 2007: 121

3 Vereine
1 private Realschule
1 landwirtschaftlicher Betrieb

Erfolge im Dorfwettbewerb:
Kreisebene:
4 Gold, 10 Silber und 2 Bronze
Landesebene: 4 Silber

ein besonderes Willkommen, wenn sie mit freundlichen Worten in „Sotterbacherisch" begrüßt wird. Erst bei einem aufmerksamen Spaziergang durch das Dorf wird deutlich, dass nicht nur das Burghaus vorgezeigt werden kann. Auch andere Häuser beeindrucken durch ihren baulichen und gestalterischen Hintergrund. Verschiedene alte Linden und Eschen, mehrere Walnussbäume und ein schöner alter Eichenkamp bilden das Rückgrat der Dorfnatur. Unterwegs begegnet man Pferden, Kühen und Schafen genauso wie Ziegen und Hühnern. Zu guter Letzt sollte man den herrlichen Ausblick vom gegenüberliegenden Talhang auf das schöne, kleine Sotterbach genießen.

Wintermärchen

Stülinghausen

"Mittelpunkt Dorfspielplatz"

Vom Ort nur einen Katzensprung entfernt liegt die Bruchertalsperre

Auf dem Weg von Gummersbach über Kotthausen nach Marienheide kommt man etwa 2 km vor dem Hauptort durch bzw. an Stülinghausen vorbei. Zunächst fallen nur die an der Straße gelegenen Einrichtungen wie das VdK-Erholungsheim oder Haus Brucher See auf. Das eigentliche Dörfchen Stülinghausen liegt dagegen etwas abseits, den Berghang hinunter. 1450 wurde der Ort das erste Mal urkundlich erwähnt. Damals ging es um die Rechte an einem Eisenerzbergwerk. Heute bevölkern 260 Menschen den Siedlungsbereich, der sich neben dem Dorfkern auch auf die zuführenden Straßen erstreckt.

1973 war ein wichtiges Jahr in der neueren Dorfgeschichte. Nach langen Planungen und mühsamer Arbeit wurde der Spielplatz eingeweiht. Ausgesucht hatte man sich eine zentral gelegene Fläche, die gut erreichbar ist. Es wurde nicht nur ein schöner Spielplatz, es war auch der Startschuss für ein engeres Miteinander, das fünf Jahre später zur Gründung der Dorfgemeinschaft führte. Bis heute ist der Spielplatz Dreh- und Angelpunkt der meisten Aktivitäten geblieben. So wird auch das Dorffest dort gefeiert. Mit kleinem Zelt, Bierwagen und Grillstation wird alles Notwendige vorbereitet, um ein fröhliches Wochenende gemeinsam zu feiern. 2005 wurde der Spielplatz grundlegend renoviert. Nicht nur Spielgeräte wurden ausgetauscht, die gesamte Anlage wurde neu gestaltet und modernisiert. Damit der schöne Spielplatz in bestem Zustand verbleibt, haben die Stülinghausener die Aufgaben genau verteilt. Jede Familie hat im Jahr zwei Wochen Spielplatzdienst! Der umfasst das Rasenmähen, die Leerung der Müllbehälter, die Reinigung der Anlage und bei trockenem Wetter das Gießen der Blumen. Reparaturen und besondere Arbeiten werden gemeinsam durchgeführt. So gelingt es, den Stülinghausener Kindern ein kleines Spielparadies und gleichzeitig der Dorfgemeinschaft eine verbindende Aufgabe zu erhalten. Selbstverständlich leistet man auch andere Aufgaben. So ist die historische Brunnenstube, der „Pütt", 1996 liebevoll restauriert und mit Sitzgelegenheiten zum Verweilen ausgestattet worden. Die Pflege der Anlage wird genauso gewährleistet wie der Schnitt der Dorfhecken. Zu St. Martin gibt es einen Fackel- und Laternenzug, der von Musik begleitet durch den Ort führt. Klar, dass es dann für die Kleinen auch eine heiße Schokolade und für die Erwachsenen einen würzigen Glühwein gibt.

Ein kurzer Gang über die Höhe: Und schon steht man an der Bruchertalsperre, die demnächst ihren 100-jährigen Geburtstag feiert. Die Vorteile des Staugewässers genießen die Stülinghausener gerne. Ein erfrischendes Bad an heißen Sommertagen, eine

Albtraum für die Waschmaschine:
Der Spielplatz wird renoviert

Runde Tretboot oder einfach ein Treff am Seeufer – besonders die Jugendlichen profitieren von den vielfältigen Freizeitmöglichkeiten. Wer Mitglied im Segel- und Kanuverein Bruchertalsperre ist, kann den pro-

Wer arbeitet, darf auch
Spaß haben

Stülinghausen

Liebevoll restauriert und mit Sitzgelegenheiten ausgestattet: der „Pütt"

Fast 20 Arbeitsplätze sind im Dorf vorhanden

fessionellen Umgang mit dem Segelboot bei Flauten und Böen lernen. Es wird behauptet, dass die Eigner einer ganzen Reihe von Segelbötchen in Stülinghausen wohnen.

Immerhin gibt es noch frische Brötchen im Dorf. Neben der Bäckerei am Ortseingang bieten ein Schreiner, zwei Dienstleister aus der EDV-Branche sowie das Erholungsheim und zwei Restaurants insgesamt knapp 20 Arbeitsplätze. Mit großen Planungen und Aktionen kann man in Stülinghausen nicht aufwarten, dafür aber mit dem Mittelpunkt Dorfspielplatz!

Stülinghausen

Gemeinde Marienheide
Urkundliche Ersterwähnung: 1450

Einwohner 1980: 388
Einwohner 2007: 257

2 Vereine
1 landwirtschaftlicher Betrieb

Erfolge im Dorfwettbewerb:
Kreisebene: 5 Bronze

Thier

"Schwarz, weiß, grün"

Wenn sich die Bebauung eines Dorfes im Wesentlichen entlang einer einzigen Straße konzentriert, ist das nicht unbedingt für ein harmonisches und abwechslungsreiches Erscheinungsbild von Vorteil. Dass dies auch anders sein kann, lässt sich am Beispiel eines der sieben Kirchdörfer im Wipperfürther Stadtgebiet belegen.

In Thier begleiten zwar die meisten Häuser die nach dem ersten Pfarrer im Ort benannte Johann-Wilhelm-Roth-Straße und dennoch kommt nie der Eindruck eines langweiligen Straßendorfes auf. Wesentlichen Anteil daran hat der zentrale Bereich im Umfeld der Kirche. Er geht in seinem Ursprung auf das 18. Jahrhundert zurück und beeindruckt durch seine gut erhaltenen Gebäude. Ihr Äußeres wird von den bergischen Farben bestimmt: Schwarzer Schiefer, weiße Fensterrahmen und grüne Schlagläden! Sie ähneln damit dem Charakter bergischer Bürgerhäuser im nördlichen Bergischen Land und im Städtedreieck Wuppertal, Solingen und Remscheid.

Die katholische Pfarrkirche St. Anna wurde 1895 im neugotischen Stil erbaut. Glatt 100 Jahre älter ist der unmittelbar benachbarte Friedhof, der mit zwei Freitreppen und einer umgebenden Mauer terrassenförmig angelegt wurde. Er beherbergt schöne und interessante alte Grabsteine und Grabkreuze sowie die Gräber der Thierer Pfarrer. Nachdem 1910 ein neuer Friedhof eingerichtet wurde, konnte der Bereich glücklicherweise als Grünanlage erhalten werden. Da vor Kurzem stark beschattende Fichten entfernt wurden, bemüht sich die Dorfgemeinschaft zurzeit um eine ergänzende Bepflanzung mit dorftypischen bodendeckenden Stauden. Dazu werden die Überschüsse vom letzten Pfarrfest verwendet. Letzteres deutet schon darauf hin, dass ein enges Zusammenwirken zum Wohle des Ortes Alltag ist. Ein schönes Beispiel dafür ist das große Dorfgemeinschaftshaus. In Eigenleistung der Thierer wurde es auf einem Grundstück der Kirche errichtet. Quasi ineinander verschachtelt umfasst es einen Saal mit Bühne, eine Kegelbahn, eine Gastwirtschaft und weitere Räumlichkeiten. Ebenfalls gehört auch ein unterirdischer Schießstand dazu. Um diesen ganzen Komplex dauerhaft und wirtschaftlich solide unter-

Der Dorfkern mit seinen beeindruckenden Bürgerhäusern steht unter Denkmalschutz

Auf dem historischen Friedhof befindet sich auch das sogenannte Missionskreuz

Kath. Pfarrkirche St. Anna

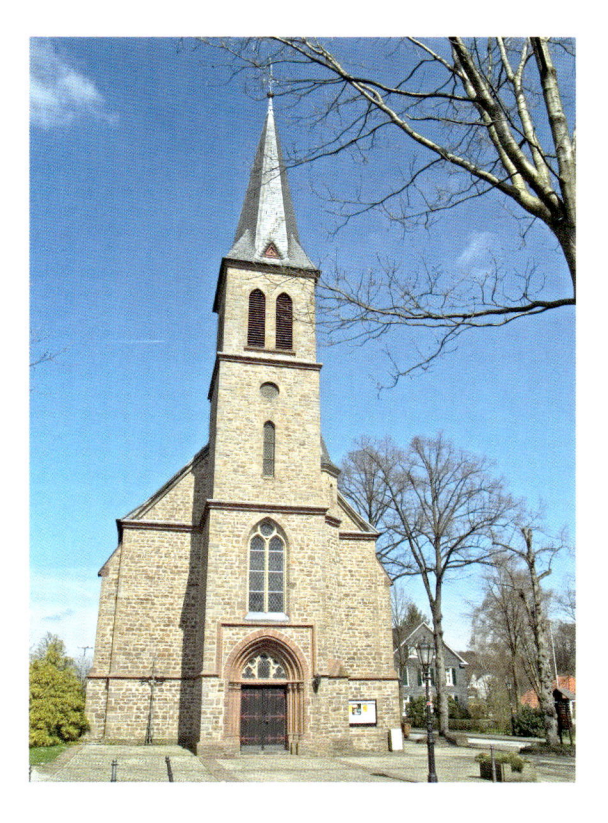

halten zu können, wurde ein eigener Förderverein ins Leben gerufen und eine GmbH als Betreiberin gegründet. Dank einer solchen großartigen Gemeinschaftsleistung fast aller Thierer Vereine stehen die Zukunft des Dorfgemeinschaftshauses und die damit verbundenen Angebote auf sicheren Füßen.

Gleich zwölf Vereine bilden das Rückgrat des Dorflebens. Das Blasorchester MV Thier zeichnet für die musikalische Begleitung bei den unterschiedlichsten Anlässen verantwortlich. Der Bürgerverein konzentriert sich auf die Weiterentwicklung und Gestaltung des Dorfes sowie die Teilnahme am Dorfwettbewerb. Der Sportverein kann über 400 Mitglieder und 22 aktive Gruppen bzw. Mannschaften ins Feld führen. Die Löschgruppe Thier der Freiwilligen Feuerwehr richtet neben ihren Einsätzen ein Feuerwehrfest aus und beteiligt sich an den großen Veranstaltungen der Vereine.

Zu diesen zählt zu allererst das große fünftägige Schützenfest der St. Sebastianus-Schützenbruderschaft. Jedes dritte Wochenende im August ist dann das ganze Dorf auf den Beinen. Ein großartiges Feuerwerk ist nur einer der Höhepunkte. Am letzten Festtag wird symbolisch der sogenannte „Paijas" als Stoffpuppe begraben, was das Ende der Feierlichkeiten symbolisieren soll.

Der Kirchenchor der katholischen Frauengemeinschaft, der Seniorenclub und die katholische Jugend gestalten nicht nur das dörfliche Leben. Diese Gruppen trifft man auch immer wieder in anderen Bereichen des Dorflebens an.

Bei so viel bürgerschaftlichem Engagement ist es fast selbstverständlich, dass gelebte Nachbarschaft großgeschrieben wird. Ausländische Mitbürger werden dabei nicht ausgeklammert. Da ist es selbstverständlich, dass bei einer türkischen Braut das Haus in der gleichen Form geschmückt wird wie bei einer deutschen Hochzeit!

Ein weiteres schönes Beispiel ist die Integration einer Gruppe von 22 jungen Menschen mit verschiedenen Behinderungen. Sie wohnen in einem dazu umgebauten ehemaligen Bauernhof mitten im Ort. Dass sich die Einrichtung den Namen „Noh bieneen" gegeben hat, was „Nah beieinander" bedeu-

Jedes Jahr feiert die St. Sebastianus-Schützenbruderschaft fünf Tage lang

tet, sagt eine Menge aus und passt hervorragend zur Einstellung der Thierer.

Wenn es sein muss, können sie aber auch mit aller Deutlichkeit für ihre Interessen eintreten. Als vor Kurzem die Straßenbeleuchtung im Dorf abends bereits um 23 Uhr ausgeschaltet wurde, protestierten sie so lange, bis Rat und Bürgermeister ein Einsehen hatten. So muss man jetzt auch zu später Stunde nicht mehr im Dunkeln nach Hause gehen.

Schon ein patentes Völkchen, die Menschen „Ob d'r Thier"!

Sehenswerter Pflanzenschmuck: Festumzug am Entedanktag

Thier

Stadt Wipperfürth
Urkundliche Ersterwähnung: 1443

Einwohner 1980: 1411
Einwohner 2007: 1640

12 Vereine
kath. Kirche
1 Grundschule
1 Kindergarten
Landwirtschaftliche Betriebe

Erfolge im Dorfwettbewerb:
Kreisebene:
4 Gold, 5 Silber und 4 Bronze
Landesebene:
1 Gold und 2 Silber
Bundesebene: 1 Bronze

Verr

„Immer einen Ausflug wert"

Herrlich ruhige Wanderwege führen in den Heckberger Wald

Ein Mini-Dörfchen weit ab „vom Schuss": Wer kennt schon Verr? Viel mehr Menschen als man denkt! Denn hier, gar nicht weit von Drabenderhöhe, gibt es ein Ausflugslokal, das für seine schmackhaften Spezialitäten bekannt ist. Und so nimmt mancher dort nach einem ausgedehnten Spaziergang gerne die Möglichkeit für ein gemütliches Kaffeetrinken oder ein leckeres Abendessen wahr.

Wer gut zu Fuß ist, den erwarten rund um Verr Dutzende Kilometer herrlich ruhige Wanderwege durch Wälder und Wiesen. Schließlich liegt mit dem Heckberger Wald eines der größten zusammenhängenden Waldgebiete des Bergischen Landes vor den Haustüren. Bis man das Aggertal erreicht, durchwandert man stille Tälchen. Ihnen ist nicht anzumerken, dass es dort noch vor 100 Jahren ganz anders ausgesehen hat. Mit der „Silberkaule" und der „Bliesenbach" gab es große Bergwerke, die über Jahrhunderte die Landschaft und die Menschen geprägt haben. Die Gruben boten auch den Verrern neben ihrem bescheidenen Auskommen aus der Landwirtschaft eine Erwerbsquelle. Kilometerlange Fußmärsche waren sowieso eine Selbstverständlichkeit. Da das Dörfchen genauso wie das benachbarte Büddelhagen verwaltungstechnisch früher zu Engelskirchen zählte, musste dort alles Wichtige erledigt werden. Wer heute die ruhigen Waldtälchen zur Erholung durchschreitet, kann über die Mühen der Alten nur staunen.

Obwohl schon 1413 erstmals urkundlich erwähnt, hat es Verr nie auf mehr als eine Handvoll Häuser gebracht. Um die 50 Menschen leben hier. Neben dem Hotel-Restaurant, einem Gesundheitsdienstleister und einer Näherei gibt es einen Reiterhof, der auch Pensionspferde betreut und eine Zucht betreibt. Zwar ist das mit Quellwasser gespeiste

Der nächste Winter kann kommen

Dorfschwimmbad längst verfallen, aber die Wassergenossenschaft „Loopeperle" versorgt bis heute über 200 Haushalte in Verr und Alt-Drabenderhöhe mit bestem Trinkwasser aus in der Nähe liegenden Waldquellen.

Natürlich kennt in Verr jeder jeden. Die Dorfgemeinschaft funktioniert auch ohne Vereinsstatus. Vor gut 20 Jahren wurde der alte Dorfbrunnen restauriert. Auf dem Gelände des ehemaligen Wäschebleichplatzes am Ortsausgang entstand durch Gemeinschaftsarbeit ein kleiner befestigter Dorfplatz, der auch von Wanderern gerne zur Rast benutzt wird. Jährlich feiert Verr dort sein Dorffest, an dem auch längst Weggezogene teilnehmen. Nach

Immer für einen Scherz zu haben: Die Verrer begrüßen die Kommission des Dorfwettbewerbs

Verr

Stadt Wiehl
Urkundliche Ersterwähnung: 1413

Einwohner 1980: 52
Einwohner 2007: 46

1 Verein
1 landwirtschaftlicher Betrieb

Erfolge im Dorfwettbewerb:
Kreisebene: 4 Bronze

ausgiebiger Feier trifft man sich am nächsten Morgen zum gemeinsamen Frühstück und zum Aufräumen.
Eine Besonderheit in Verr ist die „Skulpturenweide". Auf einer kleinen Wiese am Ortsrand hat ein Künstler und ehemaliger Beuys-Schüler verschiedene Arbeiten auf- und ausgestellt. Die Kunstwerke regen zum Nachdenken an und laden, wie der große „Summstein", zum Ausprobieren ein.
Wer Erholung für Körper, Geist und Seele sucht und sich als Zugabe über einen leckeren Gaumenschmaus freut, der ist in Verr richtig. Für ihn gilt: Das Dörfchen und seine Umgebung ist immer einen Ausflug wert.

Willkommene Gastlichkeit bei jedem Ausflug: Restaurant im Ort

Wallefeld

„Kühles Nass an heißen Tagen"

An dieser Stelle zunächst einmal ein Geheimtipp für heiße Sommertage: Gönnen Sie sich einen Nachmittag im Wallefelder Dorfschwimmbad. Es erwartet Sie eine familiäre Atmosphäre in einer vorbildlich geführten Anlage und eine garantierte Erfrischung, die auch einen schweißtreibenden Hitzetag versöhnlich enden lässt. Denn das Becken wird kontinuierlich aus einer unmittelbar benachbarten Bachquelle mit frischem Wasser versorgt. Die Quelle, im Dorf „Bonner" genannt, hat in der Tat beste Wasserqualität. Dies bezeugen die dort vorkommenden „Quellschnecken" und „Alpenstrudelwürmer", die nämlich nur dann existieren können, wenn das Wasser schadstofffrei ist. Wie Messfühler zeigen sie zuverlässig an, wenn etwas nicht stimmen sollte. Schön, dass es solch sauberes Quellwasser mitten im Dorf noch gibt. Da hat man auch Verständnis dafür, dass Quellwasser nun mal kalt ist und das Badewasser daher nicht gerade Thermaltemperaturen erreicht.

Seit über 75 Jahren betreibt der 1896 gegründete Verschönerungsverein das Wallefelder Schwimmbad mit ungeheurem Engagement. In dieser Form ist das im Bergischen Land einzigartig. Vom Bademeister über den Getränkeverkauf, die Reinigungskräfte, den Reparaturtrupp bis zum Rasenmähen: Alles wird ehrenamtlich geleistet. Klar, dass man sich über einen guten Sommer mit guten Einnahmen freut. Das gilt auch für die legendäre „Pool-Party", die als Abschluss der Badesaison vor allem für junge Leute Kult geworden ist.

Wallefeld hat aber noch mehr als das Dorfschwimmbad aufzuweisen. In dem knapp 600 Menschen zählenden, über 850 Jahre alten Örtchen gab es mal eine Brauerei, einen regen Bergbau und bis 1967 auch eine Dorfschule. Die Nähe zu Ründeroth erklärt auch den Ursprung der „Ründerother Sparkasse", die sich von 1882 bis 1903 zunächst in Wallefeld befand. Bis 1955 wurden im mondänen „Biobad" am Dorfrand von einem Kölner Arzt Heilkuren mit dem Schwerpunkt von Moorbadanwendungen angeboten. Heute hat man dafür im Ort den ev. Kindergarten „Erdenkinder", der „drinnen und draußen" in großer Kreativität Spiel-, Lern- und Erfahrungsmöglichkeiten für die Kinder geschaffen hat. Heute hat man aber auch über zwei Dutzend Arbeitsplätze im Dorf, die sich auf Handwerk und Gewerbe aufgliedern. Frische Milch gibt es im land-

Abwechslungsreich und reizvoll im Detail präsentiert sich das gesamte Dorf

Gut erhalten sind die alten Häuser im Ort

wirtschaftlichen Betrieb am Ortsrand, der auch das Grünland rund um den Ort nutzt.

Auf eine fast 160-jährige Geschichte blickt der Männergesangverein „Liedertafel" zurück, der sich den Leitspruch „In Freud und Leid zum Lied bereit" gegeben hat. Inzwischen gibt es auch einen Frauenchor, der die Wallefelder Gesangskultur verstärkt. Der Turnverein Wallefeld ist das sportliche Gesicht des Dorfes. Nach seiner Gründung im Jahr 1912 standen zunächst Geräteturnen, später der Faustball im Vordergrund. Heute ist der Handball das Aushängeschild des TV.

Unter der Federführung des Verschönerungsvereins haben die Dorfvereine 1982 eine komfortable Grillhütte errichtet, an der auch viele Besucher bereits schöne gesellige Abende verbracht haben. Gleiches gilt für das Dorfgemeinschaftshaus. 1984 wurde eine Lagerhalle, von einer Firma in Gummersbach nicht mehr benötigt, nach Wallefeld umgesetzt. Bis Herbst 2001 tat dieses Gebäude bei Familienfeiern, Dorffesten und Karnevalsveranstaltungen gute Dienste. Dann fiel es einem Brand zum Opfer. Aber die Wallefelder warteten nicht lange und schritten erneut zur Tat. In einem beeindruckenden Kraftakt errichteten sie ein schmuckes neues Dorfgemeinschaftshaus mit eigener Hände Arbeit. Mit Bolzplatz, Schwimmbad, Grillhütte und Dorfhaus verfügt der Ort heute über einen hohen Freizeitwert.

Ungewöhnlich gut erhalten und wertvoll ist die Gebäudesubstanz in Wallefeld. Gleich 18 Häuser, die

Gute Idee: sein Zuhause mal überblicken

Fachkundig gepflegt: Dieser Vorgarten wird seit Generationen abwechslungsreich gestaltet

aus dem 18. und 19. Jahrhundert stammen, stehen unter Denkmalschutz. Ein 1992 erarbeitetes Dorfentwicklungskonzept stellt die Bedeutung und Eigenart der liebevoll gepflegten Gebäude heraus. Aber auch die Dorfnatur kann sich sehen lassen: Alte „Kaffeetrinkerlinden" weisen an der Straße „Auf der Mauer" auf eine ehemalige Gastwirtschaft hin. Ein Dorfteich, viele Hecken, ein Hohlweg und vor allem immer wieder Obstwiesenreste rund um den Ort sind Lebensraum für Pflanzen und Tiere. Zudem gibt es auch reizvolle Gärten und Vorgärten, die ein reiches Spektrum an Sträuchern und Stauden besitzen.

Also, wie wär's mit einem Besuch im Freibad und anschließend mit einem Spaziergang durch den Ort, oder umgekehrt?

Geheimtipp für heiße Tage: das Wallefelder Dorfschwimmbad

Wallefeld

Gemeinde Engelskirchen
Urkundliche Ersterwähnung: 1450

Einwohner 1980: 544
Einwohner 2007: 581

4 Vereine
1 Kindergarten
1 landwirtschaftlicher Betrieb

Erfolge im Dorfwettbewerb:
Kreisebene:
6 Gold, 3 Silber und 1 Bronze
Landesebene: 4 Silber

Wendershagen

„Tausche Ferkel gegen Trompete"

Grundlage für den Wendershagener Apfelsaft: die Obstwiesen am Dorfrand

Manchmal verdankt die Dorfgeschichte ihren Verlauf unvorhergesehenen Ereignissen, wegweisenden Entscheidungen oder einfach dem Handeln der Menschen vor Ort. Letzteres war für Wendershagen bedeutsam, als Theo Ley im Mundharmonika-Club der Jugend von Korseifen mitmachte. Er wollte nämlich gerne einmal andere Blasinstrumente ausprobieren und tauschte daher ein sechs Wochen altes Ferkel gegen eine Trompete ein. Anscheinend haben die Töne, die er dem Musikgerät entlockte, auch andere überzeugt, denn 1923 erblickte der Musikzug Wendershagen das Licht der Welt.

Das war eine glückliche Fügung, sonst müsste man in Morsbach und in ganz Oberberg auf vorzügliche Orchestermusik bei Konzerten und Festzügen verzichten. Der Musikzug, der offiziell der Freiwilligen Feuerwehr angegliedert ist, fungiert als Gründungsmitglied der Musikschule Morsbach und bietet jedem die Möglichkeit, ein Instrument zu erlernen. 45 Musikschüler nutzen zurzeit dieses Angebot. Dem Hauptorchester gehören knapp 50 Mitglieder an, im Jugendorchester wirken über 30 junge Talente mit. Mit jedem Auftritt gewinnt der Musikzug neue Fans dazu. Mit bekannten Melodien, aktuellen Hits sowie klassischen Stücken begeistern die Wendershagener

Landschaftlich vom Feinsten

ihre Zuhörer jedes Mal aufs Neue. Ohne etliche Zugaben dürfen die Musiker nie nach Hause gehen. Im Rahmen des Vatertagsfestes setzt der Musikzug nicht nur auf gute Töne, sondern auch auf schnelle Reifen. Seit 2004 veranstaltet er die Wendershagener Bobby-Car-Meisterschaft. Jene roten, robusten „Kinderflitzer" sind die offiziellen Rennwagen, mit denen sich Jung und Alt mutig die Straßen herunterstürzen, um sich als Champions feiern zu lassen. Natürlich ist das eine Riesen-Gaudi für das ganze Dorf. Immer mehr Auswärtige melden sich an und wollen die Festung Wendershagen einnehmen, aber bisher halten die Piloten aus dem Ort dagegen.

Die Feuerwehr verfügt in Wendershagen über ein modernes, geräumiges Gerätehaus. Dort sind nicht nur der Löschzug und die Jugendfeuerwehr gut aufgehoben. Es gibt einen schönen Versammlungsraum, der gerne zu Treffen, Besprechungen, zu Feiern und zum Üben für den Musikzug genutzt wird. Zu seinen Proben weicht der Männergesangverein „Harmonie" in das Bürgerhaus nach Ellingen aus. Das gilt auch für die drei Kinder- und Jugendchöre, wie z. B. die „Little- und Happy Harmonies". Guten Gewissens ist festzuhalten, dass Wendershagen einen musikalischen Schwerpunkt hat. Wer Wendershagen besucht, bemerkt schnell, dass er etwas Zeit mitbringen muss, um dorthin zu gelangen. Der Ort ist über die Straße durch das Ellinger Tal oder über die Kreisstraße von Erdingen aus zu erreichen. Den Begriff „abgelegen" lassen die Wendershagener aber nicht gelten. Sie plädieren für „idyllisch" und haben damit nicht Unrecht.

In der Tat besitzt das Dorf eine landschaftlich besonders schöne Lage. In einer sanften Quellmulde gelegen, sind die Häuser von Wiesen und Weiden umge-

Vergnügen im Schnee: besser als drinnen zu hocken

Wendershagen

Wendershagen

Gemeinde Morsbach

Urkundliche Ersterwähnung: 1492

Einwohner 1980: 276
Einwohner 2007: 281

5 Vereine
3 landwirtschaftliche Betriebe

Erfolge im Dorfwettbewerb:
Kreisebene:
5 Silber und 1 Bronze

ben. Unmittelbar östlich grenzen die großen Wälder des Forstes Krottorf im Wildenbergischen Land an. Wer ruhige Erholung in der Natur sucht, ist hier genau richtig, denn es erwarten ihn viele Kilometer Wanderwege abseits von Straßen und Siedlungen. Jeder Wanderer sollte aber nicht den Rundgang durch Wendershagen selbst versäumen. Sonst entgingen ihm die intensive Durchgrünung des Ortes und seine reizvolle Einbindung in die Landschaft. Er würde auch nicht die wunderbaren Obsthöfe bemerken, die sich in und am Ort erhalten haben. Aber erst, wenn er den Wendershagener Apfelsaft probiert hätte, wüsste er so richtig, was er verpasst hätte.

Grundausbildung für die Formel 1: Bobby-Car-Rennen

Wildberg
"Glück auf"

„Wildberg Hoi-Boi":
Dreigestirn der KG „Tolle Elf"

Es gibt nur wenige Dörfer im Oberbergischen, deren Geschichte so eng mit dem Bergbau verbunden ist wie Wildberg. Sage und schreibe mindestens 800 Jahre lang wurde hier in den Tiefen des Untergrundes gebuddelt. Zu den an das Tageslicht geförderten Schätzen gehörte neben Blei, Zink und Kupfer zunächst auch Silber. Sicher war das auch ein Grund dafür, dass Kaiser Barbarossa dem Kölner Erzbischof Rainald von Dassel als Dank für seine erfolgreichen Kriegsdienste den Landstrich mit den Bergwerken 1167 schenkte. Der aus der karolingischen Zeit stammende und für Königspfalz verwendete Begriff „Reichshof" stand Pate, als die Bürgermeistereien Denklingen und Eckenhagen 1969 zur neuen Gemeinde zusammengeschlossen wurden.

Angeblich wurde die erste Bauphase des Kölner Doms mit dem Silber aus Wildberg finanziert. Später gab es den „Wildberger Taler", eine große Besonderheit, denn die Münzprägung war nur wenigen erlaubt. Die letzten Silbertaler wurden 1767 hergestellt. Die wechselvolle Bergbaugeschichte endete 1911, als die Grube trotz der Inbetriebnahme der Bahnlinie Brüchermühle–Wildbergerhütte geschlossen wurde. Damit war eine jahrhundertelange Nutzung beendet, die den Ort, die Region und insbesondere die Menschen tief geprägt hat. In Wildberg „Glück auf" zu wünschen, hat daher eine andere Bedeutung als in den übrigen oberbergischen Orten!

Bei solch einer Dorfgeschichte wundert es nicht, dass es eine „Glückaufstraße" gibt und das Gemeinschaftshaus „Glück-auf-Halle" heißt. Für Veranstaltungen, Feste und Feiern ist die Halle, in der bis zu 300 Personen Platz finden, eine ideale Örtlichkeit. Die Lage etwas abseits vom Ort ermöglicht ungestörtes Vergnügen und reichlich Parkraum. Bedeutende Künstler sind hier schon aufgetreten, Bundesschützenfeste fan-

Wildberg

Riesenerfolg auf internationaler Ebene: Die „Große Garde" der KG Wildberg holt bei den Europameisterschaften den Titel „Bester Aufsteiger"

Merkwürdige Wurfdisziplin: Olympiade beim Sommerfest

Die „Glück-auf-Halle" ist Eigentum des Schützenvereins „Einigkeit" Wildberg und wird selbstverständlich für die Abende der Schützenfeste genutzt. Die Karnevalsgesellschaft „Tolle Elf", übrigens ein Ableger des Schützenvereins, fühlt sich hier ebenfalls zu Hause. Wer den karnevalistischen Schlachtruf „Hoi-Boi" noch nicht kennt, der sollte die tollen Tage in Wildberg erleben oder zur Stürmung des Rathauses nach Denklingen kommen.

Mit ihrer „Großen Garde" hat die KG Wildberg in jüngster Zeit bei Tanzsportturnieren beeindruckende Erfolge errungen. Im Gardetanz für Paare und im Showtanz belegte sie vordere Plätze, ist im modernen Tanz ab zwölf Personen NRW-Meister und hat nun auch die Deutschen Meisterschaften erreicht. Damit aber noch nicht genug der Ehre. Die vier Jungs und 15 Mädchen der „Großen Garde" errangen jetzt in Budapest sogar den Titel „Bester Aufsteiger Europas". Die vorbildliche Jugendarbeit, die von den karnevalistischen Tänzern geleistet wird, ist schon beeindruckend. Dies gilt auch für die Jugendfeuerwehr, die zusammen mit den Nosbachern und den Odenspielern übt. Die Löschgruppe Wildberg-Bergerhof hat ihren Stützpunkt im eigenen Feuerwehrgerätehaus, das auch genügend Platz für eine gemütlich Runde nach den Übungen bietet. Der Doppelname verrät schon, dass eine enge Partnerstadt mit dem Nachbarort Bergerhof gepflegt wird. Davon profitiert auch der Musikzug der Feuerwehr.

Welches Dorf kann schon einen Rasensportplatz aufweisen und das, obwohl es keinen Sportverein im Ort gibt. In Wildberg macht auch das der Schützenverein möglich, indem er die Pflege des Platzes von der Gemeinde übernommen hat. Davon profitieren die Dorfjugend und die Karnevalsvereine aus dem ganzen Kreisgebiet, die von der „Tollen Elf" im Sommer zum großen Fußballturnier eingeladen werden. Der Schützenkönig wird zu Pfingsten auf dem vereinseigenen Schießstand ermittelt. Die Mitglieder des Schützenvereins „Einigkeit" sind in Wildberg aber nicht die einzigen, die genau zielen können. Auf einer weiteren Schießanlage sind nämlich die „Sportschützen Reichshof" zu Hause. Der Verein bietet auch Waffensachkundenlehrgänge und Ausbildungen für Schießleiter an.

Die Wildberger Kapelle, ein einfacher Saalbau, der bis zu 200 Menschen aufnehmen kann, gehört zur evangelischen Kirchengemeinde Odenspiel. Zwar nicht jede Woche, aber doch regelmäßig werden hier Gottesdienste abgehalten. Schon 1550 gab es in Wildberg die sogenannte Nikolauskapelle, die aber 1835 abgerissen werden musste.

Über 500 Menschen wohnen heute in Wildberg, das im östlichsten Zipfel des Oberbergischen Kreises liegt. Das „Dreiländerdreieck", an dem die Regierungsbezirke Köln, Arnsberg und Koblenz aneinandergrenzen, ist ganz in der Nähe. Unmittelbar am Dorfrand liegt eines der letzten großflächigen Wacholdervorkommen des

Wildberg

Gemeinde Reichshof

Urkundliche Ersterwähnung:
1258

Einwohner 1980: k. A.
Einwohner 2007: 501

4 Vereine
evang. Kirche

Erfolge im Dorfwettbewerb:
Kreisebene:
4 Gold, 3 Silber und 3 Bronze
Landesebene:
1 Gold und 3 Silber

Bergischen Landes. Die Fläche ist daher als Naturschutzgebiet ausgewiesen. Unter dem Motto „Wellness für den Wacholder" setzt sich die Dorfgemeinschaft zusammen mit der Biologischen Station Oberberg seit einigen Jahren tatkräftig für den Erhalt der seltenen Gehölze ein. Die Wacholdersträucher sind ein lebendes Denkmal für eine Landnutzung, die unsere Region über lange Zeit geprägt hat. Wie auch beim Bergbau: In Wildberg bleibt ein Stück oberbergische Geschichte lebendig! Glück auf!

Jahrhundertelang wurde der Ort vom Bergbau geprägt

Hingucker: Springbrunnen im Dorf

Wilkenroth
"Wohnen im Park"

Wiesen, Wälder, Wilkenroth

Aus drei Siedlungsbereichen ist über Jahrhunderte ein Dorf am Wilkenrother Bach zusammengewachsen, das sich in lockerer, ländlicher Bebauung mit vielen Freiflächen, Gärten, Obstwiesen und Hecken präsentiert. Private Bereiche gehen fließend in das öffentliche Grün über, ein umfangreicher Baumbestand gliedert die Dorfareale und ein weitgehender Verzicht an Zäunen verstärkt den Eindruck einer sich ergänzenden Vielfalt von Dorflebensräumen. Es ist daher nicht übertrieben, wenn der Ort als großer Park mit Häusern beschrieben wird.

Drei Baudenkmäler kennzeichnen die gelungene Erhaltung und Instandsetzung von Fachwerkhäusern im Dorf. Ohne dass die Ablesbarkeit ihrer früheren Funktionen verloren gegangen ist, wurden diese Gebäude vorbildlich restauriert und umgenutzt. Die bauliche Entwicklung der jüngeren Zeit führte zu Lückenschlüssen zwischen den ursprünglichen Gehöften. Der frühere „Dorfanger" – im Wesentlichen der Bereich entlang des Bachs – wurde für neue Wohngebäude in Anspruch genommen. Dennoch hat Wilkenroth dank der Grüngestaltungsmaßnahmen seinen Charakter als gemütlicher Wohnort nicht verloren.

Erstaunlich, dass über 40 Arbeitsplätze durch Handwerk, Gewerbe und Dienstleistungen im Ort vorhanden sind. Die Erhaltung und Stärkung der Kleinunternehmen ist erklärtes Ziel der Dorfentwicklung.

Dass die behutsame und gelungene Entwicklung von Wilkenroth in dieser Form möglich war – immerhin hat der Ort in den letzten Jahren kontinuierlich auf etwa 360 Einwohner zugelegt – ist nicht zuletzt dem engagierten Wirken des Gemeinnützigen Vereins zu verdanken. Dessen ungewöhnlich engagierte Mitglieder leisten Vorbildliches in allen Bereichen des Dorflebens. Ob Kinderspielplatz, Bolzplatz, Bushäuschen, Sportplatz, Renaturierung des Brandweihers oder Anlage mehrerer Obstwiesen: Überall ist die Handschrift der Aktiven zu erkennen. Im 1976 durch Eigenleistung errichteten Dorfgemeinschaftshaus trifft man sich zu allen Anlässen. Dazu gehören der monatliche Dorfkaffee der „Kaffeetanten", die Krabbelgruppe, der Seniorenkreis, die Jugendgruppe und die Karnevalsfreunde. Darüber hinaus haben sich eine Dorffußballmannschaft, eine „Rasenmäher- und Arbeitsgruppe" und die Motorradfreunde unter dem Dach des Gemeinnützigen Vereins zusammengefunden. Unter dem Motto „Wilkenrother helfen Wilkenrothern" werden sogar Schulaufgabenhilfe, Fahrgemeinschaften oder häusliche Hilfen angeboten. Ein umfangreiches Jahresprogramm an Ausflügen, Veranstaltungen und Aktionen komplettiert das Dorfleben, immer nach dem Motto: „Wer in Wilkenroth wohnt, hat keine Langeweile."

Eine Wilkenrother Besonderheit ist der „Lebendige Adventskalender": 24 Fenster im Dorf kennzeichnen die Dezembertage bis zum Heiligen Abend. Um 17.00 Uhr trifft man sich jeweils unter einem anderen Fenster, um zu singen, Geschichten zu erzählen, zu basteln oder einen Glühwein zu trinken. So erlebt man die Adventszeit im dörflichen Miteinander

Fachwerkpracht

Wilkenroth

"Wohnen im Park"

Der singende Adventskalender

besonders intensiv und pflegt dabei die nachbarschaftlichen Kontakte.
Bei solch intensivem Dorfleben, der reichhaltigen Dorfnatur, der landschaftlich schönen Umgebung und den umfassenden Planungskonzepten ist es nicht verwunderlich, dass Wilkenroth bis in die Bundesebene Erfolge im Dorfwettbewerb erreichen konnte. Darauf ruht man sich aber nicht aus: Vor Kurzem wurde Wilkenroth als Modelldorf ausgesucht, um den Alterswandel der Gesellschaft mit sei-

Wilkenroth

Stadt Waldbröl
Urkundliche Ersterwähnung:
1436

Einwohner 1980: 285
Einwohner 2007: 352

1 Verein
1 landwirtschaftlicher Betrieb

Erfolge im Dorfwettbewerb:
Kreisebene:
9 Gold, 2 Silber und 1 Bronze
Landesebene:
2 Gold, 3 Silber und 1 Bronze
Bundesebene: 1 Silber

nen Auswirkungen wissenschaftlich zu untersuchen. Auch die weiteren Vorhaben des Dorfvereins sind umfangreich und anspruchsvoll. So erfüllt sich ein Motto, das die Wilkenrother sich selbst gegeben haben: „Ein Dorf mit Tradition, Beständigkeit und Zukunft."

So schön können Hauseingänge aussehen

Windfus

"Fast alles dreht sich um den Wald"

Der Wald ist ein wichtiges Thema für den gesamten Ort

Achten Sie doch mal darauf: Auf halber Strecke zwischen der Autobahnabfahrt Eckenhagen und Eckenhagen selbst weist ein Schild auf das Dörfchen Windfus hin. Hier muss man die Landstraße verlassen und tiefer in die Waldlandschaft hineinfahren. Dann endlich taucht der kleine Ort auf, der heute immerhin etwa 330 Einwohner besitzt. Wer nun meint, dass sich hierhin nur wenige verirren, der ist auf dem Holzweg. Denn nicht nur das früher durchgeführte Lichterfest hat schon über 3000 Menschen angelockt, sondern auch Dutzende deutsche und internationale Prominente haben den Windfusern schon ihre Aufwartung gemacht. Das hat natürlich seinen Grund! Und der wurde 1963 ins Leben gerufen.

Einige Jungen gründeten mit Unterstützung des Försters die Waldjugend und legten damit den Grundstein für ein aktives Vereinsleben, das in seiner speziellen Form im Oberbergischen ohne Vergleich ist. Unter dem Motto „Natur erleben – wir sind mit dabei" standen von Beginn an das Kennenlernen von Fauna und Flora, der Schutz der Umwelt sowie die Pflege von Wald und Natur im Vordergrund. Vor allem wenn es darum ging, die Ebene der gut gemeinten Worte zu verlassen und selbst Hand anzulegen, war die Waldjugend stets in der ersten Reihe. Bereits 1967 wurde das Waldjugendheim in Eigenleistung errichtet, damals das erste seiner Art in Nordrhein-Westfalen. Bis heute ist es – renoviert

Wer die Natur schützen will, muss sie kennenlernen

und erweitert – Basis und Zentrale aller Aktivitäten und Veranstaltungen.
So auch für den „Star-Treff", der in den letzten 40 Jahren zahlreiche bekannte Persönlichkeiten zu den Waldläufern führte. Die hochkarätige Gästeliste ist beeindruckend und umfasst Stars aus Sport, Politik, Funk und Fernsehen. Sie alle plauderten aus ihrem Leben und pflanzten einen Baum im „Wald der

Keine Angst vor Freund Lurchi

Windfus

Ein idealer Startplatz für Tippeltouren durch die Wälder

Generationen". Lothar Selbach, nach der Gründung für Jahrzehnte Herz und Motor der Waldjugend, hat mit dieser bundesweit einmaligen Veranstaltungsreihe erreicht, dass Prominente auf diese Weise für Natur und Umwelt öffentlich eintreten.

Klar, dass sich die Aktivitäten der Waldjugend nicht auf Promi-Besuche beschränken. Zeltlager, Ausflüge und Freizeiten werden organisiert und der Waldlehrpfad, schon 1965 eingerichtet, verlangt immer wieder Pflege und Aktualisierung. Vortragsabende und naturkundliche Führungen sind vorzubereiten sowie Informationsstände auf besonderen Veranstaltungen zu betreuen. Vor allem aber die tatkräftige Arbeit in Natur und Landschaft rund um Windfus steht im Mittelpunkt. Ob es um die Anlage von Waldteichen, die Pflege von Feuchtwiesen, das Anbringen von Nistkästen, die Pflanzung von Hecken oder den Schutz der Ameisenburgen geht: Die Waldjugend ist stets zur Stelle. Ohne ihren Einsatz hätten die letzten oberbergischen Wacholdersträucher in den nahegelegenen Naturschutzgebieten keine große Zukunft gehabt. Zurzeit wird an der Entwicklung des benachbarten Waldgebietes „Puhlbruch" gearbeitet. Etwa 150 000 Bucheckern wurden von den Mädchen und Jungen der Waldjugend gesammelt, um daraus in einem extra eingerichteten Saatbeet kräftige Rotbuchen heranzuziehen, die nicht standortgerechte Fichten ersetzen sollen. Bis dies so weit ist, bedarf es noch jahrelanger Pflege der Laubbaumsetzlinge.

Zwei Jahre nachdem die Waldjugend gestartet war, gründete sich die Ortsgemeinschaft Windfus. Ziel war es, das Brauchtum zu pflegen, altes Kulturgut zu erhalten und die Bindung an die Heimat zu vertiefen. Das Ergebnis kann sich sehen lassen: Eine fleißige Ortsgemeinschaft hat vieles geschaffen, das nicht nur den Menschen im Dorf Freude bereitet, sondern auch zur Attraktion für Erholungssuchende geworden ist.

Gestartet wurde mit dem Kinderspielplatz, dem kurze Zeit später die Anlage des Dorfplatzes folgte. Schließlich wurde der Park- und Wanderrastplatz gebaut, der bis heute Ausgangspunkt für viele Touren auf Schusters Rappen durch die schöne Landschaft ist. Bei fast allen Projekten setzte die Ortsgemeinschaft auf die bewährte Zusammenarbeit mit der Waldjugend. So auch bei dem sogenannten Aktiv-Grillhaus. Die Idee hierzu war folgende: Wer hier Gegrilltes genießen möchte, muss zunächst einmal zu Axt und Säge greifen, um Holz für das Feuer zu gewinnen. Material und Geräte findet er am Ort, nur etwas Arbeitskraft muss er investieren. Inzwischen hat sich das Grillhaus zu einer richtigen kleinen Anlage, zu der auch Toiletten gehören, gemausert. Mit großem Einsatz, Geschick und Hartnäckigkeit

Windfus

Gemeinde Reichshof
Urkundliche Ersterwähnung:
1575

Einwohner 1980: k. A.
Einwohner 2007: 339

3 Vereine
2 landwirtschaftliche Betriebe

Erfolge im Dorfwettbewerb:
Kreisebene:
3 Gold, 3 Silber und 1 Bronze
Landesebene:
1 Gold und 2 Silber

gelang Windfus 1979 im Dorfwettbewerb ein Riesenerfolg. Auf Landesebene konnte die Auszeichnung als Golddorf errungen werden. In der Tat eine besondere Leistung für einen Ort dieser Größe, der nicht auf zahlreiche Vereine, Einrichtungen, Geschäfte oder besondere Gebäude zurückgreifen kann. An die spontanen Feiern, die nach der Bekanntgabe des Golderfolgs starteten, erinnern sich viele noch mit leuchtenden Augen. Arbeiten und feiern, das können sie, die am Wald, im Wald und mit dem Wald leben!

Engagement für die Zukunft:
Waldjugend im Einsatz

Wipperfeld

„Das geniale Dorf"

Die Pfarrkirche St. Clemens hatte schon eine Vorgängerin an anderer Stelle im Ort

Mancher Wanderfreund hat Wipperfeld als Basis seiner Tippeltour schätzen gelernt. Nicht nur, weil über 40 km reizvolle Wanderwege rund um das Dorf zur Erholung in der buckeligen Welt locken. Auch ein großzügiger Wanderparkplatz mitten im Ort, gleich drei Gaststätten mit Hotelbetrieb und viele interessante Dorfdetails laden zum Schauen, Erleben und Verweilen ein. Gerade der älteste Teil des am mittelalterlichen Herweg liegenden Dorfs bietet mit seinen Fachwerkbauten und schieferverkleideten Gehöften zahlreiche geschichtliche Details.

In diesem Bereich hat auch die im 12. Jahrhundert errichtete romanische Kirche gestanden. Nachdem sie zu klein geworden war und die Bausubstanz ohnehin als desolat beurteilt wurde, brach man sie Ende des 19. Jahrhunderts ab. Die neue Pfarrkirche St. Clemens wurde 1894 ein Stückchen weiter oberhalb eingeweiht. Am alten Kirchenstandort erinnert ein gut erhaltenes Stück der historischen Friedhofsmauer daran, wo die Wipperfelder früher ihre Angehörigen zu Grabe getragen haben. Über 50 denkmalgeschützte Grabsteine und Grabkreuze aus dem 17. Jahrhundert wurden als wertvolle Zeugnisse bergischer Steinmetzarbeiten zur neuen Kirche hin verlagert. An deren Südostseite sind heute zudem verschiedene Fragmente der mittelalterlichen Kirche, darunter drei kunstvolle Fußfälle ausgestellt.

Gleich neben St. Clemens liegt der großzügige Kirch- bzw. Dorfplatz mit dem 1965 direkt an der Giebelseite des alten Pastoratsgebäudes errichteten Dorfbrunnen. Der Dorfplatz ist Standort für unterschiedliche Feierlichkeiten im Ort, gleichzeitig aber auch Treffpunkt für ein gemütliches Schwätzchen. Zum Grillen lädt ein gepflegter Pavillon ein. Überhaupt ist das Umfeld der Kirche ein Schwerpunkt des Dorflebens. Gleich nebenan befinden sich der Kindergarten und das katholische Pfarrheim, das als dörfliches Gemeinschaftshaus fungiert. Ohne Übertreibung lässt es sich

Die Wipperfelder wissen, wo es langgeht

als „gute Stube" von Wipperfeld bezeichnen. Eigentlich ist es gar kein einzelnes Gebäude, sondern ein richtiger Komplex, der das Pfarrheim mit Saal, Jugendräumen, Küche und Teestube, aber auch weitere Vereinsräume und vor allem einen modernen Schießstand mit zehn Bahnen für Luftgewehr und Luftpistole umfasst. Intensives gemeinsames Wirken der Wipperfelder Vereine, verbunden mit außergewöhnlicher Eigeninitiative, war notwendig, dass dies alles entstehen konnte. Ein klarer Beweis für den Zusammenhalt im Ort!

Die mit Traditionen und Bräuchen verbundenen Feste im Jahresverlauf werden von den neun Vereinen ausgerichtet. Egal wer die Verantwortung hat, man unterstützt sich und trägt gegenseitig zum Gelingen der Feiern bei. Eigentlich ist fast jede Woche irgendetwas los und wer will, der kommt aus dem Mitmachen, Anpacken und Feiern kaum noch raus. Die Wipperfelder sind in ihrem Wirken stets ihrer Vergangenheit verbunden, ohne aber neue Wege zu vernachlässigen. Eindrucksvoll haben sie das am Beispiel ihrer alten Dorflinde bewiesen. Der jahrhundertealte Baum, in dessen Schatten die Schützenkönige gekrönt wurden, war altersschwach und krank geworden. Als deutlich wurde, dass er nicht mehr zu retten war, schnitt man einen Zweig ab, pfropfte diesen auf eine geeignete Unterlage und zog damit einen neuen Baum an. Aus der alten Linde war eine neue geworden und die wächst heute an der gleichen Stelle! Mit einem schmucken Mäuerchen um den Stammbereich herum wird der besondere Baum geschützt und gleichzeitig besonders gewürdigt.

Auf mittelalterlichen Wegen Land und Leute erleben

Wipperfeld

Im Dorf gibt es weitere bemerkenswerte alte Bäume, wie zum Beispiel eine alte Linde am Ehrenmal. Auch bei der allgemeinen Grüngestaltung ist zu bemerken, dass die Wipperfelder den „grünen Daumen" haben. Im Frühjahr verzaubern Tausende Schneeglöckchen und Osterglocken an der Böschung zum Ehrenmal und am Kirchhof diesen Ortsteil. In anderen Bereichen haben Buchenhecken Zäune und Nadelgehölze ersetzt. Besonders gelungen ist der Dorfgarten unmittelbar neben der Kindertagesstätte. Eingerahmt von einem Staketenzaun wechseln sich Zierstauden, Gemüsepflanzen und Beerenobststräucher ab. Der Schwarze Holunder als typisches Dorfgehölz und vielverwendete Nutz- und Heilpflanze ist ebenfalls in dem vom Bürgerverein liebevoll gepflegten Gärtchen zu Hause. Überzeugt sind sie von ihrem Dorf, die Wipperfelder. Das gilt auch für die junge Generation. So schreibt ein Junge in der Schülerzeitung des Wipperfürther Gymnasiums: „... ich lebe in Wipperfeld. Dort wird großer Wert auf Gemeinschaftsgefühl und Tradition gelegt ... Mein Fazit: Wipperfeld ist einfach ein geniales Dorf ... Also, Leute, kauft euch ein Haus im Süden und zieht nach Wipperfeld."

Kreative Straßenverschönerung macht Spaß

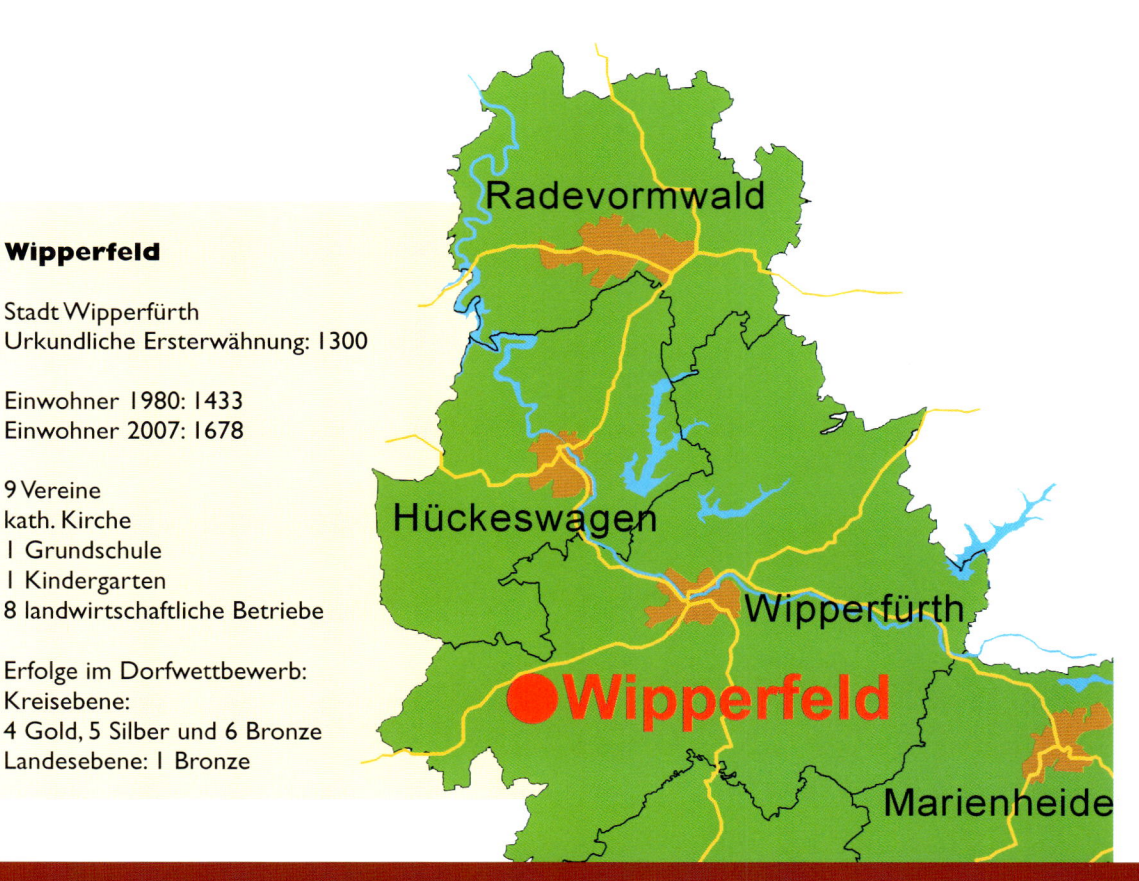

Wipperfeld

Stadt Wipperfürth
Urkundliche Ersterwähnung: 1300

Einwohner 1980: 1433
Einwohner 2007: 1678

9 Vereine
kath. Kirche
1 Grundschule
1 Kindergarten
8 landwirtschaftliche Betriebe

Erfolge im Dorfwettbewerb:
Kreisebene:
4 Gold, 5 Silber und 6 Bronze
Landesebene: 1 Bronze

Wülfringhausen
„Sonnig und mehr"

Das älteste Haus im Dorf

Wülfringhausen, so kann man in der Chronik der Dorfgemeinschaft nachlesen, war in der Zeit, als die Touristen noch Sommerfrischler hießen, gleich mit mehreren Pensionen ein beliebtes Ausflugsziel und Ferienort. Als die Riviera Wülfringhausen den Rang ablief, wurden die Gebäude anderweitig genutzt. Aus der Pension Noß entstand beispielsweise das Altenzentrum der Schwestern von Bethlehem-Tabea, in dem heute weit über 100 Senioren zu Hause sind. Von damals geblieben ist hingegen der „gepflegte Zustand des Dorfes", wie es in einem Reiseführer aus dem Jahr 1926 heißt. Urlaubsqualität besitzt Wülfringhausen auf jeden Fall immer noch. Die Schilder am Ortseingang mit dem Zusatz „Sonnig & mehr" weisen selbstbewusst darauf hin!

Die Mitglieder des Wasserleitungsvereins Wülfringhausen, der seit 1905 das Dorf aus den umliegenden Quellen mit Frischwasser versorgte, mussten sich 1972 nach neuen Aufgaben umsehen, als das Leitungsnetz des Dorfes an die Wiehler Wasserversorgung angeschlossen wurde. Sie gründeten den Gemeinnützigen Verein Wülfringhausen und kümmerten sich fortan um die Dorfverschönerung, die Brauchtumspflege und die Festigung der Dorfgemeinschaft. 158 Mitglieder zählt der Verein inzwischen. Vor Kurzem konnte schon der 30. Geburtstag mit einem großen Fest gefeiert werden.

Mitten im Ort wurde 2001 das „Dorfdreieck" eingeweiht, ein freundlich gestalteter Treffpunkt mit Blu-

Gestaltung gelungen:
Treffpunkt Dorfmitte

men und Bänken für Jung und Alt. Die fußballbegeisterte Jugend misst lieber ihre Kräfte auf dem Bolzplatz, der ebenfalls dem Gemeinnützigen Verein gehört und vom ihm gepflegt wird. Die Älteren kommen zum „Kaffeeklatsch ab 60" zusammen, der zum Bedauern einiger nur einmal im Jahr stattfindet. Doch dann sind die Fußballturniere, der Dorfwandertag, der Tanz in den Mai und der Weihnachtsmarkt gern

Alles muss raus

Wülfringhausen

Stadt Wiehl
Urkundliche Ersterwähnung: 1425

Einwohner 1980: k. A.
Einwohner 2007: ca. 700

1 Verein
2 landwirtschaftliche Betriebe

Erfolge im Dorfwettbewerb:
Kreisebene: 2 Gold, 5 Silber
Landesebene: 1 Bronze

besprochene Themen bei Kaffee und Kuchen. Vieles über die Heilwirkung von Kräutern und ihren Besonderheiten erfährt, wer am sommerlichen Kräutergang teilnimmt. Jeder kann sich dabei einen Kräuterstrauß binden, der nicht nur als dekoratives Schmuckstück in die Wohnung passt, sondern laut Volksglauben alle heilbringenden Wirkungen zusammenfasst.

Für die Blumengärten im Dorf wurde Wülfringhausen im Dorfwettbewerb besonders ausgezeichnet. Gartenteiche, ein Siefen und eine alte Linde fielen den Juroren ebenfalls ins Auge. Auf ihre „Benjeshecke" sind die Naturfreunde unter den Wülfringhauser besonders stolz. Es geht um eine raffiniert aufgebaute Hecke aus Totholz, mit Ästen und Zweigen, die für einen geplanten, aber auch für einen spontanen Aufwuchs von jungen Gehölzen eine ideale Kinderstube bildet.

Die Wülfringhausener können nicht weit genug in die Geschichte zurückgreifen; Franken und Sachsen genügen ihnen nicht. Die erste Siedlung auf ihrem Gebiet soll keltischen Ursprungs sein. So könnten Geländeveränderungen zwischen Sonnenhangsiedlung und Steinbruch auf die Kelten zurückgehen. Tatsächlich kann man dort auch heute noch ein großes viereckiges Grabengebilde sehen. Viel später, im Mittelalter, suchten die Wallfahrer auf ihrer Wanderung zwischen Much und Marienhagen im damaligen „Wülferickhausen" Schutz in einer Betstation, dem „Heiligenhäuschen".

Am Dorfrand gibt es seit Kurzem eine ganz besondere Einrichtung der Johanniter. Menschen, deren Leiden nicht mehr geheilt werden kann und denen medizinische Therapien zwar Linderung, jedoch keine Genesung bieten, werden im Johannis-Hospiz auf ihrem letzten Lebensabschnitt liebevoll und qualifiziert begleitet. „Lebens- statt Sterbehilfe" lautet das Motto für das Betreuungsteam, das dem einzelnen Menschen durch individuelle Gestaltung seines Tagesablaufs, intensive Gespräche und Einbezug der Angehörigen optimale Rahmenbedingungen in bewundernswertem Engagement am Lebensende bietet. Das Haus hat sich in kurzer Zeit einen hervorragenden Ruf erworben und es dabei geschafft, Bestandteil des Dorfes zu werden.

Johanniter waren es auch, die den Bewohnern zu besseren Obstsorten verhalfen und die im ganzen Dorf anzutreffenden Walnussbäume sind von eingewanderten Hugenotten aus Frankreich erstmals mitgebracht worden. Die prächtigen Walnussbäume sind heute ein Markenzeichen des gesamten Ortes. Die geernteten Nüsse sind köstlich. Kein Wunder für ein Dorf, welches das Prädikat „Sonnig und mehr" trägt.

Tolles Dorfmotto, das neugierig macht

BILDNACHWEIS

Erhard Ahl S. 219 o.
Frisco Almaida S. 137
Christine Althöfer S. 133 o.
Dirk Althoff S. 51
Christine Brandi S. 56, S. 57
Bürgerverein Thier S. 227, S. 228, S. 229
Stefanie Dannenberg S. 78, S. 79, S. 80
Dorfgemeinschaft Wendershagen S. 237, S. 238
Herbert Draheim S. 127 o.
Hubert Fleischer S. 217
Bernd Ganske / Jürgen Demmer S. 203 u., S. 204
Gemeinde Engelskirchen S. 29, S. 233
Stefan Hammes S. 115 u., S. 116 r.
Eva Hennlein S. 125 l.
Ulrich Heu S. 95, S. 129, S. 131, S. 139 o.
Anette Heuser S. 253, S. 254 u.
HVV Marienhagen S. 172, S. 173, S. 174
Gernot Illmann S. 169, S. 170 u.
Philipp Ising S. 17, S. 18, S. 19, S. 40 u., S. 41, S. 64, S. 65, S. 66, S. 75 o., S. 77, S. 82 o., S. 120, S. 121, S. 122, S. 126, S. 128 l., S. 134 r., S. 153, S. 154 o., S. 155 r., S. 164, S. 185, S. 186, S. 187, S. 196, S. 197 o., S. 199, S. 200, S. 201, S. 241 u., S. 247, S. 249, S. 250, S. 251, S. 252
Hans-Dieter Johann S. 26, S. 27 u., S. 28
Ralf Karthaus S. 147, S. 148, S. 149
Cornelia Kellinghausen-Schröder S. 144, S. 145 o., S. 146
Ute u. Klaus Kirchner S. 182, S. 183, S. 184
Dietmar Lang S. 104 r.
Tony Maher S. 240 o.
Dirk Maletzki S. 161 o.
Christian Melzer S. 22, S. 27 o., S. 30, S. 46, S. 47 u., S. 50 u., S. 61, S. 62 u., S. 63, S. 71, S. 74, S. 75 u., S. 76, S. 86 r., S. 89, S. 102, S. 103 o., S. 106 o., S. 112 u., S. 116 l., S. 117, S. 118 o., S. 119, S. 180, S. 181 r., S. 192, S. 193 o., S. 197 u., S. 202, S. 210, S. 215, S. 216 o., S. 219 u., S. 230, S. 231 o., S. 232, S. 234 u., S. 239, S. 244 u.
Andrea Menges S. 23, S. 24, S. 25 l.
Thomas Müller S. 225
Liane Nagel S. 90, S. 91, S. 92
Marina Naomi Noack S. 105, S. 106 u.
Erwin Overödder S. 157, S. 158 u.
Hans-Dieter Penz S. 59, S. 60
Michael Rau S. 221, S. 222, S. 223
Karin Rechenberger S. 67, S. 68, S. 69, S. 73, S. 86 l., S. 88 o.l., S. 99, S. 100, S. 101 l., S. 110 r., S. 114, S. 115 o., S. 123, S. 124 o., S. 150, S. 151, S. 152, S. 166, S. 167, S. 175, S. 177 u., S. 188, S. 193 u., S. 194, S. 236, S. 244 o.
Joachim Reimers S. 48 r.
Marcel Rüping S. 134 l.
Jochem Sauer S. 127 u., S. 128 r.
Heidrun Schmeis-Noack S. 34, S. 39, S. 47 o., S. 49, S. 50 o., S. 55, S. 58, S. 87, S. 88 o.r., S. 107, S. 108, S. 112 o., S. 136 u., S. 160 o., S. 162, S. 170 o., S. 191, S. 195, S. 203 o., S. 209 o., S. 255
Peter Schmidt S. 54 u.
Sabine Schmidt-Hahne S. 88 u.
Rolf Udo Schneider S. 133 u.
Susanne Schulte S. 52, S. 53, S. 54 o.
Christoph Schütz S. 240 u., S. 241 o.
Lothar Selbach S. 246, S. 248
Klaus Weber S. 163,
Daniel Wörster S. 97 o.
Ole Wörster S. 97 u.
Alle anderen Fotos von Dr. Gero Karthaus

WEITERE BÜCHER DES AUTORS

Natur vor der Haustür
Leben mit Landschaft, Pflanzen und Tieren in oberbergischen Dörfern früher und heute

Das Buch ist ein Führer und Ratgeber für die Natur in unseren Dörfern und für eine naturnahe, heimatorientierte Garten- und Dorfgestaltung. Umfangreiche Listen geeigneter Obstsorten, Gartengehölze und Stauden geben wichtige Tipps für die Praxis. Selbst Empfehlungen für den Bau von Naturstein-Trockenmauern oder die Anlage von Gartenteichen fehlen nicht.
Mit vielen Fotos und Abbildungen auf 143 Seiten ist dieses Buch eine einzigartige Fundgrube für jeden, der mehr über die Natur in Dorf und Garten wissen will.

Perlen der Landschaft
Streifzüge durch oberbergische Naturschutzgebiete

34 oberbergische Naturschutzgebiete, allesamt „Perlen" des Bergischen Landes, werden in ihrer Entstehung und Eigenart, ihrer Fauna und Flora sowie in ihrer Entwicklung in verständlicher und überaus kurzweiliger Form beschrieben. Behutsam werden die vielen kleinen Welten und ihre Bewohner vorgestellt. Der Leser kann diese Gebiete für sich selbst entdecken und dabei nachvollziehen, wie komplex und sensibel die Natur sein kann. Über 70 Farbfotos dokumentieren die spannenden Streifzüge durch die kostbarsten Refugien unserer Natur.